KB200833

하용조 강해서 전집 5

창세기 5

꿈의 사람 믿음의 사람 요셉

(37:1-50:26)

하용조 강해서 전집 5

창세기 5
꿈의 사람 믿음의 사람 요셉(37:1-50:26)

지은이 | 하용조
초판 발행 | 2002. 2. 5
개정판 발행 | 2021. 7. 21
등록번호 | 제1988-000080호
등록된 곳 | 서울특별시 용산구 서빙고로 65길 38
발행처 | 사단법인 두란노서원
영업부 | 2078-3352   FAX | 080-749-3705
출판부 | 2078-3331

책값은 뒤표지에 있습니다.
ISBN 978-89-531-3506-2 04230

독자의 의견을 기다립니다.
tpress@duranno.com   www.duranno.com

두란노서원은 바울 사도가 3차 전도여행 때 에베소에서 성령 받은 제자들을 따로 세워 하나님의 말씀으로 양육하던 장소입니다. 사도행전 19장 8-20절의 정신에 따라 첫째 목회자를 돕는 사역과 평신도를 훈련시키는 사역, 둘째 세계선교(TIM)와 문서선교 (단행본·잡지) 사역, 셋째 예수문화 및 경배와 찬양 사역, 그리고 가정·상담 사역 등을 감당하고 있습니다. 1980년 12월 22일에 창립된 두란노서원은 주님 오실 때까지 이 사역들을 계속할 것입니다.

1부

꿈과 믿음의 사람 요셉

창세기 37:1 - 41:57

우리가 하나님을 향한 위대한 꿈을 가지고 믿고 나아가면
하나님은 우리에게 언젠가 그런 은총을 부어 주십니다.
하나님은 요셉 이야기를 통해
우리에게 용기와 희망과 위로를 주십니다.

1

하나님 사랑과 꿈을 먹고
자라 갑니다

창세기 37:1-11

하나님은 정직하고 순결한 사람을 사용하신다

성경 인물 가운데 우리가 특히 더 사랑하고, 존경하고, 닮고 싶고, 따르고 싶은 인물이 있다면 요셉일 것입니다. 요셉의 생애는 우리에게 아주 깊은 감동과 용기와 위로를 줍니다. 요셉도 우리와 똑같이 고난과 시련과 위기를 많이 겪었지만 하나님을 원망하지 않았다는 놀라운 사실 때문입니다. 그리고 요셉은 사람을, 특히 자기를 힘들게 한 사람을 미워하지 않았습니다. 그렇게 하고서 승리했기 때문에 우리는 요셉을 통해서 예수님의 모습을 발견하게 됩니다.

또한 요셉은 하나님을 원망하지도 않았지만 어떤 어려운 환경에 처해도 조상 탓, 환경 탓 하지 않았습니다. 요셉을 보면 신기한 것이 참 많습니다. 젊은 나이에 불같은 시험과 유혹이 있었는데도 끝까지 순결을 지켰고, 기가 막힌 절망 속에서도 꿈을 포기하지 않았습니다.

요셉을 한마디로 표현한다면, 최악의 상황을 최선의 축복으로 바꾼 사람이라고 할 수 있습니다. 오늘날 어두운 시대를 살고 있는 우리는 요셉을 더 깊이 공부할 필요가 있습니다. 우리 자신이 좀 더 새로워지고, 믿음이 새로워지기 위해서입니다.

요셉에 대한 설교를 준비하면서 저는 요셉의 생애에 몇 가지 특징이 있다는 것을 발견했습니다.

첫째, 요셉은 의로운 사람, 순결한 사람, 정직한 사람이었습니다. '정직'이 요셉을 대표하는 단어입니다. 이 시대의 위기는 정직하지 않다는 것입니다. 그리스도인들이 성경을 읽지 않고 기도하지 않는 데 문제가 있는 것이 아니라 정직하지 않아서 문제입니다. 둘째, 요셉은 하나님의 꿈을 가진 사람이요, 환상을 보는 사람이었습니다. 꿈이 있는 사람은 외롭지 않습니다. 꿈이 있는 사람에게는 미래가 있습니다. 어떤 것도 꿈을 가진 사람을 좌절시킬 수 없습니다. 셋째, 요셉은 하나님을 신뢰하는 믿음의 사람이었습니다. 꿈을 이루는 비결은 믿음입니다. 믿음이 없는 사람은 아무리 꿈이 위대해도 이룰 수가 없습니다. 넷째, 요셉은 용서의 사람이었습니다. 요셉의 생애에서 클라이맥스는 용서입니다. 요셉이 모든 것을 다 이루었을 때, 즉 애굽의 총리가 되어 애굽을 기근에서 구한 후에 그는 형들에게 용서를 베풀었습니다. 용서의 사람, 모든 사람을 품고 하나를 이룬 위대한 사람이 바로 요셉입니다.

우리가 요셉처럼 정직한 사람, 꿈을 가진 사람, 믿음의 사람, 용서의 사람으로 탈바꿈하는 성령의 기름 부으심이 있기를 간절히 바랍니다.

가장 먼저, 요셉의 정직성에 대해 생각해 보고자 합니다.

야곱이 가나안 땅 곧 그의 아버지가 거류하던 땅에 거주하였으니 야곱의 족보는 이러하니라 요셉이 십칠 세의 소년으로서 그의 형들과 함께 양을 칠 때에 그의 아버지의 아내들 빌하와 실바의 아들들과 더불어 함께 있었더니 그가 그들의 잘못을 아버지에게 말하더라 (창 37:1-2).

요셉의 어린 시절이 소개되어 있습니다. 특별히 17세 때 이야기입니다. 17세 자녀를 키워 본 부모라면 이 시기가 가장 예민하고 반항을 심하게 하는 사춘기라는 사실을 알고 있을 것입니다. 이 나이 때 요셉은 어떻게 살았을까요? 이 말씀에서 우리는 3가지를 발견할 수 있습니다. 요셉이 거주한 환경, 요셉이 아버지와 함께 있었다는 사실, 요셉이 형들과 함께 있었다는 것입니다.

요셉의 생애에서 신비스러운 점은 요셉 같은 사람이 야곱 같은 아버지에게서 태어났다는 것입니다. '야곱'의 이름 뜻은 '움켜쥐다'입니다. 야곱은 사기꾼에다 거짓말쟁이였습니다. 형 에서가 받아야 할 축복과 장자권을 훔쳤고, 그 일로 평생을 집 밖에서 유리하고 방황했던 사람입니다. 야곱은 하나님께 기름 부으심을 받기 바로 전까지도 그 성품을 고치지 못했습니다. 남자로서도, 아버지로서도 실패한 사람이 바로 야곱입니다. 그런데 어떻게 야곱 같은 사람에게서 요셉이 나왔냐는 것입니다. 이것은 우리가 해석하기 참 어려운, 놀라운 일입니다. 이삭에게서 야곱이 나온 것이 놀랍고, 야곱에게서 요셉이 나온 것이 놀랍습니다.

요셉은 어머니를 일찍 잃었습니다. 요셉의 어머니 라헬은 요셉의 동생인 베냐민을 낳을 때 난산으로 죽었습니다. 요셉에게는 베냐민 외에 다른 형제들이 있었지만 모두 배다른 형제들이었습니다. 그리고 의붓어머니가 셋 있었습니다. 얼마든지 상처받을 수 있고 성격이 비뚤어질 수 있는 환경이었습니다. 그런데도 요셉은 성격이 비뚤어지지 않고 대나무처럼 쭉쭉 곧게 자랐습니다.

우리는 환경이 어려우면 상처를 받습니다. 부모가 이상적인 부모가 아닐 때 상처를 받습니다. 그래서 성격이 비뚤어지고 말도 곱게 하지 않습니다. 혈기를 부리고, 시기하고, 경쟁하고, 거짓말하는 성품이 되기 쉽습니다. 그러나 요셉을 보십시오. 요셉이 그처럼 어려운 환경과 상관없이 쭉 뻗은 대나무처럼 자란 것은 기적 중의 기적입니다. 아버지가 그렇게 교육했을까요? 아닙니다. 사기꾼인 아버지가 무슨 교육을 했겠습니까? 기억하십시오. 환경이 아무리 어려워도, 부모가 이상적이지 않아도 상처 없이, 순전하게 자랄 수 있습니다. 그러므로 부모님 때문에 고민하지 않기를 바랍니다. 잘난 부모도 없고, 못난 부모도 없습니다. 진짜 부모님은 하나님 아버지뿐이십니다.

요셉은 믿음의 조상 아브라함과 이삭과 야곱이 살던 땅에 17년 동안 살았습니다. 이것은 무엇을 의미할까요? 요셉이 어려서부터 하나님에 대한 교육을 받았다는 뜻입니다. 약속의 땅에 살았다는 의미입니다. 이것이 한 인간이 성장하는 데 있어서 얼마나 중요한 기초인지 모릅니다. 우리 자녀도 교회 안에서 자라나기를 바랍니다. 믿음의 가정에서 자라기를 간절히 기도합니다. 하나님에 관한 이야기를 들으면서 자라는 것은 크나큰 복입니다.

요셉은 17세 나이에 정직하고 순결한 사람이었습니다. 1-2절에는 요셉이 배다른 형제들, 즉 아버지의 첩 빌하와 실바의 아들들과 함께 양을 쳤다는 이야기가 나옵니다. 문제는 형들이 불의를 행하고 잘못을 저질렀다는 사실을 요셉이 아버지에게 쪼르르 달려가 고자질했다는 것입니다. 이것이 좋은 것인지, 나쁜 것인지 해석이 잘 안 됩니다. 요셉은 고자질하는 사람일까요? 형들의 잘못을 아버지에게 다 일러바쳐서 혼나게 만든 비겁한 사람일까요?

저는 이 말씀을 보면서 요셉의 행동이 옳은지에 대해 몹시 고민했습니다. 그리고 결국 요셉은 천성적으로 거짓말을 못하는 성격이었을 것이라는 결론을 내리게 되었습니다. 그것이 비록 고자질 같고, 그것 때문에 내가 괴롭고 다른 사람이 피해를 본다 할지라도 거짓말을 못하는 성품을 지녔던 것입니다.

요셉이 형들을 미워해서 고자질한 것이 아니라는 증거가 있습니다. 아버지 야곱이 형들에게 도시락을 갖다 주라고 하자 그는 순종했습니다. 만약 요셉이 형들을 미워했거나 질투했다면 그렇게 쉽게 순종하지 못했을 것입니다. 그러나 요셉은 순종했고, 형들이 있으리라 생각한 자리에 없자 수소문까지 해 가면서 찾았습니다. 이런 모습을 보면 요셉은 형들에게 나쁜 감정이 없었던 것이 분명합니다. 그렇다면 요셉은 왜 아버지에게 형들의 잘못을 일러바쳤을까요?

정직성 때문입니다. 요셉이 형들을 시기해서, 아버지의 사랑을 독차지하기 위해서 아버지에게 고자질한 것이 아니라 정직해서, 불의를 보지 못하는 성품 때문에 자신이 어려움을 겪고 오해를 받는다 할지라도 정직하게 말할 수밖에 없었던 것입니다. 정직하게 말하면 분명히 손해를 봅니다. 억울한 일을 당합니다. 그래도 요셉은 본 대로 말하고 들은 대로 말하는 정직한 성품을 가진 사람이었습니다.

이 사실을 발견하고 감동을 많이 받았습니다. 우리 마음속에도 정직성의 체질이 있기를 바랍니다. 우리의 위기는 정직을 잃어버린 것입니다. 우리 사회에서는 정직하면 죽거나 손해를 봅니다. 그래서 알면서도 모른 척하고, 보고도 못 본 척하고, 사건도 반대로 해석하면서 현실을 지혜롭게 산다고 착각합니다.

그런데 중요한 것이 있습니다. 정직은 순결로 이어진다는 것입니다. 요셉은 정직하기 때문에 순결할 수 있었습니다. 우리가 순결을 잃는 이유는 정직을 잃어버렸기 때문입니다. 정직하면 순결을 지킬 수 있고 불의에 빠지지 않게 됩니다. 요셉은 어떤 경우에도 순결을 포기하거나 타협하지 않았습니다. 설령 감옥에 들어간다 해도 정직을 포기하지 않았습니다. 이런 사람이 17세의 요셉이었습니다.

그리스도인의 특징을 이야기하라고 한다면 정직성일 것입니다. 교회의 회복은 정직성의 회복입니다. 교회가 정직하다면, 그리스도인이 정직하다면 우리가 가만히 있어도 많은 사람이 예수님을 믿게 될 것입니다. 우리의 위기는 정직하지 않다는 것이고, 순결하지 않다는 것이고, 불의와 타협한다는 것입니다.

하나님은 우리 '모두'를 편애하신다

> 요셉은 노년에 얻은 아들이므로 이스라엘이 여러 아들들보다 그를 더 사랑하므로 그를 위하여 채색 옷을 지었더니 그의 형들이 아버지가 형들보다 그를 더 사랑함을 보고 그를 미워하여 그에게 편안하게 말할 수 없었더라(창 37:3-4).

요셉은 사랑을 듬뿍 받으며 자랐습니다. 사랑받으며 자라는 것은 아주 중요합니다. 사랑받고 자란 자녀와 사랑받지 못하고 자란 자녀는 다릅니다. 사람은 배고파서 못 사는 것이 아닙니다. 사랑을 못 받아서 못 사는 것입니다.

이 말씀을 보면, 특별히 요셉은 어릴 때부터 아버지의 편애를 받았다는 것을 알 수 있습니다. 편애는 좋은 것이 아닙니다. 자녀들 사이에 위기를 가져오고 가정을 깨뜨리는 요소가 바로 부모의 편애입니다. 물론 야곱이 요셉을 편애한 이유를 어느 정도 이해할 수는 있습니다. 4명의 아내들 중에서 야곱이 가장 사랑하는 아내, 라헬이 낳은 자녀가 요셉입니다. 그래서 인간적으로 요셉에게 사랑과 정이 더 갔을 것입니다. 그리고 요셉은 어릴 때 어머니를 잃었기 때문에 아버지가 더 보호했을 것입니다. 그래서 떡을 줘도 하나 더 주었을 것이고, 아들들에게 일을 시킬 때는 항상 요셉을 뺐을 것입니다.

그리고 본문은 야곱이 요셉에게 특별히 채색 옷을 지어 입혔다고 이야기합니다. 그 결과가 어떻게 나타났을까요? 형들의 시기와 질투로 이어질 것이 뻔했습니다.

여기서 우리는 편애에 관해 두 가지를 배우게 됩니다. 첫째로 편애는 자녀들 사이에 경쟁하게 하고 갈등을 일으킵니다. 둘째로 편애는 가정에 불화를 가져옵니다. 부모도 인간이기 때문에 자녀들 중에 누구를 더 특별히 사랑할 수 있습니다. 그러나 야곱의 자녀들을 통해서 모든 부모가 배워야 할 것은 그래도 편애해서는 안 된다는 것입니다. 자녀들에게 사랑을 똑같이 나누어 주어야 합니다.

그런데 여기서 우리는 다른 시각으로 야곱의 편애를 볼 필요가 있습니다. 배다른 형제들의 처지에서 보면 아버지의 편애는 몹시 불편하고 고통스러웠을 것입니다. 하지만 요셉의 처지에서 보면 어떠한가요? 편애를 받는 요셉에게는 아버지에 대한 신뢰가 있었을 것입니다. 아마 요셉은 '아버지는 나를 열외로 취급해 주시고 무슨 일이든 용서해 주시고 봐주신다'라고 생각했을 것입니다. 특별히 아버지 야곱이 자신을 사랑해 주었기 때문에 요셉은 아버지의 사랑을 신뢰했을 것입니다. 믿음과 확신이 있었을 것입니다. 사실 이것은 요셉이 꿈의 사람, 믿음의 사람으로 자라나는 데 아주 중요한 자양분이었습니다.

자, 그러면 우리를 향한 하나님의 사랑은 편애입니까? 편애입니다. 하나님은 사랑받을 자격이 없는 나를 일방적으로, 무조건적으로 사랑해 주셨습니다. 그래서 내가 구원받은 것입니다. 하나님이 정신을 똑똑히 차리고 사랑하셨다면, 공의대로 사랑하셨다면 구원받을 사람이 하나도 없었을 것입니다.

그러면 야곱의 편애와 하나님의 편애는 어떤 점이 다를까요? 야곱은 요셉만 편애한 반면에, 하나님은 우리 '모두'를 편애하신다는 점입니다. 우리도 우리 자녀를 모두 편애하기를 바랍니다. 그래야 문제가 없습니다.

사랑을 받는 사람의 입장에서는 다른 누구보다 나를 더 사랑한다는 점이 중요합니다. '하나님이 온 천하보다 나를 더 사랑하신다', '하나님이 독생자 예수님을 죽음에 내놓으실 정도로 나를 사랑하신다'라는 생각이 나를 치료하는 것입니다. 그런 하나님의 사랑이 내 죄를 없애 준 것이고 나를 구원해 준 것입니다.

그렇습니다. 하나님은 우리를 편애하셨습니다. 하나님은 우리를 사랑하셨습니다. 우리는 이 사랑을 받고, 이 사랑을 먹고 회복

되었습니다. 무조건적인 사랑, 일방적인 사랑, 절대적인 사랑입니다. 요셉의 형들은 편애 때문에 어려움을 겪었지만, 구원론적 시각에서 봤을 때 요셉을 향한 편애에는 매우 중요한 의미가 있었던 것입니다.

비전의 사람, 꿈꾸는 사람은 마침내 이긴다

요셉이 꿈을 꾸고 자기 형들에게 말하매 그들이 그를 더욱 미워하였더라 요셉이 그들에게 이르되 청하건대 내가 꾼 꿈을 들으시오 우리가 밭에서 곡식 단을 묶더니 내 단은 일어서고 당신들의 단은 내 단을 둘러서서 절하더이다 그의 형들이 그에게 이르되 네가 참으로 우리의 왕이 되겠느냐 참으로 우리를 다스리게 되겠느냐 하고 그의 꿈과 그의 말로 말미암아 그를 더욱 미워하더니 요셉이 다시 꿈을 꾸고 그의 형들에게 말하여 이르되 내가 또 꿈을 꾼즉 해와 달과 열한 별이 내게 절하더이다 하니라 그가 그의 꿈을 아버지와 형들에게 말하매 아버지가 그를 꾸짖고 그에게 이르되 네가 꾼 꿈이 무엇이냐 나와 네 어머니와 네 형들이 참으로 가서 땅에 엎드려 네게 절하겠느냐(창 37:5-10).

요셉의 생애의 가장 큰 특징은 요셉이 꿈을 꾸는 사람이었다는 것입니다. 요셉은 17세 소년 때 잊을 수 없는 강렬한 꿈을 꾸었습니다. 그 꿈 때문에 어떤 고난과 역경을 만났다 할지라도 다 이겨낼 수 있었습니다. 꿈은 고난을 이겨 냅니다. 꿈은 미래를 만듭니다. 그 꿈대로 미래가 완성되어 가는 것입니다. 꿈을 이루는 원동력은 믿음입니다.

우리 시대의 비극은 꿈을 잃어버렸다는 것입니다. 동물의 특징은 비전이 없다는 것입니다. 꿈을 꾸지 못하는 사람이 있다면 동물과 다를 바 없는 사람입니다. 동물처럼 사는 사람입니다. 인간의 특징은 하나님을 향한 꿈이 있다는 것입니다. 미래를 향한 꿈을 꾼다는 것이 바로 인간 됨입니다.

대부분 사람들의 꿈은 어릴 때의 희망입니다. 배고프게 자란 사람은 어른이 되면 한번 멋지게 살아 보겠다는 꿈을 가집니다. 권력에 대한 꿈, 부에 대한 꿈, 인기에 대한 꿈, 배우가 되고 싶은 꿈을 꿉니다. 그런데 문제는 그 꿈이 하나님이 주신 것이냐는 것입니다. 이것이 꿈에 관한 가장 기본적인 물음이요, 중요한 문제입니다. 나에게서, 인간에게서 온 꿈이냐, 아니면 하나님에게서 온 꿈이냐는 것입니다. 이 세상 많은 사람이 꿈을 꾸고 미래를 이야기합니다만, 그 모든 꿈과 미래는 다 인간에게서 나온 것입니다. 진짜 꿈은 하나님이 주신 꿈입니다.

요셉의 꿈의 특징은 무엇입니까? 자기의 이상, 자기의 미래, 자기의 희망이 아니라 하나님이 심어 주신 미래라는 것입니다. 하나님의 계획이요, 하나님의 섭리입니다.

꿈을 잘못 꾸면 백일몽이 되고, 열심이 지나치면 미쳤다는 소리를 듣습니다. 그런 꿈을 꾸지 않기를 바랍니다. 정말 하나님이 주시는 꿈, 하나님을 위한 꿈이 우리 안에 있을 때 하나님이 우리 안에 계실 것이며, 하나님과 함께 우리의 미래가 열릴 것입니다.

요셉이 꾼 꿈은 창세기 37장 5-10절에 나오는데, 두 가지입니다. 첫째 꿈은 형들의 곡식 단이 서 있는 요셉의 곡식 단에 절을 한 것입니다. 말이 됩니까? 우리가 여기서 배우게 되는 중요한 사실이 있습니다. 하나님의 꿈은 황당무계하다는 것입니다. 인간의 경험과 지식과 방법과 상식으로는 이해되지 않는 꿈이라는 것입니다. 저는 하나님이 모든 교회와 모든 사람을 향해 꿈을 가지고 계심을 믿습니다. 그런데 그중에는 좀 황당무계한 꿈도 있을 것입니다. 미쳤다는 소리를 들을 만한 것도 있을 것입니다. 그러나 그것이 하나님의 꿈의 특징이기도 합니다. 둘째 꿈은 하늘의 해와 달과 열한 별이 요셉에게 절한 것입니다.

그 말을 들은 형들은 분노했습니다. 그 말을 들은 부모도 흥분했습니다. 말도 안 된다는 것입니다. 그러나 놀라운 사실은 수십 년이 지난 후에 그 꿈이 실현되었다는 것입니다. 그 꿈은 미래에 대한 암시요, 상징이었습니다. 이것이 하나님의 꿈의 특징입니다.

우리가 다 하나님의 꿈을 꾸기 바랍니다. 사람의 소리를 듣는 것이 아니라, 하나님의 소리를 듣기 바랍니다. 하나님의 꿈은 우리 자신이 묵상해서 얻은 결론이나 인간의 철학이 아닙니다. 하나님이 주신 비밀이요, 하나님의 경륜이요, 하나님이 주신 예언입니다. 요셉은 그런 꿈을 꾸었습니다.

이상한 꿈을 꾼 요셉은 17세 된 아주 똑똑한 청년이었습니다. 30세에 총리가 될 만큼 정치적 능력이 있는 사람이었습니다. 그런 사람이 자신이 어떤 말을 해서 좋을지, 안 좋을지를 모를 수가 있을까요? 그런 사람이 손해 보는 이야기를 왜 하겠습니까? 그 꿈을 이야기하면 형들에게 야단맞고 부모님께 혼날 것이 뻔한데 어리석게도 왜 말했냐는 것입니다. 여기서 하나님의 꿈의 또 하나의 특징을 알 수 있습니다. 하나님의 꿈은 말하지 않으면 견딜 수 없다는 것입니다. 하나님의 생각은 담아 둘 수가 없습니다.

예레미야를 보십시오. 그는 자기 민족이 망한다고 예언해야 했습니다. 인기 없는 발언이었습니다. 그 말은 왕을 포함해 모든 사람이 싫어했습니다. 지금 우리나라가 망한다고 말하면 좋아할 사람이 어디 있겠습니까? "다 잘된다", "좋은 징조다"라고 말해야 좋아하지, "큰일 날 징조다"라고 이야기하면 그 사람은 버림받을 것입니다. 그러나 예레미야는 그 말을 했습니다. 예레미야도 처음에는 예언하지 않으려고 했습니다. 그러자 속에 불이 붙는 것 같았습니다. 그렇습니다. 이런 것이 하나님의 꿈입니다. 하나님의 꿈은 불을 갖는 꿈입니다. 불 없는 꿈은 없습니다. 불같이 쏟아 낼 수밖에 없는 것이 하나님의 음성이요, 하나님의 꿈입니다. 그래서 요셉이 꿈 이야기를 한 것입니다.

우리에게도 말하지 않으면 견딜 수 없는 꿈이 하나 있습니다. 예수님입니다. 복음입니다. 만일 예수님을 믿고 하나님을 믿는다고 하면서도 입을 열어 전도하고자 하는 불과 열정이 가슴에 없다면 가짜 그리스도인입니다. 하나님을 헛 믿는 사람입니다. 어떻게 하나님이 내 안에 계신데 하나님 이야기를 못하고, 예수님이 내 안에 계신데 예수님 이야기를 못합니까? 말 안 해도 되는 것은 가짜입니다. 말 안 하고도 잘 살 수 있는 것은 가짜입니다. 정말 하나님을 믿으면 하나님 이야기를 하지 않을 수 없는 것입니다. 구원받았다면 어떻게 이 구원의 복음에 대해 입을 막고 있을 수 있습니까? 미친 사람처럼 이야기하게 되어 있습니다. 이런 의미에서 우리는 하나님의 꿈을 가지고 있는 사람들이라고 믿습니다.

또 하나, 하나님의 꿈을 이야기하면 핍박을 받을 수 있다는 사실을 기억하십시오. 환영받지 못합니다. 사람들이 박수해 주지 않습니다. 모함당하고, 시기받고, 오해받고, 공격받는 것이 하나님의 꿈의 특징입니다. 그러므로 오해받는 것, 모함받는 것, 위기를 겪는 것, 고난을 만난 것은 그 꿈이 진짜라는 증거입니다.

제자도의 특징은 고난입니다. 그리스도의 제자가 되었다는 증거는 세상으로부터 받는 핍박입니다. 세상이 만약 우리를 환영한다면 우리는 세상과 비슷한 사람들일 것입니다. 하나님의 사람의 특징은 고난과 핍박을 받는다는 것입니다. 우리는 요셉에게서 이 사실을 발견하게 됩니다.

> 그의 형들은 시기하되 그의 아버지는 그 말을 간직해 두었더라(창 37:11).

그러나 아버지는 요셉의 말에 의미를 두었습니다. 하나님의 꿈은 아무나 알아듣지 못합니다. 귀 있는 사람이 듣고, 눈 있는 사람이 봅니다. 어떤 꿈을 가지고 있습니까? 말하지 않으면 견딜 수 없는, 그대로 행하지 않으면 참을 수 없는 꿈이 우리에게 있습니다. 바로 예수 그리스도입니다. 전하지 않아도 된다면 그분은 예수님이 아닐 것입니다. 전하지 않으면 견딜 수 없다면 그분은 진짜 예수님이십니다.

2

하나님의 꿈을 위해
대가를 치르겠습니다

창세기 37:12-36

하나님을 만나야 하나님의 섭리가 이해된다

하나님의 꿈은 고난이라는 대가를 치릅니다. 고난이 없는 꿈은 백일몽에 불과합니다. 하나님이 주신 꿈은 단순한 이상도, 낭만도, 미래의 장밋빛 약속도 아닙니다. 참된 꿈은 언제나 시련을 만나고 고난을 겪게 되어 있습니다.

따라서 진정한 그리스도인이라면, 땅의 꿈이 아니라 하늘의 꿈을 바라보고 있다면, 순간적인 꿈이 아니라 영원한 꿈, 하나님의 꿈을 가슴에 품고 있다면 고난을 겪는 것을 당연하게 여기십시오. 시련을 만난 것은 억울하거나 우연한 일을 당한 것이 아니라 정도를 걷고 있는 것입니다. 꿈은 고난과 시련을 통과해야 꽃을 피우고 열매를 맺습니다. 우리는 그 증거를 하나님의 꿈을 가진 17세 소년 요셉을 통해 볼 수 있습니다.

요셉이 어릴 때부터 하나님과 동행했다는 사실은 성경 곳곳에서 발견할 수 있습니다. 어떻게 17세 사춘기 청소년이 이처럼 거짓 없이, 상처 없이, 진실하게, 순결하게 불같은 시험 속에서도 순종하는 자녀로 자랄 수 있었을까요? 대답은 간단합니다. 하나님이 요셉과 함께하셨기 때문이요, 요셉이 어릴 때부터 하나님을 신뢰했기 때문입니다.

믿음과 순종은 나이와 상관없습니다. 어린아이에게도 성령이 임하시면, 믿음이 있으면 성인이 감당할 수 없는 지혜와 용기가 생깁니다. 이런 사람의 특징이 있습니다. 순종입니다. 요셉은 순종하는 자녀였습니다. 그러나 맹목적인 순종이었을까요? 아닙니다. 요셉은 30세에 이방 나라 애굽의 총리 대신이 될 만큼 정치적 능력과 실력이 있는 사람이었습니다. 요셉은 그리 만만한 청소년이 아니었습니다. 실력 있고, 능력 있고, 리더십 있고, 지혜 있고, 판단력이 좋은 청소년이었습니다. 요셉은 어려서부터 하나님과 동행하면서 마음속에 하나님을 품고 살았고, 하나님의 꿈을 가지고 살았습니다.

앞 장에서 요셉이 17세 때 꾼 두 가지 꿈을 소개했습니다. 하나는 형들의 곡식 단이 일어서 있는 요셉의 곡식 단에 절을 하는 이상한 꿈이었습니다. 개꿈은 시간이 지나면 잊힙니다. 그러나 하나님의 꿈은 시간이 갈수록 선명해집니다. 나의 이상은 자꾸 변합니다. 그러나 하나님이 주신 이상은 10년, 20년이 지나도 변하지 않습니다. 하나님의 것이기 때문입니다.

또 하나의 꿈은 하늘의 해와 달과 열한 별이 요셉에게 절하는 내용이었습니다. 잘못 해석하면 아주 위험한 꿈입니다. 사실 꿈을 잘못 해석하는 사람이 참 많습니다. 어느 날 일어나 보니까 자기 배에 '왕 왕'(王)자가 쓰여 있었다고 착각해 자기를 신격화하는 사람이 있습니다. 자기만 영웅이고, 자기만 애국자이고, 자기만 구원자라고 생각하는 일종의 나르시시즘인 이상한 꿈을 가진 사람들이 우리 주위에 참 많습니다. 그런 생각으로 정치를 하는 분도 많고, 그런 생각으로 사회 개혁 운동에 나선 분도 많습니다. 외형은 비슷합니다. 그러나 그것은 하나님이 주신 꿈이 아닙니다.

　요셉의 꿈은 잘못 해석하면 위험한 꿈이었습니다. 그러나 지울 수 없는 꿈이었으며, 하나님이 주신 꿈이었습니다. 요셉은 자기가 꾼 꿈을 이야기하면서도 그 꿈이 무슨 뜻인지는 몰랐습니다. 우리는 하나님의 꿈을 전부 이해할 수는 없습니다. 시작만 알 수 있을 뿐, 싹만 볼 수 있을 뿐입니다. 하나님의 꿈의 나무와 열매와 영향력이 얼마나 큰지는 다 헤아릴 수 없습니다.

　그러나 놀라운 것은 13년 후에 요셉의 꿈이 모두 실현되었음을 모든 사람이 알게 되었다는 것입니다. 요셉이 꿈을 꾸었던 당시만 해도 그 꿈은 암시적이고 상징적인 형태를 띠었습니다. 그러나 그것은 요셉에게 결정적인 영향을 주었습니다. 요셉은 자신이 총리 대신이 될 줄 알았을까요? 아닙니다. 애굽에 팔려 갈 때도, 보디발의 집에 들어갈 때도, 감옥에 갇힐 때도 자신이 총리 대신이 될 것은 꿈에도 몰랐습니다. 그러나 그것은 하나님의 섭리였고, 계획이었고, 비밀이었습니다. 이 사실을 요셉은 한참 지나고 나서야 알게 되었습니다.

　하나님의 섭리와 하나님의 예정은 지나고 나서야 아는 것입니다. 예수님을 만나고, 하나님을 만나고 나서야 자기의 과거가 해석

됩니다. 저는 대학에 두 번 떨어졌습니다. 그러했기 때문에 목사가 되었습니다. 당시는 그 사실에 속상하고 자존심이 상했습니다. '내 인생은 앞으로 어떻게 될 것인가?' 하며 아주 불안한 시간을 보냈습니다. 그러나 지금 돌이켜 보니 그것은 저를 목사로 만드시려는 하나님의 계획이었습니다.

대학생 때에는 결핵을 앓아서 한 해 휴학을 했습니다. '남들은 다 자기 길을 잘 가는데 나는 왜 이렇게 뒤처질까?' 하는 생각이 들었습니다. 저는 그때부터 늘 병을 달고 다니는 사람이었습니다. 그런데 당시에는 몰랐지만 지금 생각해 보면 그것이 다 하나님이 저를 쓰시기 위한 연단이고 준비였습니다. 이것이 바로 하나님의 예정과 섭리라는 것입니다. 혹시 지금 삶 가운데 그런 일이 있거든 하나님의 섭리임을 믿기 바랍니다. 고난이 깊으면 그만큼 '내가 큰 인물이다' 하고 생각하면 틀림없습니다. 이런 것이 하나님의 섭리입니다.

요셉의 경우도 마찬가지입니다. 17세 소년 요셉은 분명 이렇게 생각했을 것입니다. '어찌하실지는 모르겠지만 하나님이 나를 쓰신다.' 요셉에게는 '나는 건강하지도 않고, 학교도 제대로 못 나오고, 세상적으로는 자랑할 것이 없는, 아무것도 가진 것 없는 사람이지만 하나님은 나를 사랑하신다. 하나님은 내 생애를 지키시고 나를 쓰신다'는 믿음이 있었습니다. 우리 마음에 이 생각이 심기기를 바랍니다. 한 걸음 더 나아가서 '하나님이 내 자녀를 쓰신다'

는 믿음도 우리에게 있기를 바랍니다. '내가 예수님을 믿고 구원받은 이유는 하나님이 나뿐 아니라 내 가정, 내 자녀에게까지도 복을 주시기 위해서다. 하나님이 지금 나를 세례 요한처럼 쓰신다.' 이렇게 생각하는 것이 얼마나 중요한지 모릅니다. 이런 꿈을 가지고 있으면 어떤 경우에도 절망하거나 좌절하지 않습니다. 그리고 고난을 겪어도 그다지 슬프지 않습니다.

작은 고난에도 아주 슬퍼하고 절망하는 사람이 있고, 큰 고난, 감당할 수 없는 죽음이 자기 눈앞에 왔다 갔다 해도 흔들리지 않는 사람이 있습니다. 후자의 경우, 꿈이 있기 때문입니다. 비전이 있기 때문입니다. '하나님이 나를 쓰신다. 하나님이 역사하신다.' 이것이 믿음입니다. 이 믿음이 우리에게 있기를 바랍니다.

저는 하나님이 우리와 우리 자녀를 쓰신다고 믿습니다. 우리가 자녀를 위해 기도하지 않습니까? 민족과 세계를 위해 기도하지 않습니까? 내가 겪는 고난을 붙들고 눈물을 흘리며 기도하지 않습니까? 그 기도가 다 어디로 가겠습니까? 우리가 말씀을 사모하고 기도하는 것이 바로 하나님이 지금 우리와 함께 계시고, 우리 자녀를 요셉처럼 쓰신다는 증거입니다. 그래서 꿈을 가진 사람은 현재의 고난 때문에 미래의 영광을 포기하지 않습니다.

그리고 꿈을 가진 사람은 환경을 탓하지 않습니다. 우리는 환경을 탓해선 안 됩니다. 조상을 탓해선 안 됩니다. 사람을 미워하지 않기를 바랍니다. 꿈을 가진 사람은 다른 사람이 보지 못한 길을 걷고, 다른 사람이 하지 않는 말을 합니다. 꿈을 가진 사람에게는 길이 보입니다. 목표가 보입니다. 그 과정은 하나도 보이지 않습니다. 그가 아픔과 고통을 쉽게 지나가는 이유는 목표만 보이기 때문입니다. 가시에 찔리고, 돌에 걸려 넘어지고, 억울한 일을 당하고, 곧 숨이 넘어가 죽을 것 같지만 그에게는 현실의 고통이 아니라 미래의 목표, 하나님의 약속이 보이는 것입니다. 하나님의 꿈이 보이는 것입니다. 할렐루야! 그래서 신이 납니다. 인생은 살 만한 가치가 있으며 고난을 겪을 만한 이유가 있다고 해석하고, 자기도 모르는 사이에 하나님을 찬양하고 손을 들게 되는 것입니다. 그런 사람의 얼굴에 깃든 평화와 기쁨과 자유를 누가 막을 수 있겠습니까?

이제 우리는 꿈을 가진 사람 요셉이 어떤 고난을 겪었는지를 살펴볼 것입니다.

하나님이 시키시면 "내가 그리하겠나이다" 답하라

그의 형들이 세겜에 가서 아버지의 양 떼를 칠 때에 이스라엘이 요셉에게 이르되 네 형들이 세겜에서 양을 치지 아니하느냐 너를 그들에게로 보내리라 요셉이 아버지에게 대답하되 내가 그리하겠나이다(창 37:12-13).

세겜은 야곱의 딸 디나가 강간당한 곳입니다. 그 사건 때문에 야곱의 두 아들이 하몰의 왕자들과 그 가족을 속여 할례를 받게 한 후 모두 죽였습니다. 그들만 죽인 것이 아니라 성안에 있던 남자들을 몰살했습니다. 그 사건 후에 야곱은 복수가 두려워 도망했고, 도망하는 중에 참 하나님을 만났습니다. 그런데 지금 야곱의 아들들이 양 떼를 몰고 세겜으로 간 것입니다. 그들이 아주 위험한 지역에서 양을 치고 있다는 것을 알아야 이 본문을 이해할 수 있습니다.

그래서 야곱은 세겜에서 양을 치고 있는 아들들과 양들이 다 괜찮은지 보고 오라고 요셉을 보냈습니다. 이 일을 두고 어떤 사람은 여기서도 야곱의 편애가 드러난다고 말합니다. 그 위험한 지역에 형들은 보내고 요셉은 보내지 않았다는 것입니다. 어쨌든 야곱이 요셉에게 세겜으로 가라고 하자 요셉이 무엇이라고 대답했습니까? 아주 간단합니다. "내가 그리하겠나이다."

"내가 그리하겠나이다." 이 말을 잘하는 사람은 복을 받습니다. 이것이 순종입니다. 좋은 일이든 싫은 일이든, 할 수 있는 일이든 할 수 없는 일이든 하나님이 시키시면 "내가 그리하겠나이다" 답하십시오. "나는 시간이 없어요. 은퇴하면 일하지요." 아닙니다. 하나님이 하라고 하시면 "내가 그리하겠나이다" 말해야 합니다. 돈이 없다, 시간이 없다, 몸이 약하다는 말은 변명입니다. 요셉을 보십시오. 대답은 간단하지만 앞뒤 문맥을 살펴보면 요셉의 성품과 인격 속에 거룩, 순종, 정직, 순결과 같은 하나님의 성품이 들어 있음을 알 수 있습니다. 순종하는 사람은 하나님이 쓰시기에 편합니다. 항상 말이 많고 변명이나 불평이 많은 사람은 하나님이 쓰시기에 불편합니다.

"주님! 제가 그리하겠나이다"라고 말한 사람이 구약에 또 한 사람 있습니다. 이사야 6장 8절에서 하나님은 "내가 누구를 보내며 누가 우리를 위하여 갈꼬"라고 질문하셨습니다. 그때 이사야가 대답했습니다.

내가 여기 있나이다 나를 보내소서(사 6:8).

우리도 하나님이 부르실 때 "내가 여기 있나이다. 나를 보내소서", "그리하겠나이다"라고 답해야 합니다.

신약에서는 사도 바울이 그러했습니다. 당시 사도 바울은 죽음의 여행을 하는 중이었습니다. 바울은 자신이 예루살렘으로 돌아가면 죽음이 기다리고 있다는 것을 많은 예언자를 통해 들었습니다. 그런데도 그는 이렇게 고백했습니다.

오직 성령이 각 성에서 내게 증언하여 결박과 환난이 나를 기다린다 하시나 내가 달려갈 길과 주 예수께 받은 사명 곧 하나님의 은혜의 복음을 증언하는 일을 마치려 함에는 나의 생명조차 조금도 귀한 것으로 여기지 아니하노라(행 20:23-24).

"살아도, 죽어도 주를 위하여 그리하겠나이다. 하나님의 일에서만은 뒤돌아서지 않겠습니다. 주저하지 않겠습니다. 순종하겠습니다." 이것이 믿음의 사람들에게 있는 기본적인 속성입니다. 이 속성이 어린 요셉에게도 있었던 것입니다.

> 이스라엘이 그에게 이르되 가서 네 형들과 양 떼가 다 잘 있는지를 보고 돌아와 내게 말하라 하고 그를 헤브론 골짜기에서 보내니 그가 세겜으로 가니라(창 37:14).

순종하는 요셉, 변명하거나 두말하지 않는 요셉의 언어는 아주 단순합니다. "네!"

순종하는 요셉의 모습을 통해 3가지 기도 제목을 나누고 싶습니다. 첫째는 "주님, 우리에게 정직한 영을 주옵소서. 억지로 정직한 것이 아니라 나도 모르게 정직해지는, 정직하지 않으면 불안해서 한순간도 살 수 없는 인격과 성품이 되게 해 주옵소서!"라는 기도입니다. 둘째는 "하나님의 꿈을 꾸며 살게 하옵소서!"입니다. 셋째는 "남은 생애 동안 하나님께 순종하며 살게 하옵소서!"입니다.

> 어떤 사람이 그를 만난즉 그가 들에서 방황하는지라 그 사람이 그에게 물어 이르되 네가 무엇을 찾느냐 그가 이르되 내가 내 형들을 찾으오니 청하건대 그들이 양치는 곳을 내게 가르쳐 주소서 그 사

람이 이르되 그들이 여기서 떠났느니라 내가 그들의 말을 들으니 도단으로 가자 하더라 하니라 요셉이 그의 형들의 뒤를 따라 가서 도단에서 그들을 만나니라(창 37:15-17).

요셉은 형들을 찾아갔지만 막상 도착한 장소에 형들은 없었습니다. 사실 그냥 집으로 돌아올 수도 있었습니다. 하지만 요셉은 사람들에게 물어서 형들이 있는 도단으로 갔습니다. 그런데 그런 요셉의 순종 앞에 기다리고 있는 것은 복이 아니었습니다. 요셉이 그렇게 애를 써서 찾아간 형들은 요셉을 환영하지 않았습니다. 오히려 요셉을 죽이려고 음모를 꾸미고 있었습니다.

요셉이 그들에게 가까이 오기 전에 그들이 요셉을 멀리서 보고 죽이기를 꾀하여 서로 이르되 꿈꾸는 자가 오는도다 자, 그를 죽여 한 구덩이에 던지고 우리가 말하기를 악한 짐승이 그를 잡아먹었다 하자 그의 꿈이 어떻게 되는지를 우리가 볼 것이니라 하는지라(창 37:18-20).

여기서 우리는 요셉이 형들에게 얼마나 미움을 샀는지를 알 수 있습니다. 요셉이 나타났을 때 형들은 그가 무슨 메시지를 가져왔는지는 궁금해하지도 않았습니다. 그냥 보자마자 죽일 궁리부터 했습니다. 형제들 간에도 죽여 버리고 싶을 정도로 서로 미워하는 사람들이 있습니다. 서로 상처를 받았기 때문입니다. 서로 용서할 수 없기 때문입니다.

요셉의 형들은 왜 요셉을 죽여야겠다는 생각을 하게 되었을까요? 두 가지 이유가 있습니다. 첫째, 아버지의 편애 때문입니다. 아버지가 제 역할을 못하면 자녀들 사이에 분열이 생깁니다. 둘째, 요셉이 꾼 꿈 때문입니다. 형들은 요셉을 '꿈꾸는 자'라고 불렀습니다. 그러고는 "우리가 그를 죽이면 그 꿈이 어떻게 되는지 보자"라고 말했습니다. 얼마나 한과 미움이 서린 말입니까?

같은 민족이 싸우면 우리나라처럼 갈라집니다. 남하고 싸울 때는 어느 정도 선을 그어 두고 싸우기에 괜찮습니다. 그런데 가족끼리 싸우면 처절하게, 피가 터질 정도로, 용서할 수 없을 만큼 싸웁니다. 가정 분쟁이라는 것이 이렇게 끔찍합니다.

우리는 여기서 꿈을 가진 사람, 정직한 사람이 시련에 부딪히고 오해받는 모습을 봅니다. 요셉의 형들은 요셉을 죽이려는 음모를 꾸몄습니다. 죽여서 물 없는 구덩이에 던지자고 했습니다. 그러고는 아버지에게는 짐승이 잡아먹었다고 말하자고 모의했습니다. 그러나 이런 음모를 놓고 형제들 사이에 의견이 분분했습니다.

르우벤이 듣고 요셉을 그들의 손에서 구원하려 하여 이르되 우리가 그의 생명은 해치지 말자 르우벤이 또 그들에게 이르되 피를 흘리지 말라 그를 광야 그 구덩이에 던지고 손을 그에게 대지 말라 하니

이는 그가 요셉을 그들의 손에서 구출하여 그의 아버지에게로 돌려 보내려 함이었더라(창 37:21-22).

큰형은 생각이 좀 달랐습니다. 요셉을 혼내 주되 죽이지는 말자고 했습니다. 그러나 그렇게 할 경우 다음에 일어날 일이 더 두려웠습니다. 요셉이 자기가 당한 일을 아버지에게 이야기하면 어떻게 합니까? 그러니 살려 둘 수 없다는 의견이 강했습니다. 그래서 큰형 르우벤도 어쩔 수 없이 동의했습니다. 분위기가 이렇게 되면 할 수 없이 동의해야 됩니다. 대중의 속성에는 이처럼 악한 면이 있습니다. 분위기가 조성되면 나중에 후회할지라도 할 수 없이 따라야 합니다.

고난 속에도 하나님의 작은 움직임이 있다

요셉이 형들에게 이르매 그의 형들이 요셉의 옷 곧 그가 입은 채색 옷을 벗기고 그를 잡아 구덩이에 던지니 그 구덩이는 빈 것이라 그 속에 물이 없었더라(창 37:23-24).

순진한 요셉, 정직한 요셉은 자기가 크게 잘못했다고 생각하지 않았을 것입니다. 늘 정직하게 살아왔기 때문입니다. 그런데 갑자기 이런 일을 당했으니, 얼마나 충격이 컸을까요? 반가워서 "형님!" 했는데 잡아서 구덩이에 집어넣었으니 말입니다. 이것이 선한 사람들이 악한 세상에서 받는 충격입니다.

그런데 이상한 점이 있습니다. 선한 사람이 잘 살고 악한 사람이 못 살면 좋겠는데 악한 사람이 더 건강하고, 하는 일마다 잘되고, 잘 사는 것입니다. 시편 73편에 이런 내용이 잘 나와 있습니다. 하나님을 섬기면서 가난하고 외롭게 사는 것도 억울한데 자기는 하는 일마다 안됩니다. 그런데 악한 사람들은 하는 일마다 잘되고 오래 사니 시험에 들 수밖에 없습니다.

> 그들이 앉아 음식을 먹다가 눈을 들어 본즉 한 무리의 이스마엘 사람들이 길르앗에서 오는데 그 낙타들에 향품과 유향과 몰약을 싣고 애굽으로 내려가는지라 유다가 자기 형제에게 이르되 우리가 우리 동생을 죽이고 그의 피를 덮어 둔들 무엇이 유익할까 자 그를 이스마엘 사람들에게 팔고 그에게 우리 손을 대지 말자 그는 우리의 동생이요 우리의 혈육이니라 하매 그의 형제들이 청종하였더라 그때에 미디안 사람 상인들이 지나가고 있는지라 형들이 요셉을 구덩이에서 끌어올리고 은 이십에 그를 이스마엘 사람들에게 팔매 그 상인들이 요셉을 데리고 애굽으로 갔더라(창 37:25-28).

요셉의 형들은 구덩이에 동생을 넣어 놓고는 음식을 먹었습니다. 그때 마침 애굽으로 가는 상인들을 보게 되었습니다. 그러자 유다가 양심에 걸려서 제안을 했습니다. "요셉을 죽이지 말고 저 상인들에게 팔아 버리자. 그러면 죽이지 않고도 미운 놈 보지 않게 되고, 아버지께는 죽었다고 말하면 되니 좋지 않겠어?" 그 아이디어가 채택되어 결국 요셉은 은 20개에 팔려 가게 되었습니다. 참으로 억울한 고난이요, 기막힌 운명입니다. 우리는 이런 일을 신실한 그리스도인들의 삶 속에서 가끔 봅니다.

유대인 600만 명이 독일인들에게 독가스로 희생당한 사건을 놓고 한 유대인 랍비가 이렇게 말했다고 합니다. "내가 만약 천국에 가면 하나님의 수염을 붙잡고 항변할 것이다. '우리 민족 600만 명이 어느 날 갑자기 아무 이유 없이 무참히 학살당하는 것을 하나님은 보고만 계셨습니까? 그때 주무셨습니까?' 울면서 나는 그렇게 항의할 것이다."

우리 주위에는 알 수 없는 고난, 이해할 수 없는 사건이 줄줄이 있습니다. 17세 소년 요셉이 애굽에 팔려 갈 때 그의 심정이 어떠했겠습니까?

르우벤이 돌아와 구덩이에 이르러 본즉 거기 요셉이 없는지라 옷을 찢고 아우들에게로 되돌아와서 이르되 아이가 없도다 나는 어디로 갈까(창 37:29-30).

르우벤은 통곡했습니다. 잠깐 자리를 비운 사이에 요셉이 팔려 가 버렸기 때문입니다. 이 사실을 알게 된 아버지 야곱은 식음을 전폐했습니다.

그들이 요셉의 옷을 가져다가 숫염소를 죽여 그 옷을 피에 적시고 그의 채색 옷을 보내어 그의 아버지에게로 가지고 가서 이르기를 우리가 이것을 발견하였으니 아버지 아들의 옷인가 보소서 하매 아버지가 그것을 알아보고 이르되 내 아들의 옷이라 악한 짐승이 그를 잡아먹었도다 요셉이 분명히 찢겼도다 하고 자기 옷을 찢고 굵은 베로 허리를 묶고 오래도록 그의 아들을 위하여 애통하니 그의 모든 자녀가 위로하되 그가 그 위로를 받지 아니하여 이르되 내가 슬퍼하며 스올로 내려가 아들에게로 가리라 하고 그의 아버지가 그를 위하여 울었더라(창 37:31-35).

이것이 요셉에게 주어진 운명이고 비극이었습니다. 왜 이런 일이 꿈을 가진 순결한 요셉에게 일어났을까요? 아무리 질문해도 누구 하나 시원한 대답을 줄 수 없습니다. 우리 역시 예수님을 믿지만 시원한 대답을 얻을 수 없는 경우도 있다는 사실을 기억하십시오. 그럴 때 억지로 해석하려 하지 마십시오. 해석이 안 되면 그냥 놔두십시오. 시간이 지나 봐야 알 수 있습니다. 인간의 지혜와 지식으로는 하나님의 뜻을 다 알 수 없기 때문입니다. 이 일로 난리

법석을 떨거나 돌아서거나 깨부수지 마십시오. 이해할 수 없는 사건은 그냥 안고 가십시오. 그러면 그 자리에 꽃이 피고, 열매가 맺히고, 복이 찾아오는 기적을 경험하게 될 것입니다.

그 후 요셉은 어떻게 되었을까요?

> 그 미디안 사람들은 그를 애굽에서 바로의 신하 친위대장 보디발에게 팔았더라(창 37:36).

하나님이 함께하시지 않으면 운명이고, 하나님이 함께하시면 섭리입니다. 세상 사람이 볼 때는 다 팔자소관입니다. 그러나 하나님의 눈으로 보면 숨겨진 비밀입니다. 놀랍게도 요셉이 팔려 간 곳은 그 많은 사람 중에서 애굽 왕 친위대장의 집이었습니다. 이것이 기막힌 이야기입니다. 여기서 우리가 배워야 할 결론이 있습니다. 알 수 없는 고난이 나를 집어삼킬 때 그 해석하기 어려운 고난 속에 나타난 하나님의 손길, 하나님의 섭리를 보아야 한다는 것입니다.

알 수 없는 고난이 너무 큰 데 비해 하나님의 움직임은 너무 작습니다. 그런데 해석하기 어려운 그 고난 속에 하나님의 작은 움직임이 있다는 의미입니다. 거기에 바로 하나님의 비밀이 있습니다. 하나님의 손이 움직이는 모습을 보고 있으면 그 무서운 고난과 해석하기 어려운 사건이 이해되기 시작합니다. 요셉의 고난 속에서 이 점을 한번 생각해 보십시오. 요셉은 지금 고난의 파도에 밀려가고 있습니다. 앞으로 어떤 일을 당할지 모릅니다. 미래가 캄캄합니다. 모든 것을 다 잃었습니다. 아버지와도 단절되었습니다. 그러나 이런 상황에서 일어난 4가지 사건을 주목해 보십시오.

첫째, 왜 형제들이 요셉을 죽이지 않고 구덩이에 집어넣었을까요? 이상하지 않습니까? 죽이기로 했는데 큰형이 괴로워하니까 죽이지 않고 구덩이에 집어넣었습니다. 형이 잠깐 자리를 비웠을 때 죽일 수도 있었는데 살려 두었습니다. 둘째, 왜 바로 그 시간에 미디안 상인들이 그곳을 지나갔을까요? 시간이 조금만 어긋났어도 요셉이 팔려 가는 일은 없었을 것입니다. 셋째, 왜 갑자기 유다가 요셉을 죽이지 말고 팔자고 제안했고, 결국 은 20개를 받고 팔았을까요? 이것도 해석하기 어려운 문제입니다. 넷째, 애굽으로 팔려 간 요셉이 왜 하필이면 애굽 왕의 친위대장 보디발의 집으로 가게 되었을까요?

다시 말해, 그 의미를 99% 해석하기 어려운 엄청난 고난이 요셉에게 닥쳤는데, 하나님의 손길이 시간에 맞춰 그때그때 미치고 있었다는 것입니다. 이것이 하나님의 섭리입니다.

우리는 자신의 생애에서 겪는 고난을 바라보지 말고, 고난 속에서 하나님이 어떻게 우리에게 피할 길을 주시고, 어떻게 은혜를 베푸시는지에 관심을 기울여야 합니다. 그때그때 사람을 보내 주시고, 그때그때 문제를 해결해 주시는 하나님의 섭리를 바라보아야 합니다. 이것이 하나님이 베푸시는 엄청난 복의 서곡이요, 은혜의 서곡입니다. 그리스도인은 죽지 않습니다. 망하지 않습니다. 걱정하지 마십시오.

하나님의 은혜의 서곡이 요셉에게 일어나기 시작했습니다. 하나님의 계획은 요셉이 30세 되었을 때 그를 애굽의 총리 대신으로 세우는 것이었습니다. 그렇기 때문에 요셉은 다른 집이 아니고 애굽 왕의 친위대장인 보디발의 집으로 보내졌습니다. 그래야 애굽의 왕 바로와 만날 기회가 생길 수 있기 때문입니다. 이것이 바로 눈에 보이지 않는 하나님의 계획이요, 섭리입니다. 은 20개에 팔린 요셉은 은 30개에 팔리신 예수님과 비슷합니다. 요셉은 형제들에게 고난을 받았고, 예수님은 동족에게 고난을 받으셨습니다.

다음 장부터는 하나님이 요셉의 생애에 어떻게 간섭하셔서 그에게 꿈을 주시고, 그를 만지시고, 보호하시고, 위로하시고, 격려하셨는지를 살펴볼 것입니다. 그리고 기막힌 최악의 상황에서 하나님이 어떻게 요셉을 영광스러운 자리까지 인도하셨는지도 하나씩 나눌 것입니다. 흥분되지 않습니까? 하나님이 우리의 삶도 그렇게 인도해 주실 줄 믿습니다. 위대하신 하나님을 찬양하십시오! 고난 가운데서도 하나님의 섭리를, 하나님의 손길을 베풀어 주시는 주님을 찬양합시다. 우리가 결코 좌절하거나 절망하지 않게 하시고 우리의 연약함과 부족함을 다 들어서 새롭게 하시는 위대한 하나님의 섭리를 찬양합시다. 하나님의 은혜의 손길을 경험해 승리하는 우리가 되기를 간절히 기도합니다.

3

유다에게서
구속사적 메시지를 발견합니다

창세기 38:1 - 30

신앙 공동체를 떠나면 위기를 맞게 된다

요셉 이야기가 전개되는 가운데 창세기 38장에는 갑자기 야곱의 12명의 아들 중에 넷째인 유다에 관한 이야기가 삽입되어 있습니다. 왜 갑자기 유다 이야기가, 그것도 아름답지 않고 말하기 참 거북한 사건인, 시아버지와 며느리 사이에서 불륜으로 아기가 태어난 이야기가 성경에 기록되어 있는 것일까요? 이 이야기에 꼭 기록해야 하는 중요한 메시지가 담겨 있기 때문입니다. 그것은 하나님의 은혜와 하나님의 약속의 성취를 보여 주는 구속사적 메시지입니다. 여기에 두 가지 큰 메시지가 있습니다.

첫째, 하나님이 택하신 12지파의 한 사람으로 태어났다 할지라도, 하나님의 약속의 자녀라 할지라도 하나님의 말씀을 떠나고 신앙 공동체를 떠나서 제멋대로 살면 화가 임한다는 것입니다. 그러한 사람에게는 저주와 고통이 임한다는 사실을 보여 줍니다.

둘째, 인간이 연약함과 부족함과 불신앙 때문에 실수를 많이 할지라도 하나님은 그것 때문에 하나님의 약속을 포기하시지는 않는다는 것입니다. 우리의 죄보다 하나님의 사랑이 더 큽니다. 우리는 가끔 자신의 죄 때문에 심히 절망하고 좌절하지만 하나님은 그러하시지 않습니다. 하나님은 "너희의 죄가 주홍 같을지라도 눈과 같

이 희어질 것이요 진홍같이 붉을지라도 양털같이 희게 되리라"(사
1:18)라고 말씀하셨습니다.

하나님은 우리를 사랑하셔서 예수님의 보혈로 우리의 죄를 사
해 주셨습니다. 그러므로 우리가 아무리 어리석고, 실수하고, 추해
도 하나님은 우리를 향한 약속을 포기하시지 않습니다. 하나님의
사랑은 언제까지나 그치지 않습니다. 그리고 하나님은 반드시 하
나님의 의를 이루십니다. 이러한 메시지가 창세기 38장에 나타나
있습니다.

야곱의 12명의 아들 중에 넷째 아들인 유다가 큰 실수를 저질렀
습니다. 그 실수를 왜 저지르게 되었을까요?

> 그 후에 유다가 자기 형제들로부터 떠나 내려가서 아둘람 사람 히
> 라와 가까이하니라(창 38:1).

유다는 요셉이 애굽으로 팔려 가는 데 결정적인 역할을 했습니
다. 그리고 그 사실을 위장해 아버지에게 거짓말을 했습니다. 그러
자 아버지는 식음을 전폐하고 슬퍼했습니다. 아들들은 아버지가
그렇게 슬퍼할 줄 몰랐습니다. 아무리 위로해도 아버지는 위로를
받아들이지 않았습니다.

시간이 지나면서 유다는 자신의 행동에 대해 후회하며 괴로워
했습니다. 형제들 사이에도 서로 공모해서 은 20개를 받고 동생을

판 것에 대해 힘들고 불편한 마음이 있었을 것입니다. 그래서 형제들은 이 사건에 대해 침묵하기로 결정한 듯 보입니다. 그들은 우울했고 기쁨을 잃어버렸을 것입니다. 서로 얼굴을 마주 대하기도 어색했을 것입니다.

견딜 수가 없었던 유다는 가족 곁을 떠났습니다. 1절에서 '유다가 자기 형제들로부터 떠나 내려가서'라는 말은 유다가 독립해서 살기로 결정했다는 의미입니다. 그러나 그가 떠나기로 결정한 이유는 아마 요셉 사건 때문만은 아닐 것입니다. 왜냐하면 야곱의 집안에는 매우 복잡하고 어려운 문제가 많았기 때문입니다. 큰아들 르우벤은 아버지의 첩을 범했습니다. 또 시므온과 레위는 살인을 했고, 첩의 자녀들은 악행을 저질렀습니다. 그런 여러 이유로 야곱의 아들들은 형제들끼리 서로 존경할 수 없었고, 경쟁하고 시기하고 질투하는 관계가 되었습니다. 그래서 유다는 차라리 집을 떠나야겠다는 생각을 했을 가능성이 큽니다. 유다는 형제들을 떠나서 아둘람이라는 이방 지역으로 가서 그곳 사람들과 살기로 결정했습니다.

그러나 이것은 큰 실수였습니다. 우리는 신앙 공동체를 떠나면 위기를 맞게 됩니다. 물론 교회 안에도 스캔들이나 시기, 질투가 있습니다. 때로는 세상에서도 일어나지 않는 일이 일어나기도 합니다. 그래서 너무 깊이 절망하고 실망해서 교회를 떠나는 사람들이 생깁니다. 하지만 그래도 우리는 공동체에 남아 있어야 합니다.

왜냐하면 신앙 공동체를 떠나면 유다에게 일어난 것과 같은 일이 생기기 때문입니다. 유다가 떠난 땅, 즉 우리의 신앙 공동체는 아브라함의 하나님, 이삭의 하나님, 야곱의 하나님이 복을 주신 땅이기 때문입니다. 그곳에는 하나님의 이름이 있고, 하나님의 이야기가 있기 때문입니다. 우리는 하나님의 이야기를 듣고 살아야 하며, 하나님의 약속을 먹고 살아야 합니다. 이것이 그리스도인이 살아가야 하는 현실입니다.

그런데 유다는 피했습니다. 신앙 공동체, 가족 공동체, 하나님의 약속이 있는 땅을 포기했습니다. 그리고 따로 행복하게 살아 보고 싶어서 이방 세계로 들어갔습니다. 유다는 가장 현명한 선택을 한 것 같지만, 사실상 가장 미련한 선택을 한 것입니다. 어떤 경우에도 교회 공동체를 떠나지 마십시오. 우리는 혼자서 신앙생활을 할수 없습니다. 아무리 부족하고, 실수가 있고, 어려움이 있다 하더라도 공동체 속에 있을 때라야 신앙을 유지해 갈 수 있습니다. 물론 교회 공동체에 실수나 스캔들이 없으면 얼마나 좋겠습니까? 두말할 나위가 없습니다.

유다가 거기서 가나안 사람 수아라 하는 자의 딸을 보고 그를 데리고 동침하니 그가 임신하여 아들을 낳으매 유다가 그의 이름을 엘이라 하니라 그가 다시 임신하여 아들을 낳고 그의 이름을 오난이라 하고 그가 또다시 아들을 낳고 그의 이름을 셀라라 하니라 그가 셀라를 낳을 때에 유다는 거십에 있었더라(창 38:2-5).

　이방에 간 유다는 이방인 수아라는 자의 딸과 결혼을 했습니다. 이 것이 아주 결정적인 실수였습니다. 유다가 왜 이방 여자와 결혼했을 까요? 신앙 공동체를 떠났기 때문입니다. 이것은 유다에게 고통과 저주가 임하는 계기가 되었습니다. 결국 그는 이방인들이 사는 방법 과 생활양식대로, 그리고 아내가 이끄는 대로 살 수밖에 없었습니다. 가끔 우리는 예수님을 믿지 않는 세계가 예수님을 믿는 세계보다 더 좋다며 신앙 공동체를 떠나는 사람들을 봅니다. 때로는 굉장히 지혜 로운 선택 같아 보이지만, 사실 가장 어리석은 선택입니다.

　아브라함이 리브가를 며느리로 얻은 과정을 기억합니까? 아브 라함은 다른 것은 다 괜찮은데 단 한 가지 조건, 가나안 여인만은 며느리로서 안 된다고 했습니다. 그래서 종을 고향으로 보내 친척 중에 택하도록 했습니다. 이것은 구약에서 영적으로 매우 중요한 부분입니다. 어떤 여자를 데려오느냐가 그 가정의 영적인 복을 결 정했기 때문입니다. 그러나 유다는 그렇게 하지 못했습니다. 이방 여자와 결혼해서 하나님과 하나님의 말씀을 잊어버리고 자기 식 대로, 세상의 방법대로 살기 시작했습니다. 돈을 많이 모았는지도 모릅니다. 화려한 생활을 했는지도 모릅니다. 그러나 그가 받은 것 은 고통과 저주였습니다.

하나님을 떠난 유다가 겪은 3가지 비극

> 유다가 장자 엘을 위하여 아내를 데려오니 그의 이름은 다말이더라
> (창 38:6).

유다는 아들 엘과 오난, 그리고 셀라를 낳았습니다. 그중 큰아들이 결혼할 나이가 되어서 다말이라는 여자를 아내로 얻었습니다. 그런데 이때 무슨 일이 생겼습니까?

> 유다의 장자 엘이 여호와가 보시기에 악하므로 여호와께서 그를 죽이신지라(창 38:7).

아주 간단하게 기록되어 있지만 의미심장한 내용입니다. 큰아들 엘이 여호와가 보시기에 악하므로 하나님이 죽이셨습니다. 그는 하나님이 죽이실 만큼 악한 사람이었습니다. 왜 그렇게 되었을까요? 유다가 하나님 없는 환경에서 세상 방법으로 아이를 양육해 악한 사람이 되게 한 것입니다. 그래서 하나님이 그 아들을 죽이셨습니다.

이렇든 저렇든 유다가 신앙 공동체 안에서 계속 자랐다면 충고도 받고, 제재도 받아서 이방 여자와 결혼해 세상 방법대로 살지는 않았을 것입니다. 그러나 그런 안전장치를 다 포기했기 때문에 결

국 이러한 결과를 맞게 된 것입니다. 이것이 유다의 비극입니다. 다 얻었는데 자녀를 잃었습니다.

> 유다가 오난에게 이르되 네 형수에게로 들어가서 남편의 아우 된 본분을 행하여 네 형을 위하여 씨가 있게 하라(창 38:8).

당시 전통에 의하면, 형이 자녀 없이 죽으면 동생이 형수를 맞아 들여 형의 대를 이어 주어야 했습니다. 유다는 이런 전통을 따라서 아들의 죽음에 어떤 영적인 교훈이 있는지는 생각하지도 않고 세상 관습대로 아들 오난에게 형수에게 들어가 가문의 대를 이으라고 명했습니다. 그러나 형의 죽음을 목격한 오난은 생각이 달랐습니다. '만약 아들을 낳아도 형의 아들이 되어 가문을 잇게 될 것이다'라고 생각했기 때문에 형수가 아이를 갖지 못하도록 행동했습니다. 온전하지 못한 성관계를 맺었습니다.

> 오난이 그 씨가 자기 것이 되지 않을 줄 알므로 형수에게 들어갔을 때에 그의 형에게 씨를 주지 아니하려고 땅에 설정하매 그 일이 여호와가 보시기에 악하므로 여호와께서 그도 죽이시니(창 38:9-10).

오난이 한 행동은 하나님이 기뻐하시지 않는 악한 행동이었습니다. 그래서 하나님은 오난도 죽이셨습니다. 참 무서운 일입니다. 이렇게 해서 유다는 두 아들을 잃었고, 아무 죄 없는 다말이라는 여인은 미망인으로 남았습니다. 우리가 여기서 발견하게 되는 사실이 무엇입니까? 하나님을 버리고 신앙 공동체를 떠나면 행복할 것 같지만, 사실은 더 무서운 재앙이 계속 임하게 된다는 것입니다. 이처럼 유다가 겪은 첫 번째 비극은 아들 둘을 잃은 것이었습니다.

> 유다가 그의 며느리 다말에게 이르되 수절하고 네 아버지 집에 있어 내 아들 셀라가 장성하기를 기다리라 하니 셀라도 그 형들같이 죽을까 염려함이라 다말이 가서 그의 아버지 집에 있으니라(창 38:11).

유다의 어린 셋째 아들 셀라가 있었습니다. 그래서 유다는 며느리에게 수절하고 있으면 셋째 아들 셀라가 자란 후에 그와 다시 혼인시켜 주겠다고 약속하며 다말을 친정으로 돌려보냈습니다. 그러나 사실 유다는 겁을 먹기 시작했습니다. 셀라마저 죽을지 모른다는 두려움이 생긴 것입니다. 그래서 셀라가 성장했는데도 다말과 결혼시키는 일을 진행하지 않았습니다.

여기서 우리는 유다가 겪은 두 번째 비극을 봅니다. 그것은 바로 유다가 인생을 목표 없이 뒤죽박죽 사는 모습입니다. 그는 인생의 문제들을 어떻게 해결해야 할지 몰랐습니다. 문제가 생길 때마다 하나님 중심으로, 신앙적인 방법으로 뚫고 나가야 하는데 그는 세상적인 방법을 취하지도 못하고, 하나님의 방법을 따르지도 못한 채 뒤죽박죽 살고 말았습니다. 그러다 나중에는 자포자기하는 심정까지 들게 되었습니다.

얼마 후에 유다의 아내 수아의 딸이 죽은지라 유다가 위로를 받은 후에 그의 친구 아둘람 사람 히라와 함께 딤나로 올라가서 자기의 양털 깎는 자에게 이르렀더니 어떤 사람이 다말에게 말하되 네 시아버지가 자기의 양털을 깎으려고 딤나에 올라왔다 한지라 그가 그 과부의 의복을 벗고 너울로 얼굴을 가리고 몸을 휩싸고 딤나 길 곁에나임 문에 앉으니 이는 셀라가 장성함을 보았어도 자기를 그의 아내로 주지 않음으로 말미암음이라 그가 얼굴을 가리었으므로 유다가 그를 보고 창녀로 여겨 길 곁으로 그에게 나아가 이르되 청하건대 나로 네게 들어가게 하라 하니 그의 며느리인 줄을 알지 못하였음이라 그가 이르되 당신이 무엇을 주고 내게 들어오려느냐 유다가 이르되 내가 내 떼에서 염소 새끼를 주리라 그가 이르되 당신이 그것을 줄 때까지 담보물을 주겠느냐 유다가 이르되 무슨 담보물을 네게 주랴 그가 이르되 당신의 도장과 그 끈과 당신의 손에 있는 지팡이로 하라 유다가 그것들을 그에게 주고 그에게로 들어갔더니 그가 유다로 말미암아 임신하였더라 그가 일어나 떠나가서 그 너울을 벗고 과부의 의복을 도로 입으니라(창 38:12-19).

우리는 여기서 신앙 공동체를 떠난 사람은 부도덕한 인생을 살기 쉽다는 것을 보게 됩니다. 그런 사람은 도덕적 기준을 잃어버리고 자신도 모르는 사이에 변해 갑니다.

세월이 흘러서 유다의 아내 수아의 딸이 죽었습니다. 또다시 슬픔을 당하게 된 유다는 친구인 아둘람 사람 히라와 함께 위로 여행을 떠났고, 딤나의 양털 깎는 곳에 이르렀습니다. 이 소식을 들은 다말은 음모를 꾸몄습니다. 과부의 옷을 벗고 창녀처럼 꾸미며서 시아버지가 나타날 곳에 앉아 있었습니다.

아내를 잃은 유다는 본능을 따라 창녀에게 접근해 "내가 너와 하룻밤을 지내야 되겠다"고 말했습니다. 그러자 여자가 그 대가로 무엇을 주겠냐고 물었습니다. 유다는 염소 새끼를 주겠으나 지금은 없고 나중에 주겠다고 했습니다. 그러자 여자는 담보물을 달라고 했고 도장과 그 끈과 지팡이를 챙겼습니다. 그리고 둘은 하룻밤을 같이 지냈습니다. 이처럼 도덕성을 잃은 것이 유다가 겪은 세 번째 비극이었습니다.

이러한 모습은 하나님을 떠나고 신앙 공동체를 떠난 사람에게서 흔히 볼 수 있는 광경입니다. 도덕성을 잃어버려 부도덕한 일을 하는 것입니다. 그러나 그를 막아 줄 사람이 없습니다. 유다는 아내를 새로 얻은 것도 아니고, 창녀와 잠자리를 같이했습니다. 바로 이것이 유다의 도덕적 파멸입니다. 자기도 모르는 사이에 그렇게 변하고 만 것입니다.

그런데 다말은 어떻습니까? 창녀의 옷을 입고 시아버지에게 접근한 것이 옳은 행동입니까? 입에 담기조차 껄끄러운 행동입니다. 그런데 분명한 사실은 다말은 쾌락을 누리기 위해서나 돈을 벌기 위해서 그에게 접근한 것이 아니었다는 점입니다. 다말의 마음속에 있었던 생각은 오직 며느리로서 자기의 본분을 다해야겠다는 일념뿐이었습니다. 남편 엘이 죽었습니다. 오난도 죽었습니다. 자기는 점점 늙어 가는데 그 집안의 대가 끊길 위기에 처한 것입니다. 그런데도 시아버지가 행동하지 않자 시아버지를 속여 시아버지의 씨를 가져와서라도 자기의 역할을 다하려 한 것이었습니다.

유다가 그 친구 아둘람 사람의 손에 부탁하여 염소 새끼를 보내고 그 여인의 손에서 담보물을 찾으려 하였으나 그가 그 여인을 찾지 못한지라 그가 그곳 사람에게 물어 이르되 길 곁 에나임에 있던 창녀가 어디 있느냐 그들이 이르되 여기는 창녀가 없느니라 그가 유다에게로 돌아와 이르되 내가 그를 찾지 못하였고 그곳 사람도 이르기를 거기에는 창녀가 없다 하더이다 하더라 유다가 이르되 그로 그것을 가지게 두라 우리가 부끄러움을 당할까 하노라 내가 이 염소 새끼를 보냈으나 그대가 그를 찾지 못하였느니라(창 38:20-23).

유다는 약속을 지키기 위해 사람을 시켜 염소 새끼를 보냈는데, 그 여인이 동네에 없었습니다. 사람들이 그런 사람은 본 적도 없다고 했습니다. 유다는 당황했습니다. 도장과 그 끈과 지팡이를 빼앗겨 부끄러움을 당할까 봐 입을 막았습니다. 유다는 이처럼 체면을 차리는 사람이었습니다. 자기 내면의 문제가 드러나는 것에 대해서는 전혀 양심의 가책이 없고, 우선 사람들에게 부끄러움과 수모를 당하지 않으려는 태도를 취했습니다.

그러고 나서 석 달 후 유다는 며느리의 소식을 듣게 되었습니다.

> 석 달쯤 후에 어떤 사람이 유다에게 일러 말하되 네 며느리 다말이 행음하였고 그 행음함으로 말미암아 임신하였느니라 유다가 이르되 그를 끌어내어 불사르라 여인이 끌려 나갈 때에 사람을 보내어 시아버지에게 이르되 이 물건 임자로 말미암아 임신하였나이다 청하건대 보소서 이 도장과 그 끈과 지팡이가 누구의 것이니이까 한지라 유다가 그것들을 알아보고 이르되 그는 나보다 옳도다 내가 그를 내 아들 셀라에게 주지 아니하였음이로다 하고 다시는 그를 가까이하지 아니하였더라 (창 38:24-26).

유다는 며느리가 임신했다는 소식을 듣자 격분하며 당장 끌어내서 죽이라고 했습니다. 세상 사람들의 정의감이란 대개 이런 것입니다. 자신의 죄는 다 숨기고 항상 다른 사람을 공격하고 비판합니다. 그런데 다말은 참 지혜로운 여성이었습니다. 사리를 잘 분별할 줄 알고 영민했습니다. 창녀 옷으로 갈아입고 시아버지에게 접근한 행동을 보면 대담하기도 합니다. 임신 사실이 밝혀지는 문제에 부딪혔을 때에도 "아버님이 그러시지 않았습니까?"라고 말하지도 않았습니다. 단지 담보물들을 내보이면서 "이 물건 주인으로 말미암아 임신하였습니다"라고 말했습니다.

사건의 전모를 알게 되었을 때 유다가 얼마나 충격을 받았겠습니까! 그 순간 그의 머릿속에는 여러 생각이 스쳤을 것입니다. 사고의 전환이 있었을 것입니다. 실패감, 낭패감, 후회, 순식간에 깨달은 하나님의 섭리 등으로 복잡했을 것입니다. 그제야 유다는 하나님을 생각하게 되었을 것입니다. 하나님을 떠나고 신앙 공동체인 가족을 떠나서 자기 혼자 행복하면 족할 줄 알았는데, 결코 그렇지 않음을 깨달은 것입니다.

우리의 죄보다 하나님의 사랑이 더 크다

가끔 미국을 여행하다 보면 교포들을 상담할 기회가 생깁니다. 대부분은 다음과 같은 문제로 고민하고 있었습니다. 행복하게 살려고, 성공하기 위해 미국에 갔습니다. 그런데 이혼하고, 자녀를 잃고, 가정이 산산조각 났습니다. 제가 만난 사람들 중에 하나님과 교회를 떠난 목사 자녀와 장로 자녀, 어릴 때는 신앙생활 잘했는데 지금은 교회를 모르는 척하고 세상 공동체에 들어가 행복하게 살고 있다고 착각하는 사람들이 얼마나 많은지 모릅니다. 그들의 얼굴을 보면 항상 외롭고, 쫓기고, 불안합니다. 이제는 돌이킬 수 없는 잘못된 선택에 대한 회한과 갈등이 있습니다. 우리 주변에 의외로 그런 사람이 많이 있습니다.

신앙 공동체를 떠나는 것이 이렇게 큰 비극을 몰고 올 줄 누가 알았겠습니까? 교회를 떠나고 하나님을 떠나는 것은 이처럼 큰 비극입니다. 우리는 하나님 안에 살아야 합니다. 말씀을 듣고 살아야 합니다. 나를 말씀으로 충고하고, 격려하고, 내가 세상으로 나가려 할 때 나를 제한하고 막아 주는 방패막이가 필요합니다. 듣기 싫은 말들이지만 그런 말들이 약이 됩니다. 말씀대로 살 수 있는 길이 됩니다.

세상에서 제일 못된 것이 '제멋대로'라는 것입니다. 방해 안 받고, 간섭 안 받고, 자기 생각대로, 본능대로, 욕심대로 살면 어떻게 됩니까? 사탄의 종이 됩니다. 우리는 하나님의 말씀대로 살아야 합니다. 히브리서 4장 12절을 기억하십시오.

하나님의 말씀은 살아 있고 활력이 있어 좌우에 날 선 어떤 검보다도 예리하여 혼과 영과 및 관절과 골수를 찔러 쪼개기까지 하며 또 마음의 생각과 뜻을 판단하나니(히 4:12).

성경 말씀을 믿으십시오. 말씀을 사랑하십시오. 말씀대로 사십시오. 말씀을 자녀에게 유산으로 남겨 주십시오. 이것이 우리 삶의 지표요, 기둥입니다. "주의 말씀은 내 발에 등이요 내 길에 빛이니 이다"(시 119:105)라는 시편 기자의 고백처럼 우리는 말씀을 떠나면 죽습니다. 흔들리고 방황합니다. 도덕성을 잃어버립니다. 말씀은 이처럼 중요한 것입니다.

26절에서 유다는 이전과는 다른 모습을 보였습니다. 이 사건을 통해 충격을 받은 유다는 며느리가 옳다고 말했습니다. 자기가 틀렸다고, 자기가 잘못했다고 말하면서 현실을 받아들였습니다. 그러고는 다시는 며느리를 가까이하지 않았습니다. 드디어 유다는 회개하고 제자리로 돌아온 것입니다.

> 해산할 때에 보니 쌍태라 해산할 때에 손이 나오는지라 산파가 이르되 이는 먼저 나온 자라 하고 홍색 실을 가져다가 그 손에 매었더니 그 손을 도로 들이며 그의 아우가 나오는지라 산파가 이르되 네가 어찌하여 터뜨리고 나오느냐 하였으므로 그 이름을 베레스라 불렀고 그의 형 곧 손에 홍색 실 있는 자가 뒤에 나오니 그의 이름을 세라라 불렀더라(창 38:27-30).

이렇게 해서 창세기 38장 이야기가 마무리됩니다. 그러나 이야기는 아직 끝나지 않았습니다. 이제부터 시작입니다. 우리는 이후에 하나님의 은혜가 계속 이어지는 것을 볼 수 있습니다. 비록 연약하고 허물 투성이인 유다와 다말이지만 하나님은 하나님의 약속과 구원과 은혜를 포기하시지 않고 이 가문에서 메시아가 태어나시게 하셨습니다. 무척 신비로운 이야기입니다.

야곱의 12지파 중에서 유다 지파가 예수님의 직계 조상이 되었습니다. 하나님은 이처럼 불신앙하고 부도덕한 사람의 지파를 메시아를 탄생시키는 지파로 만드셨습니다. 또 마태복음 1장에 나오는 예수님의 족보를 보면, 다말의 이름이 기록되어 있습니다. 이처럼 창세기 38장은 아주 행복하게 끝납니다.

우리는 때때로 실수합니다. 부도덕합니다. 불신앙적입니다. 그러나 하나님의 사랑은 영원합니다. 하나님은 우리를 버리시지 않습니다. 포기하시지도 않습니다. "하나님은 우리를 믿음의 조상과 복의 조상으로 만들어 주시고, 우리 자녀를 통해서 그 복이 계속되기를 원하신다"는 것이 성경이 담고 있는 메시지입니다. 그러므로 회개할 바에는 일찍 회개하기를 바랍니다. 돌아올 바에는 빨리 돌아오십시오. 복의 근원으로서, 하나님의 약속의 자녀로서 인 침 받은 삶을 살아야 할 이유가 바로 여기에 있습니다.

두 가지로 결론을 내리겠습니다.

첫째, 신앙 공동체를 떠나지 마십시오. 아무리 어렵고 힘들어도 교회를 떠나지 마십시오. 교회는 우리의 생명 끈입니다. 교회에 있으면 하나님의 음성을 듣습니다. 조금 시험에 들면 그저 비가 왔다고 생각하십시오. 비는 흘러가게 되어 있습니다. 시험은 지나가게 되어 있습니다. 위기도 사라지게 되어 있습니다. 하나님을 놓치지 마십시오. 신앙 공동체, 가족 공동체를 떠나지 말고 꼭 붙드십시오. 복의 물줄기입니다. 꼭 붙들고 있으면 수많은 인생의 고난과 역경이 지나갈 것입니다.

둘째, 마지막 순간까지도 하나님의 은혜는 계속되어서, 하나님이 우리를 구원하시고 부르시고 사명을 주시고 믿음의 조상으로 만들어 주십니다. 하나님의 약속은 신실합니다. 하나님은 변함이 없으십니다. 하나님이 우리를, 우리 자녀를 들어 쓰실 줄 믿습니다. 이것이 믿음입니다.

4

하나님과의 동행은
만사형통입니다

창세기 39:1-6

우리 삶의 의미는 '예수님을 위해서'

요셉은 형들에게 미움을 받아 애굽에 노예로 팔려 갔습니다. 그렇게 되기 직전까지는 12명의 아들 중 아버지 야곱에게 가장 많은 사랑을 받는 아들이었습니다. 꿈을 꾸는 아들이었습니다. 희망에 부푼 아들이었습니다. 아버지 집에서는 왕자처럼 산 아들이었습니다. 그런데 하루아침에 애굽으로 팔려 가서 남의 집 종이 되었으니, 충격이 얼마나 컸겠습니까!

환경과 신분의 급격한 변화는 당사자에게 큰 충격을 줍니다. 갑자기 환경이 바뀌면, 그것도 주인이던 사람이 하룻밤 사이에 종이 되는 변화를 겪게 되면 큰 충격을 받기 마련입니다. 그래서 그런 일을 당하면 대부분 충격으로 쓰러지기도 하고, 전신이 마비되기도 하고, 불면증에 시달리기도 하고, 정신병에 걸리기도 합니다. 그러나 하나님의 사람들은 신분과 환경의 변화에 휩쓸려 쓰러지지 않고 더 강건해질 줄 믿습니다.

> 요셉이 이끌려 애굽에 내려가매 바로의 신하 친위대장 애굽 사람 보디발이 그를 그리로 데려간 이스마엘 사람의 손에서 요셉을 사니라(창 39:1).

억울하게 최악의 상황에 떨어진 요셉을 도울 사람은 지금 아무도 없었습니다. 그의 미래는 굳게 닫혔습니다. 무슨 일이 일어날지, 어떤 운명이 다가올지 요셉 자신도 전혀 예측할 수 없는 상황이었습니다. 한밤중 같은 깜깜한 상황이었습니다.

여기서 우리는 자연스럽게 두 가지 질문을 하게 됩니다. 첫째는 "왜 이런 일이 일어났을까?"라는 질문입니다. 요셉이 무엇을 잘못했기에 갑작스럽게 이런 일이 일어났을까요? 해답은 요셉에게 있지 않습니다. 어떤 때는 고난의 해답이 우리에게 있지 않고 하나님께 있습니다. 우리의 인생 가운데도 이런 일들이 펼쳐집니다. 그래서 우리는 하나님이 고난의 이유를 설명해 주시기를 바랍니다. 하나님이 한마디만 말씀해 주셔도 좀 견딜 수 있을 것 같습니다. 요셉에게 미리 "이 모든 것이 애굽의 총리 대신이라는 자리에 오르기 위한 과정이다"라는 한마디만 해 주신다면 얼마나 좋을까요? 하나님이 문제의 실마리라도 하나 제공해 주신다면 13년이 아니라 100년도 기다릴 수 있을 것입니다.

그러나 요셉의 경우에도 하나님의 대답은 없었습니다. 그렇게 요셉은 한밤중 같은 막막한 상황에 던져졌습니다. 결과적으로 보면 훗날 요셉이 30세가 되어 천하를 호령하는 애굽의 총리 대신이 되는 것이 하나님의 계획과 섭리였지만, 지금 요셉이 그 뜻을 알 리가 없었습니다.

우리는 인생을 살아가면서 가끔 그토록 착한 사람이 왜 고난을 겪어야 하는지, 왜 뜻하지 않게 죽는지 알 수 없을 때가 있습니다. 그러나 그런 경우에도 하나님의 섭리가 있음을 믿으십시오. 하나님의 손길이 있다는 사실을 믿을 때 고난과 역경과 어려움에서 벗어날 수 있습니다.

둘째 질문은 "요셉은 수많은 집 중에서 왜 애굽 왕의 친위대장 보디발의 집에 가게 되었을까? 수많은 가능성이 있는데 왜 하필이면 그곳일까?"라는 질문입니다. 그 해답도 보디발에게 있지 않고 하나님께 있습니다. 보디발이 요셉과 바로왕의 만남에 있어서 끈이 되기 때문에 하나님이 그렇게 하신 것입니다.

우리는 여기서 하나님의 보이지 않는 섭리와 경륜을 봅니다. 물론 우리의 삶에 기계적인 예정론은 없습니다. 모든 섭리와 예정은 그리스도 안에 있습니다. 지나온 모든 과거의 해답은 한 가지뿐입니다. '예수님을 만나기 위해서'라는 것입니다. 예수님을 만나 구원받기 위해서 지금까지의 모든 성공과 실패와 좌절이 있었던 것입니다. 그래야 그 사건들 가운데 의미가 생깁니다.

그러면 앞으로 다가올 우리 인생의 의미는 무엇입니까? '예수님을 위해서'가 그 해답입니다. 우리는 앞으로 얼마나 더 살지 알 수 없습니다. 미래에 어떤 상황이 펼쳐질지는 아무도 모릅니다. 그러나 분명한 사실이 있습니다. 그 모든 것은 '예수님을 위해서' 있다는 것입니다. '예수님을 만나기 위해서' 나의 과거가 있었고, '예수님을 위해서' 나의 미래가 있습니다. 그렇게 생각하면 세상이 내 것이 됩니다.

인생이 무척 흥분되고, 재미있고, 가치 있는 것이 됩니다.

전도용 소책자 《사영리》(四靈理)의 제1원리를 아십니까? "하나님은 당신을 사랑하시며 당신을 위한 놀라운 계획을 가지고 계십니다"입니다. 이것은 창세기에서 요한계시록에 이르는, 성경 전체의 요약이자 요점입니다. "하나님이 세상을 이처럼 사랑하사 독생자를 주셨으니 이는 그를 믿는 자마다 멸망하지 않고 영생을 얻게 하려 하심이라"라는 요한복음 3장 16절 말씀에 이 사실이 나타나 있습니다.

하나님은 하나님의 사람과 매 순간 동행하신다

여호와께서 요셉과 함께하시므로 그가 형통한 자가 되어 그의 주인 애굽 사람의 집에 있으니(창 39:2).

아주 중요한 구절입니다. 성경은 요셉의 생애에 대해서 "여호와께서 요셉과 함께하시므로"라고 표현하고 있습니다. 고난이 있다는 것 자체는 문제가 아닙니다. 그렇다면 무엇이 문제입니까? 하나님이 함께하시지 않는 것이 진짜 문제입니다. 고통스러운 것이 저주가 아닙니다. 하나님이 함께하시지 않는 것이 저주입니다. 반면, 하나님이 함께하시는 것이 복입니다. 요셉에게 형편과 신분의 변화는 큰 고통이었지만 하나님이 함께하시므로 그는 오히려 만사에 형통한 자가 되었습니다.

여기서 하나님의 사람의 특징이 나타납니다. 그것은 하나님이 날마다, 매 순간 하나님의 사람과 동행하신다는 것입니다. 이를 가리켜 '임마누엘'이라고 합니다. 우리와 함께하시는 하나님, 우리 가정과 함께하시는 하나님, 우리 민족과 함께하시는 하나님이 우리 한 사람, 한 사람의 하나님이심을 믿습니다. 할렐루야!

하나님이 함께하시면 두려울 것이 없습니다. 죽어도, 실패해도, 병이 들어도 문제없습니다. 죽음조차도 두렵지 않게 됩니다. 성경은 "여호와께서 요셉과 함께하시므로 그가 형통한 자가 되어"라고 말합니다. 하나님과의 동행은 곧 만사형통입니다. 하나님이 우리와 함께하시고 우리 삶의 주인이 되시어 우리 삶을 주관하시고 통치하시면 우리가 무엇을 하든지 만사형통할 것입니다.

요셉은 일찍 어머니를 여의었습니다. 그러나 요셉의 어린 시절에서 알 수 있는 놀라운 사실은 어린 시절부터 하나님과 동행했다는 것입니다. 어렸지만 요셉의 마음은 하나님으로 가득 차 있었던 것입니다. 우리의 생각이 하나님 생각으로 가득 차기를 바랍니다. 가장 위대한 생각은 하나님 생각입니다. 하나님을 생각하는 것보다 더 높고, 더 크고, 더 위대한 사상은 없습니다. 요셉은 하나님을 생각했기 때문에 정직한 성품을 가질 수 있었습니다. 정직한 성품이 있었기 때문에 순결한 삶, 순종하는 삶을 살 수 있었습니다.

"여호와께서 요셉과 함께하시므로"라는 말씀을 요셉의 입장에서 본다면, 요셉이 하나님을 잊은 적이 없다는 의미입니다. 하나님이 우리와 함께하신다고만 생각하면 모든 것이 하나님의 책임인 것 같습니다. 하지만 그 반대의 입장, 즉 우리가 하나님과 함께한다고 생각하면 우리가 하나님을 잊지 않는다는 말이 됩니다. 요셉은 한순간도 하나님을 잊은 적이 없었습니다. 그것은 곧 하나님이 한순간도 요셉과 떨어져 계시지 않았다는 뜻이 됩니다.

지금 무슨 생각을 하고 있습니까? 아마도 이 글을 읽다 보니 하나님이 생각났을 것입니다. 우리의 삶에 비록 고통이 있고, 고민이 있을지라도 우리 마음속에는 하나님이 계십니다. 하나님과 동행함으로 하루를 시작하십시오. 하루 종일 계속해서 하나님과 동행하십시오. 끊임없이 하나님을 생각하기 바랍니다. 하나님을 생각하는 것이 하나님과 동행하는 것입니다.

하나님과 동행하는 삶은 만사형통합니다. 모든 것이 합력해서 선을 이룹니다. 무슨 일을 만나든지 형통할 것입니다. 여기서 '무슨 일'이란 감옥에 들어가는 것일 수도 있고, 병이 드는 것일 수도 있습니다. 우리는 '무슨 일'이 그저 좋은 일이기만을 바라기 때문에 시험에 빠집니다. 그렇게 열심히 기도하고 헌신하며 하나님을 섬겼는데 결과가 엉망이라고 생각하면 시험에 드는 것입니다. 우리의 관심이 돈 버는 일, 성공하는 데만 있기 때문입니다.

그러나 사도 바울은 "어떠한 형편에든지 나는 자족하기를 배웠

노니"(빌 4:11)라고 말했습니다. 감옥에 있든지 자유하든지, 죽든지 살든지 상관없이 마음속에 하나님이 가득할 때 고난을 이길 믿음과 힘을 얻게 됩니다. 죽음이 다가와도 두렵지 않게 되는 것입니다. 만사형통이란 고난이 사라지는 것이 아니라 고난을 뚫고 이겨내는 것입니다.

요셉은 비록 보디발의 집에 노예로 팔려 갔지만 하나님이 함께하심으로 어떤 환경에서도 만사형통했기 때문에 노예 신분이었어도 주인처럼 살았습니다. 요셉은 주인처럼 떳떳했기에 그 얼굴에 비굴함이 없었을 것입니다. 열등감이 없었을 것입니다. 요셉은 하나님과 동행하는 환경의 주인공이 되었습니다. 만사는 믿음을 가진 사람을 중심으로 움직입니다. 세상은 돈이 있고 권력을 가진 사람을 중심으로 움직이지 않습니다.

> 그의 주인이 여호와께서 그와 함께하심을 보며 또 여호와께서 그의 범사에 형통하게 하심을 보았더라(창 39:3).

요셉의 주인이 요셉의 삶 속에서 하나님을 발견했습니다. 세상 모든 사람과 우리 가족이 우리의 삶 속에서 하나님을 발견하게 되기를 바랍니다. '저 사람에게 하나님이 계신다', '저 사람을 보니 하나님이 살아 계시는 것 같다'고 사람들이 느낄 수 있어야 합니다. 교회라고 해서 모두 하나님이 계시는 교회는 아닙니다. 하나님이 이곳에 살아 계신다고 느껴지는 곳이 참 교회입니다. 우리가 교회 안에서 어려운 사람을 돕고 서로 용서하고 사랑할 때 사람들은 하나님을 느낄 수 있습니다. 이기적이고 서로 싸운다면 어떻게 하나님을 느낄 수 있겠습니까? 포기하고, 순종하고, 손해를 보면서까지 남이 하지 않으려는 일을 하는 것을 볼 때 사람들은 그 모습을 보며 "하나님이 계신다!"고 말할 것입니다.

"그의 주인이 여호와께서 그와 함께하심을 보며"라는 말씀에서 우리는 몇 가지를 상상할 수 있습니다. 요셉의 얼굴은 당당하고, 빛이 나고, 두려움의 그림자가 없었을 것 같습니다. 초조해서 '나는 이제 어떻게 되려나? 누가 나를 도와주지?' 하는 생각이 얼굴에 나타나지 않았을 것 같습니다. 우리에게도 두려움의 그림자가 없기를 바랍니다. 미래에 대한 불안이 우리의 눈동자에서 사라지기를 기도합니다. 무슨 일을 하든지 결과에 상관없이 떳떳하고, 자신 있고, 당당하게 살아가기를 간절히 바랍니다.

또 요셉에게는 다른 사람에게 상처를 주지 않고 남을 지배하려 들지 않는 겸손함이 있었을 것 같습니다. 매우 자신만만하고 그 얼굴에 두려움이 없었을 요셉은 동시에 굉장히 겸손한 모습이었을 것입니다. 겸손한 사람은 다른 사람을 격려하고 위로합니다.

그리고 요셉은 17세의 어린 나이였지만 무슨 일이든 지혜롭게 했을 것입니다. 일을 처리하는 능력이 있는 사람을 가리켜 '지혜가 있다'고 말합니다. 지혜가 있는 사람은 일의 전후 상황을 파악하고는 일을 간단하고 능률적으로 쉽게 처리합니다. 요셉이 얼마나 일을 지혜롭게 잘 처리했으면 30세 때 애굽의 총리가 되었겠습니까? 일을 못하는 사람은 일을 복잡하게 처리합니다. 이것은 핵심을 파악하느냐 못하느냐의 차이에서 생깁니다. 일을 잘하는 사람은 핵심을 잘 파악해 최대한 간결하게 처리합니다. 요셉은 하나님을 신뢰하고, 꿈이 있었고, 능력도 있는 사람이었을 것입니다.

누가 요셉 같은 사람을 사랑하지 않을 수 있겠습니까? 요셉은 겸손하고, 지혜롭고, 밝은 얼굴을 가진 사람이었습니다. 그래서 요셉이 있는 곳은 즐거운 자리가 되었습니다. 이것이 하나님의 사람의 특징입니다. 우리도 사랑받는 사람이 되기를 바랍니다. 그렇게 되려면 요셉처럼 건강한 자아상, 구원받은 사람의 밝은 자아상을 가져야 합니다.

3절을 다시 보면, 요셉이 하는 일마다 형통했습니다. 결과가 좋았습니다. 안되는 것 같으나 다 잘되었습니다. 우리 역시 요셉처럼, 잘되는 것 같으나 안되는 것이 아니라 안되는 것 같아도 잘되기를 바랍니다.

진정한 복의 본질은 누군가를 복되게 하는 것이다

요셉이 그의 주인에게 은혜를 입어 섬기매 그가 요셉을 가정 총무로 삼고 자기의 소유를 다 그의 손에 위탁하니 그가 요셉에게 자기의 집과 그의 모든 소유물을 주관하게 한 때부터 여호와께서 요셉을 위하여 그 애굽 사람의 집에 복을 내리시므로 여호와의 복이 그의 집과 밭에 있는 모든 소유에 미친지라 주인이 그의 소유를 다 요셉의 손에 위탁하고 자기가 먹는 음식 외에는 간섭하지 아니하였더라 요셉은 용모가 빼어나고 아름다웠더라(창 39:4-6).

요셉은 자기뿐 아니라 다른 사람도 복을 받게 했습니다. 정말 복을 받은 사람은 자신으로 인해 다른 이가 복을 받게 해 주는 사람입니다. 요셉 덕분에 주인의 가정이 복을 받았습니다. 요셉은 자기만 복 받은 것이 아닙니다. 하나님이 요셉과 동행하시고, 무슨 일을 하든지 만사형통하게 하시며, 하나님의 기적이 그 속에 나타났지만 그것으로 끝이 아니었습니다. 요셉 때문에 주인의 가정이 복을 받게 되었습니다. 그런 사람이 복덩어리입니다. 우리 자신이 있는 곳마다 우리 때문에 복을 받는다면 얼마나 좋겠습니까?

이제 보디발은 요셉을 동역자로 여기게 되었습니다. 그래서 비록 신분은 노예이지만 그를 가정 총무로 삼았습니다. 요셉에게 모든 소유를 맡겼습니다. 돈을 맡기는 것은 그 사람을 향한 신뢰가 있다는 의미입니다. 우리도 요셉처럼 직장에서 선한 청지기로 인정받기를 바랍니다. 우리 민족 때문에 세계가 살아나기를 원합니다. 우리 때문에 북한이 복을 받고, 우리 때문에 이웃이 복 받기를 바랍니다. 복을 받는 사람 주변에는 그를 헐뜯는 사람들이 사라집니다. 이것이 복입니다.

여기서 복을 정의할 수 있습니다. 복이란 무엇입니까? 복은 인간이 소유하는 것이 아니라 하나님이 주시는 것입니다. 우리가 복에 목말라하는 이유는 스스로 복을 얻으려고 하기 때문입니다. 자기 힘으로 복을 가지려고 하면 할수록 복은 사라집니다. 복의 근원은 하나님이십니다. 그러므로 복을 가지려고 하지 말고 하나님을 가지려고 하십시오. 하나님을 생각하십시오.

그러면 어떻게 복을 얻습니까? 복은 하나님과 함께할 때 오는 것입니다. 복의 본질이 무엇입니까? 다른 사람을 복 받게 해 주는 것이 진정한 복입니다. 물론 자신도 복을 받아야 하겠지만, 진정한 복의 본질은 다른 사람을 복되게 하는 것입니다. 신명기 28장 1-2절에 복을 받는 비결이 자세하게 나와 있습니다.

> 네가 네 하나님 여호와의 말씀을 삼가 듣고 내가 오늘 네게 명령하는 그의 모든 명령을 지켜 행하면 네 하나님 여호와께서 너를 세계 모든 민족 위에 뛰어나게 하실 것이라 네가 네 하나님 여호와의 말씀을 청종하면 이 모든 복이 네게 임하며 네게 이르리니(신 28:1-2).

복을 받는 비결은 첫째, "네 하나님 여호와의 말씀을 삼가 듣고", 둘째, "그의 모든 명령을 지켜 행하면", 셋째, "다른 신을 따라 섬기지 아니하면"(신 28:14) 하나님이 준비하신 복을 모두 쏟아 부어 주실 것이라고 성경은 이야기합니다. 하나님은 그런 우리를 세상 모든 민족 위에 뛰어나게 해 주겠다고 말씀하셨습니다. 이것이 진정한 복입니다. 우리가 생각하는 것처럼 단순히 물질이 많고, 건강하고, 일에 성공하는 것만이 복이 아닙니다. 이 복을 신명기 28장 3-14절이 자세히 기록하고 있습니다.

성읍에서도 복을 받고 들에서도 복을 받을 것이며 네 몸의 자녀와 네 토지의 소산과 네 짐승의 새끼와 소와 양의 새끼가 복을 받을 것이며 네 광주리와 떡 반죽 그릇이 복을 받을 것이며 네가 들어와도 복을 받고 나가도 복을 받을 것이니라 여호와께서 너를 대적하기 위해 일어난 적군들을 네 앞에서 패하게 하시리라 그들이 한 길로 너를 치러 들어왔으나 네 앞에서 일곱 길로 도망하리라 여호와께서 명령하사 네 창고와 네 손으로 하는 모든 일에 복을 내리시고 네 하나님 여호와께서 네게 주시는 땅에서 네게 복을 주실 것이며 여호와께서 네게 맹세하신 대로 너를 세워 자기의 성민이 되게 하시리니 이는 네가 네 하나님 여호와의 명령을 지켜 그 길로 행할 것임이니라 땅의 모든 백성이 여호와의 이름이 너를 위하여 불리는 것을 보고 너를 두려워하리라 여호와께서 네게 주리라고 네 조상들에게 맹세하신 땅에서 네게 복을 주사 네 몸의 소생과 가축의 새끼와 토지의 소산을 많게 하시며 여호와께서 너를 위하여 하늘의 아름다운 보고를 여시사 네 땅에 때를 따라 비를 내리시고 네 손으로 하는 모든 일에 복을 주시리니 네가 많은 민족에게 꾸어 줄지라도 너는 꾸지 아니할 것이요 여호와께서 너를 머리가 되고 꼬리가 되지 않게 하시며 위에만 있고 아래에 있지 않게 하시리니 오직 너는 내가 오늘 네게 명령하는 네 하나님 여호와의 명령을 듣고 지켜 행하며 내가 오늘 너희에게 명령하는 그 말씀을 떠나 좌로나 우로나 치우치지 아니하고 다른 신을 따라 섬기지 아니하면 이와 같으리라(신 28:3-14).

우리는 이 복을 자꾸 입으로 외워야 합니다. 저는 이 복을 기록하면서 얼마나 기분이 좋았는지 모릅니다. 하나님은 이런 복들을 다 우리를 위해 예비하셨습니다. 우리에게 '하나님이 나에게 복 주실 것 같다'라는 행복 예감이 있기를 바랍니다. 예수님을 믿고 나서 이런 마음이 있어야 합니다. '내 미래는 이제 보장되어 있다. 천국이 보장되어 있다. 복이 보장되어 있다. 나는 실수를 많이 하고, 배신을 잘하고, 사기성이 있는 사람이지만 그럼에도 하나님은 나를 복된 사람으로 만들어 주신다.' 이 믿음이 성령을 통해 우리 마음에 있기를 바랍니다.

얼마나 좋습니까? 가는 데마다, 하는 일마다 하나님의 영광이 나타나고 복이 임하도록 하나님이 우리를 부르셨습니다. 그럴 때 자신의 직업이, 자기 삶이 얼마나 자랑스럽겠습니까? 자기의 존재 자체가 얼마나 영광스럽겠습니까? 바로 이것을 요셉을 통해 보게 되는 것입니다. 요셉에게 복이 시작되었습니다. 요셉은 종이면서 주인처럼 살게 되었습니다. 모든 그리스도인이 직장에서, 세상에서 요셉처럼 산다면 세상은 변할 것입니다. 이것이 세상을 변화시키는 그리스도인의 리더십입니다. 이 복이 임하기를 바랍니다.

5

불같은 시험도
믿음으로 넘어갑니다

창세기 39:7 - 23

믿음이 흔들리지 않으면 세상이 흔들리지 않는다

이해할 수 있고 예상 가능한 고난은 견딜 만합니다. 그러나 전혀 예상하지 못했고 이해할 수 없는 고난은 견뎌 내기가 어렵습니다. 모함이나 오해를 받아 고난을 겪게 될 때 우리는 곤혹스러워하며 견딜 수 없는 고통을 느낍니다.

요셉의 경우가 그러했습니다. 요셉은 자신이 잘못해서가 아니라 일방적으로 고난을 당했습니다. 그것도 가까운 사람들 때문에 고난당했습니다. 그런데도 요셉은 고난에 좌절하거나 절망에 빠지지 않았습니다. 오히려 고난을 긍정적으로 받아들였고, 고난을 딛고 일어섰습니다. 어떻게 요셉은 이처럼 불같은 시험에서 벗어나 점점 더 하나님의 사람으로 준비되고 축복의 사람으로 변해 갈 수 있었을까요?

육상 경기 중에 장애물 경기가 있습니다. 마음껏 달리기만 하는 것이 아니라 달리면서 장애물을 넘어야 하는 경기입니다. 인생은 어떻게 보면 단순한 경주가 아니라 장애물 경기라고 할 수 있습니다. 장애물에 걸려 넘어지면 실격합니다. 우리 인생에는 수많은 장애물이 놓여 있습니다. 장애물이 있다는 것 자체는 별 문제가 아니지만 장애물에 걸려 넘어지면 문제가 됩니다. 우리 앞에 놓여 있는 여러 장애물들에 걸려 넘어지지 않기를 기도합니다.

요셉이 하나님의 사람으로 굳게 서 가는 과정은 그리 평탄하지 않았습니다. 요셉은 17세의 나이에 맞지 않는 큰 어려움을 겪었습니다. 처음으로 겪은 장애물은 형들의 미움이었습니다. 미움은 먼 곳에 있는 사람들 사이에서 생기지 않습니다. 대부분 가까운 사람들 사이에서 생기기 마련입니다. 심각한 갈등은 언제나 가족이나 친척, 특히 교회에서 제일 많이 일어납니다. 그리스도의 피로 한 형제 된 우리는 서로 사랑해야 하는데 미숙해서 서로 갈등하고 상처를 주곤 합니다.

요셉은 형들의 미움을 받아 하루아침에 애굽에 노예로 팔려 갔습니다. 사랑받는 아들에서 노예로 전락한 것입니다. 이처럼 격심한 신분의 변화를 겪은 사람이 또 한 사람 있습니다. 바로 예수님이십니다. 예수님은 하나님의 아들로 계시다가 인간을 위해 인간의 몸으로 세상에 오셔서 죄인으로서 십자가 처형을 당하셨습니다.

환경의 변화는 사람들을 참 힘들게 합니다. 잘살다가 갑자기 못살게 되면 무척 힘듭니다. 건강하던 사람이 갑자기 병들면 큰 충격을 받습니다. 높은 자리에 있다가 낮은 자리로 내려가는 것은 대단히 감당하기 힘든 일입니다. 환경의 변화로 위기를 겪게 되는 것입니다.

요셉은 알지도 못하는 나라, 알지도 못하는 사람에게 노예의 신분으로 팔려 가는 변화를 겪었습니다. 그러나 어린 시절부터 그의 마음속에는 하나님이 계셨고, 하나님이 늘 요셉과 동행하셨습니다. 그래서 요셉은 두려워하지 않았습니다. 위기를 만나도 좌절하지 않았습니다. 늘 하나님을 바라보았습니다.

목표를 바라보고 있는 사람들은 그 목표를 이루는 과정에서 겪는 어려움에 연연하지 않습니다. 그러나 목표가 분명하지 않은 사람들은 항상 과정에 얽매여 힘들어합니다. 그 과정이 자기의 인생을 결정하는 양 착각하기도 합니다. 그러나 천국을 바라보는 사람들은 현실의 어떤 어려움도 쉽게 넘어갑니다. 구원받은 사람들, 하나님과 동행하는 사람들은 다른 사람들의 말에 연연하지 않습니다.

요셉은 기가 막힌 고난에 처했지만 그다지 동요하지 않았습니다. 그 마음에 평화와 기쁨, 하나님을 신뢰하는 믿음이 견고히 서 있었기 때문입니다. 믿음이 흔들리면 세상이 흔들립니다. 그러나 믿음이 흔들리지 않으면 세상이 흔들리지 않습니다. 고통이 닥쳐왔다는 사실 자체가 중요한 것이 아닙니다. 그 고통을 어떻게 받아들이고 넘어설 것인지가 더 중요합니다.

요셉은 어떤 일을 만나든지 당당하고 겸손하게, 또 지혜롭게 해냈습니다. 그래서 마침내 보디발에게 인정받았고, 가정 총무가 되어 그 집안의 모든 재산을 위임받아 관리하게 되었습니다. 이제는 종이 아니라 주인의 동역자로 인정받은 것입니다.

'하나님 앞에서'라는 생각으로 죄를 거부하라

> 주인이 그의 소유를 다 요셉의 손에 위탁하고 자기가 먹는 음식 외
> 에는 간섭하지 아니하였더라 요셉은 용모가 빼어나고 아름다웠더
> 라(창 39:6).

이 무렵 요셉의 나이는 10대를 넘어서서 20대 중반이 되지 않
았을까 생각합니다. 성경은 요셉이 "용모가 빼어나고 아름다웠더
라"라고 말합니다. 영어 성경에는 'handsome'이라고 번역되어
있습니다. 요셉은 아주 건강하고, 매력적이며, 지성과 인성이 균형
잡힌 청년으로 자라났습니다.

그런데 이렇게 젊고 능력 있는 요셉에게 보디발의 아내가 매력
을 느끼기 시작했습니다. 그러다가 육체적인 유혹을 하는 데까지
이르게 되었습니다. 아마 보디발의 아내도 젊고 용모가 뛰어났을
것입니다. 더구나 남편인 보디발이 애굽 바로왕의 친위대장이었
으니 굉장한 힘과 권력도 소유했을 것입니다. 그런 여인이 요셉을
유혹했습니다.

> 그 후에 그의 주인의 아내가 요셉에게 눈짓하다가 동침하기를 청하
> 니(창 39:7).

보디발의 아내는 하나님을 모르는 전형적인 이방 여인이었습니다. 이 세상에서 얼마든지 볼 수 있는 모습입니다. 이 여인은 젊고 매력적인 청년 요셉에게 계속 눈짓을 하다가 나중에는 성관계를 맺자고 했습니다. 우리가 살고 있는 이 시대와 비슷한 모습입니다. 이 시대의 가장 위험한 영적 바이러스는 성적 타락입니다. 혼외정사는 물론이고, 우리를 파괴하는 가장 무서운 성적 범죄는 동성애입니다. 동성애의 위기는 전 세계 어디에나 바이러스처럼 스며들어 개인과 가정과 사회를 파괴합니다. 로마서 1장 24-27절은 이렇게 말합니다.

그러므로 하나님께서 그들을 마음의 정욕대로 더러움에 내버려 두사 그들의 몸을 서로 욕되게 하게 하셨으니 이는 그들이 하나님의 진리를 거짓 것으로 바꾸어 피조물을 조물주보다 더 경배하고 섬김이라 주는 곧 영원히 찬송할 이시로다 아멘 이 때문에 하나님께서 그들을 부끄러운 욕심에 내버려 두셨으니 곧 그들의 여자들도 순리대로 쓸 것을 바꾸어 역리로 쓰며 그와 같이 남자들도 순리대로 여자 쓰기를 버리고 서로 향하여 음욕이 불일 듯하매 남자가 남자와 더불어 부끄러운 일을 행하여 그들의 그릇됨에 상당한 보응을 그들 자신이 받았느니라(롬 1:24-27).

동성애에 대한 저주는 우리 시대에만 있었던 것이 아닙니다. 로마서가 기록된 시대에도 있었습니다. 이로 미루어 생각해 보면, 죄는 발전하는 것이 아님을 알 수 있습니다. 아담 때나 지금이나 죄의 농도와 형태는 같습니다. 죄가 더 크게 발전하는 것이 아닙니다. 원래 죄가 그런 것입니다.

동성애는 인류사의 가장 큰 저주일 것입니다. 그런데 이것을 별로 대단하지 않게 보는 사람들이 많습니다. 미국 사회는 동성애에 졌습니다. 동성애를 법적으로 보장하기에 이르렀습니다. 이것은 미국 역사상 가장 치명적인 상처를 남기고 말 것입니다. 왜냐하면 동성애는 가정을 파괴하기 때문입니다. 그래서 하나님이 에이즈라는 천벌을 내리신 것입니다. 이것이 바로 성적 타락이 주는 엄청난 재앙입니다.

인간이 자의식에 눈을 뜨는 것은 죄에 대해서 눈을 뜨는 것과 같습니다. 어린아이도 자의식에 눈을 떠 생각을 하게 되고, 계산을 하게 되면 그 순간부터 죄를 짓습니다. 자녀를 키우면서 발견하게 되는 놀라운 사실은, 나쁜 일은 가르치지 않아도 스스로 배운다는 것입니다. 욕심을 낸다든지, 동생이 태어나면 괴롭힌다든지, 부모의 사랑을 독차지하려고 한다든지, 각종 죄가 드러납니다. 아이들은 말과 글을 배우면서 그런 죄들을 짓기 시작하고, 사춘기에 이르면 성적인 죄를 짓기도 합니다. 이처럼 인간에게는 죄를 짓는 본성이 있는 것입니다.

사람이 저지를 수 있는 죄의 형태는 10가지입니다. 십계명에 정확하게 묘사되어 있습니다. 인간은 본능적으로 다른 신을 섬기고 자 합니다. 예수님을 믿으면서도 점치러 가는 사람들이 있습니다. 그들은 재미로 한번 해 보는 것이라고 말하지만, 사실 어떤 우상이 나 형상을 섬기려는 죄의 본성이 인간에게 있는 것입니다. 그 우상 은 점과 같은 미신뿐 아니라 미술 작품일 수도 있고, 보석이나 돈 일 수도 있습니다.

그리고 인간은 하나님을 믿으면서 하나님을 모욕하고 싶어 합 니다. 그래서 영어에서 심한 욕의 경우 대부분 하나님의 이름과 예 수님의 이름이 들어 있습니다. 뿐만 아니라 인간은 안식일을 범하 고 싶은 유혹을 느낍니다. 주일 예배에 빠지는 것을 대수롭지 않게 여기지 마십시오. 또한 인간에게는 부모를 공경하지 않고 반항하 려는 본능이 있습니다. 살인하고 싶은 본능이 있습니다. 사람을 죽 이지는 않아도 속으로 이를 부드득부드득 가는 사람들이 많습니 다. 이외에도 간음하려는 본능, 도적질하려는 본능, 거짓말하려는 본능, 욕심을 내는 본능이 인간에게는 있습니다.

그런데 이러한 죄의 본성 중에서 잘 드러나지는 않지만 아주 심 각한 것이 간음에 관한 본능입니다. 보디발의 아내는 '성적 유혹' 의 상징적 인물입니다. 그 여인이 먼저 요셉에게 접근했습니다. 바 로 이것이 유혹의 형태입니다. 어떻게 보면 우리가 세상으로 나간 다기보다는 세상이 우리에게 접근하는 것입니다. 처음부터 죄를 지을 마음을 가진 사람은 많지 않습니다. 죄가 먼저 우리를 집어삼키려고 우는 사자처럼 우리에게 달려드는 것입니다.

요셉의 경우를 잠깐 생각해 봅시다. 요셉은 20대 젊은이였습니다. 보디발의 아내는 젊고, 매력적이고, 영향력 있는 사람이었습니다. 이 여인의 말만 잘 들으면 큰 혜택이 따라올 것이었습니다. 미래를 보장받을 수 있는 상황이었습니다. 반대로, 이 여인의 요구를 받아들이지 않으면 난관에 부딪힐 처지였습니다. 또 중요한 것은, 요셉이 여인의 요구에 응한다 해도 아무도 알아채지 못할 상황이었습니다. 이것은 형들의 미움과는 다른 형태의 더 큰 시련이었습니다.

요셉이 거절하며 자기 주인의 아내에게 이르되 내 주인이 집안의 모든 소유를 간섭하지 아니하고 다 내 손에 위탁하였으니 이 집에는 나보다 큰 이가 없으며 주인이 아무것도 내게 금하지 아니하였어도 금한 것은 당신뿐이니 당신은 그의 아내임이라 그런즉 내가 어찌 이 큰 악을 행하여 하나님께 죄를 지으리이까(창 39:8-9).

요셉은 어떻게 반응했습니까? 단호하게 거절했습니다. 타협하지 않는 거절이었습니다. 우리가 인생의 큰 위기를 만날 때도 이처럼 죄에 대해 단호한 태도가 있기를 바랍니다. 요셉이 이 유혹을 이길 수 있었던 비결은 무엇입니까? 요셉에게 성욕이 없었기 때문이 아닙니다. 그 여인이 매력적이지 않았기 때문도 아닙니다. 요셉에게 마음의 의지, 결단이 있었기 때문입니다. 이것이 바로 죄에서 벗어날 수 있는 능력입니다. 의지적으로 거부하면 죄를 이길 수 있습니다. 우리는 모르면서 죄를 짓는 경우보다 알면서 죄를 짓는 경우가 더 많습니다.

어느 컴퓨터 전문가의 강의를 들어 보니까 현대 기술로는 인터넷에서 포르노 사이트를 완전히 막을 방법이 없다고 합니다. 막아 놓으면 푸는 방법이 또 나온다는 것입니다. 자녀가 포르노를 접하지 못하게 하는 유일한 방법은 믿음과 의지적 결단을 심어 주는 것뿐이라고 했습니다. 저는 그 말에 수긍했습니다. 죄를 짓고자 하면 무슨 방법으로든지 짓습니다. 제재한다고 안 짓는 것이 아닙니다. 내가 결단함으로 죄를 안 짓는 것이 최선입니다. 내가 죄를 거부함으로 죄를 짓지 않게 됩니다.

요셉이 여인의 유혹을 단호하게 거부한 3가지 이유가 성경에 기록되어 있습니다. 첫째, 주인을 배반할 수 없었기 때문입니다. 둘째, 그 유혹 자체가 옳지 않은 것이었기 때문입니다. 셋째 이유가 가장 중요합니다. 만일 그 유혹을 받아들이면, 그것은 보디발과 그의 아내에게 죄를 짓는 것이 아니라 하나님께 죄를 짓는 것이었기 때문입니다. 이처럼 요셉은 '하나님 앞에서'라는 생각이 확실히 있었기 때문에 불같은 시험을 이길 수 있었습니다.

여인이 날마다 요셉에게 청하였으나 요셉이 듣지 아니하여 동침하지 아니할뿐더러 함께 있지도 아니하니라(창 39:10).

여기서 우리는 유혹의 성격을 보게 됩니다. 유혹은 단 한 번 오지 않습니다. 매 순간 지속적으로 찾아옵니다. 그렇기 때문에 유혹을 한 번 거절한다고 해서 끝나는 것이 아닙니다. 우리는 이 세상에서 이런 유혹들을 매일, 매 순간 받고 있습니다. 가장 중요한 것은 유혹을 매번 거부하는 우리 마음의 의지적 결단입니다. '결코 죄를 짓지 않겠다'는 마음의 결단만이 유혹을 피해 갈 수 있는 유일한 방법이며 하나님의 방법입니다.

유혹의 또 한 가지 특성은 그 강도가 점차 높아진다는 것입니다.

그러할 때에 요셉이 그의 일을 하러 그 집에 들어갔더니 그 집 사람들은 하나도 거기에 없었더라 그 여인이 그의 옷을 잡고 이르되 나와 동침하자 그러나 요셉이 자기의 옷을 그 여인의 손에 버려두고 밖으로 나가매(창 39:11-12).

요셉은 의지적인 결정을 했을 뿐 아니라 날마다 계속되는 유혹을 피했습니다. 이것도 죄를 피하는 방법 중 하나일 것입니다. 그러나 죄를 완전히 피할 수 있는 것은 아닙니다. 왜냐하면 죄는 적극적으로 우리 인생에 접근하기 때문입니다. 보디발의 아내를 보십시오. 그 여인은 집 사람들을 모두 내보내고 요셉을 유혹할 수 있는 결정적인 환경을 만들었습니다. 그러고는 요셉의 옷을 붙잡고 동침하자고 말했습니다. 이것이 죄의 본질이요, 유혹의 특성입니다. 아마도 요셉이 의지적으로 결단하지 않았다면 이쯤에서 유혹에 넘어가고 말았을 것입니다.

> 그 여인이 요셉이 그의 옷을 자기 손에 버려두고 도망하여 나감을 보고 그 여인의 집 사람들을 불러서 그들에게 이르되 보라 주인이 히브리 사람을 우리에게 데려다가 우리를 희롱하게 하는도다 그가 나와 동침하고자 내게로 들어오므로 내가 크게 소리 질렀더니 그가 나의 소리 질러 부름을 듣고 그의 옷을 내게 버려두고 도망하여 나갔느니라 하고 그의 옷을 곁에 두고 자기 주인이 집으로 돌아오기를 기다려 이 말로 그에게 말하여 이르되 당신이 우리에게 데려온 히브리 종이 나를 희롱하려고 내게로 들어왔으므로 내가 소리 질러 불렀더니 그가 그의 옷을 내게 버려두고 밖으로 도망하여 나갔나이다(창 39:13-18).

적반하장이라는 말이 있는데, 바로 이 상황이 그렇습니다. 여인은 자신의 계획이 무산되고 자존심이 상하자 분노와 복수의 칼을 내밀었습니다. 자기가 저지른 모든 죄를 요셉에게 뒤집어씌웠습니다. 요셉의 처지에서 보면 얼마나 억울하고 분합니까? 하지만 요셉에게는 변명의 여지가 없었습니다. 자신의 겉옷이 여인의 손에 있고 다른 사람들은 그가 도망치는 모습을 봤을 것이기 때문입니다.

기막힌 상황을 견디는 비결, '하나님을 생각하라'

> 그의 주인이 자기 아내가 자기에게 이르기를 당신의 종이 내게 이같이 행하였다 하는 말을 듣고 심히 노한지라 이에 요셉의 주인이 그를 잡아 옥에 가두니 그 옥은 왕의 죄수를 가두는 곳이었더라 요셉이 옥에 갇혔으나(창 39:19-20).

주인이 아내의 말을 듣고 분노해 요셉을 감옥에 넣은 것은 매우 당연한 일일 것입니다. 그런데 여기서 우리가 요셉에게서 발견할 수 있는 점이 한 가지 있습니다. 요셉이 펄쩍 뛰면서 변명하거나 반항하지 않았다는 것입니다. 이렇게 하기란 참 어렵습니다. 요셉은 아주 신사적이었습니다. 보디발의 아내가 자신을 유혹할 때도 여인에게 함부로 하지 않았고, 정중하고도 단호히 거절했습니다. 그리고 지금도 주인에게 "당신 아내가 그랬습니다!"라고 말해서 여인을 곤경에 빠뜨리지도 않았습니다.

우리는 억울한 일을 당하면 자신의 억울함과 어려움을 호소하기 바쁩니다. 그러나 요셉은 자신을 사랑하고, 존경하고, 신뢰하던 주위 사람들의 모함과 비난을 묵묵히 견뎌 냈습니다. 요셉은 과연 이런 상황을 어떻게 견뎌 낼 수 있었을까요? 간단합니다. 하나님을 생각했습니다. 하나님에 대한 믿음이 흔들리지 않았던 것입니다.

우리의 삶에 예기치 않은 고난과 모함과 억울함과 비난이 찾아올 수 있습니다. 그때 우리는 혈압이 올라가고, 잠을 못 이루고, 말할 수 없는 고통을 느끼게 됩니다. 그러나 요셉을 보십시오. 우리와 똑같은, 아니 우리보다 더 힘든 일을 겪었지만 요셉은 그 모든 고난과 역경을 잘 견뎌 냈습니다. 그 마음 깊은 곳에 하나님이 함께하신다는 믿음, 하나님이 진실을 아신다는 믿음이 있었기 때문입니다. 우리도 요셉처럼 흔들리지 않는 믿음으로 고난을 잘 견뎌 내기를 바랍니다.

결국 요셉이 받은 대가는 감옥이었습니다. 꿈의 대가, 정직의 대가, 하나님을 신뢰한 대가가 감옥이었습니다. 우리가 펄쩍펄쩍 뛰고 괴로워하는 이유가 무엇입니까? 공식과 계산이 맞지 않기 때문입니다. 그러나 성경을 잘 보십시오. 말이 안 되는 것처럼 보이는 부분도 있고, 공정하지 않은 것처럼 느껴지는 부분도 있습니다. '하나님이 살아 계시면 어떻게 이런 일이 있을 수 있는가?' 하는 생각이 드는 부분이 곳곳에 있습니다.

생각해 보십시오. 예수님을 잘 믿는다고 해서 모든 일이 잘되던가요? 언제나 형통하기만 하던가요? 그렇지 않은 것처럼 보일 때가 많습니다. 공식이 안 맞는 것입니다. 그렇다고 마음속으로 하나님이 틀렸다고 말할 수도 없습니다. 사실 우리가 알지 못하는 하나님의 비밀, 계획, 섭리가 그 안에 있습니다. 그런데 그것은 시간이 흐른 다음에야 알 수 있는 것이고, 기다려야 하는 것입니다.

저는 사랑의 정의 중에서 "사랑은 오래 참고"(고전 13:4)라는 말이 참 좋습니다. 또한 믿음의 정의 가운데 "믿음은 바라는 것들의 실상이요 보이지 않는 것들의 증거니"(히 11:1)라는 말씀이 있습니다. 기다릴 수 없다는 것은 믿음이 없다는 것입니다. 믿음이 있는 사람의 특징은 자기도 모르게 '하나님이 반드시 역사하실 거야' 하고 생각한다는 것입니다. '지금은 내가 고난을 겪고 있지만 영광이 있을 거야', '지금은 내가 억울한 누명을 쓰고 기막힌 일을 당하지만 하나님이 다 아실 거야' 하고 생각하는 것이 믿음이고 신뢰입니다. 믿음은 우리가 인내심을 갖게 해 주고 우리를 연단시킵니다. 믿음은 우리에게 희망을 안겨 줍니다.

그러나 믿음이 없으면 좌절하게 되고 미래에 대한 기대를 포기하게 됩니다. 그러면 즉각적으로 어떤 반응이 나타납니까? 분노하게 됩니다. 복수하려는 마음이 생깁니다. 믿음이 없으면 결국 그렇게 될 수밖에 없습니다. 그것이 인간의 본능이기 때문에 본능대로 반응하는 것입니다. 그러므로 우리는 고난을 이해할 수 없어도, 그 비밀을 깨닫지 못해도 하나님을 신뢰해야 합니다. 그 일을 통해 하나님이 나를 만지시고, 나를 변화시키신다고 믿어야 합니다. 우리의 믿음과 인격의 수준을 끌어올리시는 하나님을 보아야 합니다.

결국 하나님은 예비하신 때에 우리에게 복을 주십니다. 아기는 어머니 배 속에서 열 달을 채우고 세상에 나와야 건강합니다. 일찍 나오면 죽거나 미숙아가 됩니다. 영적으로도 이와 같습니다. 하나님께는 우리를 향한 목표와 계획과 때가 있습니다. 하나님은 우리가 어떤 수준에 이르기를 원하시지만 자격 미달이면 우리를 연단시켜 자라게 하십니다. 그래서 기다림이 필요한 것입니다.

요셉이 기막힌 모함을 받고 감옥에 들어가는 모습을 보면서 두 가지 특징을 발견할 수 있습니다. 첫째로, 요셉은 보디발의 아내나 보디발을 원망하지 않았다는 것입니다. 복수심이나 한을 품지 않았습니다. 우리 민족이 가진 큰 문제는 한입니다. 우리는 한을 품을 수밖에 없는 일들을 많이 겪었기 때문입니다. 그러나 우리는 요셉처럼 한을 품지 않기를 바랍니다. 둘째로, 요셉은 하나님을 원망하지 않았다는 것입니다. 감옥에 들어가는 현실을 그냥 받아들였습니다. 하나님은 그런 요셉과 여전히 함께하셨습니다.

여호와께서 요셉과 함께하시고 그에게 인자를 더하사 간수장에게 은혜를 받게 하시매(창 39:21).

창세기에서 요셉에 관한 사건에 나오는 후렴은 "하나님이 요셉과 함께하셨다"는 것입니다. 기막힌 상황 속에서도 하나님이 요셉과 함께하셨습니다. 그리고 그에게 인자를 더하셨다고 성경은 이야기합니다. 하나님은 변함없는 신실한 사랑을 요셉에게 계속해서 보여 주셨습니다. 또한 하나님은 간수장에게 은혜를 받게 하셨습니다. 하나님이 요셉을 위해 하신 일들은 이런 것들이었습니다. 요셉을 감옥에서 당장 건져 주시지는 않았으나 늘 그의 곁에 계셨습니다.

요셉이 감옥에 가니까 감옥의 간수장이 은혜를 받게 되었습니다. 요셉은 복의 사람이었습니다. 요셉이 가는 곳마다 주변 사람이 복을 받았습니다. 우리 역시 가는 곳마다 주변 사람들에게 복을 주는 사람이 되기를 바랍니다. 우리 덕분에 주위 사람들이 복을 받게 되기를 간절히 기도합니다.

요셉은 이제 간수장에게 신임을 얻었습니다.

> 간수장이 옥중 죄수를 다 요셉의 손에 맡기므로 그 제반 사무를 요셉이 처리하고(창 39:22).

보디발의 집에서와 같은 일이 감옥에서도 일어났습니다. 요셉은 어디를 가나 마찬가지였을 것입니다. 요셉이 좋은 환경에 들어갔기 때문에 그에게 좋은 일이 생긴 것이 아닙니다. 그가 최악의 환경을 최선의 환경으로 바꾸었기에 그런 일이 일어난 것입니다.

여기서 우리가 결론지을 수 있는 중요한 사실은 환경이 사람을 바꾸는 것이 아니라 사람이 환경을 바꾼다는 것입니다. 좋은 환경에서 반드시 좋은 사람이 나오는 것은 아닙니다. 또 나쁜 환경에서 반드시 나쁜 사람이 나오는 것도 아닙니다. 꼭 좋은 부모 밑에서 좋은 자녀가 나오는 것도 아니고, 나쁜 부모 밑에서 나쁜 자녀가 나오는 것도 아닙니다. 인생의 모든 것은 하나님께 달려 있지, 환경에 달려 있지 않습니다.

그러므로 어느 때든, 어디서든 두려워하지 마십시오. 하나님이 우리와 함께하시면 요셉처럼 만사형통할 것이고, 우리를 만나는 사람마다 복을 받게 될 것입니다.

간수장은 그의 손에 맡긴 것을 무엇이든지 살펴보지 아니하였으니 이는 여호와께서 요셉과 함께하심이라 여호와께서 그를 범사에 형통하게 하셨더라(창 39:23).

성경적인 공식은 "여호와께서 함께하시므로 만사형통하였다" 입니다. 언제 어디서든, 높은 자리에서든 낮은 자리에서든 하나님이 함께하시면 만사형통합니다. 하나님이 함께하시는 은혜와 복이 우리에게 있기를 간절히 기도합니다.

환경을 무시하십시오. 환경이 우리의 행복을 좌우하지 않습니다. 하나님이 복의 근원이십니다. 하나님을 신뢰하십시오. 의심하지 마십시오. 하나님은 우리가 최악의 상황에 있을지라도 결코 우리를 포기하시지 않습니다. 하나님의 사랑은 멈추지 않습니다. 하나님은 우리를 위해 영광스러운 자리를 예비해 놓으셨습니다. 우리가 이 세상을 마치고 천국에 가면 하나님이 우리를 영광 중에 두실 것입니다.

6

꿈꾸는 자에게는
반드시 기회가 찾아옵니다

창세기 40:1 - 23

시련 중에도 기적은 오고 있다

고통 중에도 복은 오고 있습니다. 시련 중에도 기적은 오고 있습니다. 요셉은 억울한 누명을 쓰고 감옥에 있었습니다. 시련 중에 있었습니다. 그러나 요셉은 복이 오고 있다는 것을 경험하고 있었습니다. 요셉은 20대의 젊은 나이에 불같은 유혹을 잘 견뎌 냈습니다. 하나님의 큰 은혜입니다. 우리에게도 이런 은혜가 있기를 바랍니다.

요셉은 주인의 신뢰를 저버리지 않았습니다. 주인을 배신하지 않았습니다. 요셉은 늘 하나님 앞에 서 있었기 때문에 억울하고 고통스러운 환경이 그의 마음을 흔들 수 없었습니다. 우리도 마찬가지로 환경이 어떻든지 마음이 흔들리지 않기를 기도합니다.

요셉이 치른 정직한 것에 대한 대가, 의로운 것에 대한 대가, 하나님을 신뢰한 것에 대한 대가는 무엇이었습니까? 수모와 수치와 누명과 감옥이었습니다. 우리도 가끔 그럴 때가 있지 않습니까? 나는 진실하게 했는데 결과가 나쁩니다. 그런데 깊이 생각해 보면, 사실 진실하게 한 것도 아닙니다. 진실한 척했을 뿐입니다. 우리가 고난 가운데 깊이 들어가면 예전에 보지 못하고 느끼지 못했던 죄를 깨닫게 됩니다. 믿음이 작으면 죄도 작아 보입니다. 믿음이 클수록 죄도 커 보입니다.

요셉이 기막힌 일을 겪으며 하지 않은 두 가지 일이 있습니다.

첫째, 요셉은 사람을 원망하지 않았습니다. 보디발이나 보디발의 아내를 원망하지 않았습니다. 이것은 참 어려운 일입니다. 예수님도 십자가에 못 박혀 죽으시면서 사람들을 원망하시지 않았습니다. 오히려 그들을 위해서 기도하신 모습은 우리에게 참으로 많은 감동을 줍니다. 둘째, 요셉은 하나님을 원망하지 않았습니다. "하나님, 그동안 제가 하나님께 얼마나 잘했는데 저한테 이러실 수 있습니까?" 하지 않았다는 것입니다. 고난을 겪을 때는 웬만하면 가만히 계십시오. 우리는 요셉의 태도에서 그가 성숙한 사람이라는 것을 알 수 있습니다.

억울하게 감옥에 들어간 요셉에게 어떤 일이 일어났습니까?

> 그 후에 애굽 왕의 술 맡은 자와 떡 굽는 자가 그들의 주인 애굽 왕에게 범죄한지라 바로가 그 두 관원장 곧 술 맡은 관원장과 떡 굽는 관원장에게 노하여 그들을 친위대장의 집 안에 있는 옥에 가두니 곧 요셉이 갇힌 곳이라(창 40:1-3).

애굽에는 왕이 먹을 음식을 맡은 관원들이 있었습니다. 그런데 무슨 일인지 술 맡은 사람과 떡 굽는 사람이 왕의 노여움을 사서 요셉이 있는 감옥에 들어오게 되었습니다. 이것은 요셉이 전혀 예기치 못한 사건이었습니다. 사람이 예기치 못한 사건의 배후에는 언제나 하나님이 계십니다. 그런 일이 왜 그때 일어났는지 다 이해하기는 어렵지만, 어쨌든 그런 일이 일어났습니다. 궁중 음식에 독이 들어 있었는지도 모릅니다. 자세한 경위는 모르겠지만, 책임자였던 두 관원이 모두 감옥에 들어왔습니다.

무슨 일이든지 해석되지 않을 때는 하나님께 초점을 맞추면 됩니다. '왜 내가 아플까?', '사업이 왜 이렇게 안될까?', '내 인생이 왜 이럴까?' 인간적으로도, 법적으로도, 어떻게도 해석이 안 되면 하나님께 초점을 맞추십시오. 그러면 그 문제를 영적으로 해석할 수 있게 되고, 은혜를 깨닫게 되고, 영적으로 복이 됩니다. 하나님의 의도는 언제나 멸망이 아니라 영생입니다. 하나님이 하나님의 자녀에게 일어나게 하시는 사건은 그들을 죽이시기 위한 사건이 아니라 그들에게 복을 주시기 위한 사건이라는 의미입니다. 하나님은 우리에게 수모와 망신을 주시고 우리를 버리시기 위해서가 아니라 우리를 연단시키시고, 강하게 만드시고, 하나님의 사람으로 복을 주시기 위해 그렇게 하시는 것입니다.

이 대원칙을 기억하십시오. 그러면 무슨 일을 만나든지 만사형통하고, 고난이 유익이 되고, 복이 됩니다. 고난은 영원하지 않습니다. 고난은 지나가는 비와 같습니다. 고난이 우리의 인생에서 늘 계속되지는 않습니다. 그리고 고난에는 하나님의 비밀스런 섭리가 있습니다.

여기서 우리가 발견하게 되는 사실이 몇 가지 있습니다.

첫째, 감옥이 꼭 나쁜 곳은 아니라는 것입니다. 감옥은 아무도 가고 싶어 하지 않는 곳으로서 인생의 밑바닥입니다. 그러나 요셉에게는 감옥이 나쁜 곳만은 아니었습니다. 요셉이 상상할 수 없는 자리에 오르는 계기가 된 곳이 바로 감옥이었기 때문입니다. 만약 요셉이 억울한 누명을 쓰고 감옥에 가지 않았다면 애굽 왕 바로를 만날 기회가 전혀 없었을 것입니다. 이방인인 데다 노예였으니 말입니다. 하지만 이 사건은 바로를 만나는 길을 열어 주었습니다. 참으로 놀랍습니다. 어떤 곳이든지 하나님이 우리를 새로운 길로 인도하시는 계기가 될 수 있습니다.

둘째, 신실한 사람에게는 반드시 기회가 찾아온다는 것입니다. 유혹을 이기면 복이 옵니다. 요셉은 불같은 성적 유혹을 이겨서 손해를 보고, 누명을 쓰고, 감옥에 갇혔습니다. 그러나 그 일이 뒤집어져서 복을 받는 계기, 복을 여는 열쇠가 되었다는 사실을 알 수 있습니다.

셋째, 하나님은 하나님을 신뢰하고 믿는 사람, 의로운 사람, 신실한 사람과 언제나 함께하시며, 시험은 복이 될 수 있다는 사실을 발견할 수 있습니다. 우리가 당하는 모든 고난과 시련이 축복의 서곡이 되기를 간절히 기도합니다.

참된 섬김은 내 형편과 상관없이 돕는 것이다

이제 바로왕의 식사를 담당한 두 관원장을 살펴보겠습니다. 두 사람이 요셉이 갇힌 감옥에 들어왔는데, 한 사람은 나쁜 사람이었고, 한 사람은 억울한 사람이었습니다. 언제나 나쁜 사람과 억울한 사람이 함께 고난을 받는다는 것을 여기서 알 수 있습니다. 그러나 정말 중요한 것은 이것입니다. "떡 굽는 관원장과 술 맡은 관원장은 누구를 위해 존재하는가?"라는 문제입니다. 그들은 바로 요셉을 위해 존재했습니다. 왕이 아니라, 요셉을 위해 존재했다는 사실을 발견할 수 있습니다. 어떻게 보면 아전인수격 해석이지만, 영적으로 보면 사실입니다.

이 세상의 모든 것은 그리스도 중심으로 움직입니다. 그리고 하나님은 인류를 구원하기 위해 역사를 움직이십니다. 물론 떡 굽는 관원장과 술 맡은 관원장은 그들 나름으로 하나님의 역사를 경험했습니다. "잘못한 사람은 벌을 받고 억울한 사람은 누명을 벗게 된다"는 진리가 그들에게 나타났습니다. 하지만 하나님은 그마저도 하나님의 섭리를 이루는 데 사용하셨습니다.

우리의 생애를 하나님의 역사를 이루는 데 사용하기를 원합니다. 건강하든 병이 들었든, 결혼을 하든 미혼이든, 직장을 다니든 휴직 중이든, 일찍 죽든 늦게 죽든, 어떤 일을 만나든, 어떤 형편에 처하든 그 모든 상황 가운데서 초점을 예수 그리스도께 맞추십시오. 하나님께 영광을 돌리십시오. 그것이 복입니다.

최근 재미있는 일을 경험했습니다. 무주택 서민의 주거 문제 해결을 목적으로 설립된 단체인 해비타트(Habitat)에서 경상도와 전라도 지역의 집 없는 사람들에게 30여 채의 집을 지어 준다는 소식을 들었습니다. 집 한 채를 짓는 데 재료비만 3,000만 원이 든다고 했습니다. 그런데 집을 지어 주기로 한 단체가 돈을 구하지 못해서 어려움에 빠져 있다는 소식을 듣고는 마음이 아팠습니다. 그래서 온누리교회가 돈을 내고 사람을 보내서 집을 지어 주면 좋겠다는 생각을 했습니다. 장로님들과 의논하고, 그 일을 책임 맡고 있는 분에게 전화를 해서 "우리 교회가 집 없는 사람에게 집 지어 주는 일에 참여하겠습니다"라고 말씀드렸습니다.

장로님들과의 기도 모임에서 이 이야기를 했습니다. 당시 교회에 '열린장터'가 있었습니다. 사용하다가 필요 없게 된 물건들을 정리하고 손질해 싼 가격에 파는 장터입니다. 1,000원, 2,000원씩 4년 동안 모은 돈이 3,000만 원이나 되었습니다. 그동안 이 돈을 어디에 쓸지 기도하며 고민하고 있었는데, 제가 해비타트 이야기를 하자 담당 장로님이 벌떡 일어나시더니 "그 돈으로 집을 지읍시다" 하고 말씀하셨습니다. 그때 저는 '아, 하나님이 이렇게 준비시켜 주셨구나' 하는 생각이 들었습니다.

우리는 어떻게든 교회 예산에서 떼어 집을 지으려고 했는데, 열린장터에서 1,000원, 2,000원씩 모은 돈으로 어려운 사람들을 돕는다고 생각하니 더욱 기뻤습니다. 그 일이 얼마나 아름다운지요!

우리의 생애에도 그런 일들이 많이 일어나기를 원합니다. 내가 하나님께 쓰임을 받고, 내 돈이 하나님께 쓰임을 받고, 내 시간이 하나님께 쓰임을 받고, 내 인생이 하나님께 쓰임을 받는다면 얼마나 좋겠습니까?

> 친위대장이 요셉에게 그들을 수종 들게 하매 요셉이 그들을 섬겼더라 그들이 갇힌 지 여러 날이라(창 40:4).

이 말씀에서 무엇을 발견할 수 있습니까? 요셉은 어떤 환경에서도 변함없는 사람이었다는 것입니다. 요셉은 아버지 야곱의 아들로 있을 때나, 보디발의 집에 종으로 있을 때나, 감옥에 있을 때나 그 태도가 변함이 없었습니다. 우리의 인생 태도도 언제나 어디서나 변함이 없기를 바랍니다. 부요할 때나 가난할 때나, 병이 들었을 때나 건강할 때나, 일이 잘될 때나 안될 때나, 높은 위치에 있을 때나 낮은 위치에 있을 때나 한결같기를 바랍니다.

요셉은 신뢰를 받아 술 맡은 관원장, 떡 굽는 관원장의 수종을 들게 되었을 뿐 아니라, 요셉 스스로가 그들을 섬겼습니다. 여기서 '섬겼다'라는 단어가 특히 눈에 들어옵니다. 요셉은 주인에게 충성했고, 주변에 있는 어려운 사람들의 요청을 거절하지 않았던 것입니다. 요셉의 삶의 특징은 자신에게 도움을 청하는 사람들을 섬겼다는 것입니다.

사람은 자신이 어려울 때는 남을 돕지 못합니다. "내 코가 석 자"라는 말도 있지 않습니까? 자신이 굶어 죽어 가는데 굶고 있는 사람을 어떻게 도울 수 있겠습니까? 자신이 병들어 죽어 가는데 어떻게 병든 사람을 도울 수 있겠습니까? 자신이 실직을 당하고 인생의 밑바닥으로 추락하고 있는데 어떻게 남을 위로할 수 있겠습니까? 그런데 감옥에 갇혀 있는 요셉이 남을 섬기는 모습을 보십시오. 참된 섬김은 남을 도울 수 있는 형편에 있기 때문에 돕는 것이 아닙니다. 형편과 상관없이 다른 사람을 돕고 섬기는 것, 격려하고 축복하는 것이 진짜 섬김입니다.

온누리교회 장로님 중 한 분이 폐암 말기입니다. 그 소식을 들었을 때 저는 제가 아파서 수술한 것보다 더 큰 충격을 받았습니다. "아이구! 기도 많이 하시는 귀한 장로님, 유년 주일학교를 맡으신 분인데 폐암 말기라니…." 그런데 그분이 이렇게 말씀하셨습니다. "목사님, 저 항암 치료 안 받으렵니다. 아직은 괜찮으니 새벽 기도도 계속하고 하던 봉사도 계속할 겁니다. 그렇게 하다가 하나님께 갈 겁니다." 그 후에 장로님은 복수와 폐에 물이 차면 병원에서 물만 빼고 오셔서 맡은 일을 신실하게 감당하셨습니다.

어느 날 장로님이 저에게 이런 말씀을 하셨습니다. "목사님, 제게 한 가지 소원이 있습니다. 우리 교회가 암 말기 환자를 위한 호스피스를 마련하면 좋겠습니다. 제가 암 말기 환자를 돕고 싶습니다." 자신이 폐암 말기 환자인데 그런 제안을 하시니 눈물이 날 정도로 감동을 받았습니다.

우리는 남을 섬기기 위해 존재합니다. 돈이나 건강이 있어서 섬기는 것이 아닙니다. 내가 굶으면서 다른 사람을 먹이는 것이, 내가 죽어 가면서 아픈 사람을 돕는 것이 진정한 섬김이요, 봉사입니다. 그런 아름다운 봉사의 모습, 헌신의 모습이 우리에게 있기를 바랍니다.

> 옥에 갇힌 애굽 왕의 술 맡은 자와 떡 굽는 자 두 사람이 하룻밤에 꿈을 꾸니 각기 그 내용이 다르더라 아침에 요셉이 들어가 보니 그들에게 근심의 빛이 있는지라 요셉이 그 주인의 집에 자기와 함께 갇힌 바로의 신하들에게 묻되 어찌하여 오늘 당신들의 얼굴에 근심의 빛이 있나이까 그들이 그에게 이르되 우리가 꿈을 꾸었으나 이를 해석할 자가 없도다 요셉이 그들에게 이르되 해석은 하나님께 있지 아니하니이까 청하건대 내게 이르소서(창 40:5-8).

여기서 요셉에게는 근심하는 사람의 얼굴을 알아보는 눈이 있었다는 사실을 알 수 있습니다. 다른 사람의 마음속에 있는 근심과 슬픔과 한을 꿰뚫어 볼 줄 아는 사람은 별로 없습니다. 혹시 부하나 상사 가운데 눈물 흘리고 있는 사람이 누구인지 알고 있습니까? 주변 사람 가운데 자살하려는 마음을 가진 사람이 있다는 사실을 알고 있습니까? 그 모습을 보는 눈이 영적인 눈입니다. 요셉은 관원장들의 근심을 꿰뚫어 보고 찾아가서 어떻게 도와야 하는지를 물었습니다. 이것이 봉사입니다. 우리가 요셉처럼 영적인 눈과 통찰력으로 따뜻한 사랑과 위로의 말을 전하는 복된 사람이 되기를 바랍니다.

믿음이 강한 우리는 마땅히 믿음이 약한 자의 약점을 담당하고 자기를 기쁘게 하지 아니할 것이라(롬 15:1).

서로 친절하게 하며 불쌍히 여기며 서로 용서하기를 하나님이 그리스도 안에서 너희를 용서하심과 같이 하라(엡 4:32).

너희도 함께 갇힌 것같이 갇힌 자를 생각하고 너희도 몸을 가졌은즉 학대받는 자를 생각하라(히 13:3).

하나님의 사건은 하나님의 뜻대로 이루어진다

요셉에게는 '꿈은 하나님이 해석하신다'는 믿음이 있었습니다. 요셉은 자신의 힘과 능력으로 관원장들을 돕는 것이 아니라는 사실을 알았고, 하나님이 그들의 문제를 친히 다루신다고 믿었습니다. 여기서 우리가 한 가지 배울 것이 있습니다. '내 힘과 능력으로 어려움에 빠진 사람을 돕는 것이 아니다. 하나님이 그를 도와주신다.

나는 하나님이 그를 돕는 데 사용하시는 도구일 뿐이다'라고 생각해야 한다는 것입니다. 내가 돕는다고 생각하면 위험합니다. 교만해지기도 하고 시험에 들기도 합니다. 그러나 하나님이 도우신다고 생각하면 모든 일이 은혜로 다가옵니다.

꿈은 하나님이 해석하신다는 요셉의 말에 술 맡은 관원장이 먼저 꿈 이야기를 했습니다.

> 술 맡은 관원장이 그의 꿈을 요셉에게 말하여 이르되 내가 꿈에 보니 내 앞에 포도나무가 있는데 그 나무에 세 가지가 있고 싹이 나서 꽃이 피고 포도송이가 익었고 내 손에 바로의 잔이 있기로 내가 포도를 따서 그 즙을 바로의 잔에 짜서 그 잔을 바로의 손에 드렸노라 (창 40:9-11).

하나님의 사건은 언제나 미래적입니다. 하나님의 사건은 하나님이 해석해 주셔야 합니다. 인간의 방법으로는 해석할 수 없습니다. 하나님의 사건은 세월이 지나가도 잊히지 않습니다. 시간이 지나면 다 잊어버리는 사건은 하나님의 사건이 아닙니다.

꿈 이야기를 들은 요셉은 바로 해몽을 했습니다.

> 요셉이 그에게 이르되 그 해석이 이러하니 세 가지는 사흘이라 지금부터 사흘 안에 바로가 당신의 머리를 들고 당신의 전직을 회복

시키리니 당신이 그전에 술 맡은 자가 되었을 때에 하던 것같이 바로의 잔을 그의 손에 드리게 되리이다(창 40:12-13).

술 맡은 자는 누명을 벗고 옛 영광을 다시 찾는다는 내용이었습니다. 그런데 그다음 구절을 보면 요셉이 그에게 이상한 부탁을 하나 했습니다.

당신이 잘되시거든 나를 생각하고 내게 은혜를 베풀어서 내 사정을 바로에게 아뢰어 이 집에서 나를 건져 주소서 나는 히브리 땅에서 끌려온 자요 여기서도 옥에 갇힐 일은 행하지 아니하였나이다(창 40:14-15).

처음으로 요셉은 자신의 누명에 대해 이야기했습니다. 여기서 우리는 요셉이 기회를 선용하고 있음을 볼 수 있습니다. 그동안 요셉은 자신이 당한 억울한 일에 대해 할 말이 없어서 침묵한 것이 아니었습니다. 적당한 때에, 하나님의 사건과 연결되었을 때 이야기하는 지혜가 요셉에게 있었던 것입니다. 시편 37편 5-6절에서 시편 기자는 이렇게 권면합니다.

네 길을 여호와께 맡기라 그를 의지하면 그가 이루시고 네 의를 빛같이 나타내시며 네 공의를 정오의 빛같이 하시리로다(시 37:5-6).

이번에는 떡 굽는 관원장이 자기 꿈을 이야기했습니다.

> 떡 굽는 관원장이 그 해석이 좋은 것을 보고 요셉에게 이르되 나도 꿈에 보니 흰 떡 세 광주리가 내 머리에 있고 맨 윗광주리에 바로를 위하여 만든 각종 구운 음식이 있는데 새들이 내 머리의 광주리에서 그것을 먹더라 요셉이 대답하여 이르되 그 해석은 이러하니 세 광주리는 사흘이라 지금부터 사흘 안에 바로가 당신의 머리를 들고 당신을 나무에 달리니 새들이 당신의 고기를 뜯어 먹으리이다 하더니(창 40:16-19).

떡 굽는 관원장의 꿈 해석은 술 맡은 관원장의 것과 반대였습니다. 즉 그가 사흘 안에 죽는다는 내용이었습니다. 여기서 우리는 참으로 대담한 요셉의 모습을 봅니다. 사람이 산다는 말은 하기 쉽지만 죽는다는 말은 하기 힘들기 때문입니다. 그런데도 요셉은 서슴없이 말했습니다. 미안해하거나 두려워하지 않았습니다. 하나님의 해석이기 때문입니다.

꿈 해석은 끝났습니다. 그리고 이제 그대로 일이 이루어졌습니다.

> 제삼일은 바로의 생일이라 바로가 그의 모든 신하를 위하여 잔치를 베풀 때에 술 맡은 관원장과 떡 굽는 관원장에게 그의 신하들 중에 머리를 들게 하니라 바로의 술 맡은 관원장은 전직을 회복하매 그

가 잔을 바로의 손에 받들어 드렸고 떡 굽는 관원장은 매달리니 요셉이 그들에게 해석함과 같이 되었으나 술 맡은 관원장이 요셉을 기억하지 못하고 그를 잊었더라(창 40:20-23).

정확하게 사흘 후 떡 굽는 관원장은 사형을 당했고, 술 맡은 관원장은 복직을 했습니다. 그런데 재미있는 것은 23절 말씀입니다. "술 맡은 관원장이 요셉을 기억하지 못하고 그를 잊었더라." 이것이 인간입니다. 다 지나가면 잊어버리는 존재가 사람입니다. 그러나 괜찮습니다. 사람은 잊어도 하나님은 잊어버리시지 않기 때문입니다. 그래서 결국은 하나님이 다른 사건을 만드셔서 술 맡은 관원장이 요셉을 기억하도록 하셨습니다. 그리고 우리는 요셉을 회복시키시는, 아니 회복 정도가 아니라 그와 비교할 수 없을 정도로 복을 주시는 하나님의 모습을 보게 됩니다.

사람은 잊을지라도 하나님은 잊어버리시지 않습니다. 사람은 포기해도 하나님은 포기하시지 않습니다. 하나님의 때가 있습니다. 하나님의 방법, 하나님의 목표가 있습니다. 그것은 우리를 사랑하셔서 멸망하지 않고 영생을 얻게 하시려는 것입니다. 이처럼 위대한 메시지가 이 말씀에 담겨 있습니다.

시련을 겪고, 모함을 당하고, 말 못할 문제가 있다면 하나님께 가져가십시오. 우리 스스로 해결하지 못합니다. 하나님이 가장 선하고 의로운 방법으로 해결하실 것입니다. 우리가 기대하는 결과가 나오지 않을지도 모릅니다. 그러나 두려워하지 마십시오. 하나님이 우리를 높이 들어 쓰실 것입니다. 하나님이 복된 사람으로 만들어 주실 것입니다.

이 장에서 우리가 요셉을 통해 배울 점은 자기보다 더 어려운 사람들을 돕는 아름다운 모습입니다. 병들었다고 좌절하지 말고 병든 사람을 도우십시오. 돈 없다고 슬퍼하지 말고 자기보다 더 돈없는 사람을 도우십시오. 그들을 축복하십시오. 그러면 요셉에게 임한 것과 같은 복과 은혜가 임하리라 믿습니다.

7

인간의 역사는
다 하나님의 역사입니다

창세기 41:1-16

하나님은 믿음의 사람을 중심으로 역사를 움직이신다

역사는 사람 중심으로 움직이는 것이 아니라 하나님 중심으로 움직입니다. 우리는 인간의 역사를 말하지만, 사실 그것은 하나님의 역사입니다. 우리는 영웅, 강한 사람들을 중심으로 역사를 기록하지만, 역사는 하나님의 사람들을 기초로 해서 기록되는 것입니다. 역사는 하나님이 만드시고, 하나님의 사람들이 움직입니다. 인간이 모든 것을 할 수 있는 것처럼 보이지만 실제로 인간이 할 수 있는 것은 없습니다. 인간의 결국은 죽음이기 때문입니다. 죽는 것 외에는 인간이 할 수 있는 일이 없습니다.

잠언 16장 1절은 "마음의 경영은 사람에게 있어도 말의 응답은 여호와께로부터 나오느니라"라고 말합니다. 사람이 계획을 할지라도 그 계획을 이루시는 분은 여호와 하나님이십니다. 우리는 이 같은 성경적인 역사 철학을 분명히 가지고 있어야 합니다. 역사는 하나님을 중심으로 움직이는 것임을 알아야 합니다.

우리는 하나님의 사람 요셉을 통해 이 사실을 알 수 있습니다. 요셉의 주변에는 사람들이 많았습니다. 11명의 형제들이 있었고, 애굽 왕의 친위대장인 보디발과 그의 아내도 있었고, 떡 굽는 관원장과 술 맡은 관원장도 있었고, 애굽 왕도 있었습니다. 그러나 놀랍게도 역사의 축은 그들이 아니라 요셉을 중심으로 움직였습니다.

저는 기도하는 사람이 역사를 움직이는 주인공이요, 세상을 변화시키는 주역이라고 믿습니다. 의로움과 진실, 정직은 때로 고난과 역경을 가져옵니다. "의로움은 반드시 복을 가져온다"는 공식이 안 맞을 때가 많습니다. "진실한 사람은 반드시 성공한다"는 공식이 통하지 않을 때가 있습니다. 그러나 그 고난과 역경은 결국 복을 가져옵니다. 요셉의 생애를 통해 알 수 있습니다. 일시적으로는 그 공식이 맞지 않는 것 같지만, 하나님이 그와 함께하시고 결국에는 복이 임하는 모습을 보게 됩니다.

요셉이 감옥에 들어갈 때부터 복의 서곡이 울리기 시작했습니다. 제일 먼저 간수장이 은혜를 받았습니다. 그리고 그 감옥에 들어온 사람들이 은혜를 받았습니다. 우리를 만나는 사람들도 다 복을 받게 되기를 원합니다. 우리는 북한을 변화시킬 것입니다. 우리는 이 민족을 변화시키고, 이 세상을 변화시킬 것입니다. 교회에 오는 사람들은 변화될 것입니다. 교회의 주인은 하나님이시기 때문입니다. 영적 자부심은 교만이 아닙니다.

하나님이 요셉에게 은혜를 베푸셨습니다. 그 은혜는 아무것도 아닌 듯 보일 수 있지만 사실은 굉장히 중요한 것입니다. 요셉이 있는 감옥에 들어온 떡 굽는 관원장과 술 맡은 관원장이 꾼 꿈을 통해 하나님이 역사하셨습니다. 그로부터 2년 후 하나님은 바로왕의 꿈에 개입해 역사하셨습니다. 어떻게 보면 꿈은 아무것도 아닌 것 같습니다. 누구든지 꿈을 꾸기 때문입니다. 그런데 우리는 이 일을 통해 하나님이 꿈까지 이용하셔서 사람들에게 영향력을 미치고 역사하시는 모습을 볼 수 있습니다.

만 이 년 후에 바로가 꿈을 꾼즉 자기가 나일 강가에 서 있는데 보니 아름답고 살진 일곱 암소가 강가에서 올라와 갈밭에서 뜯어 먹고 그 뒤에 또 흉하고 파리한 다른 일곱 암소가 나일 강가에서 올라와 그 소와 함께 나일 강가에 서 있더니 그 흉하고 파리한 소가 그 아름답고 살진 일곱 소를 먹은지라 바로가 곧 깨었다가 다시 잠이 들어 꿈을 꾸니 한 줄기에 무성하고 충실한 일곱 이삭이 나오고 그 후에 또 가늘고 동풍에 마른 일곱 이삭이 나오더니 그 가는 일곱 이삭이 무성하고 충실한 일곱 이삭을 삼킨지라 바로가 깬즉 꿈이라 아침에 그의 마음이 번민하여 사람을 보내어 애굽의 점술가와 현인들을 모두 불러 그들에게 그의 꿈을 말하였으나 그것을 바로에게 해석하는 자가 없었더라(창 41:1-8).

하나님이 요셉에게 베푸신 또 하나의 은혜는 바로왕의 꿈에 나타나셔서 작업을 하신 것입니다. 술 맡은 관원장의 꿈에 나타나신 지 2년이 지난 때였습니다. 2년 동안 하나님은 침묵하시는 듯 보였습니다. 그러나 하나님은 시기를 보고 계셨습니다. 하나님은 침묵만 하시는 법이 없습니다. 하나님은 준비하고 계십니다. 내가 하나님이 침묵하고 계신다고 느끼는 동안 하나님은 준비하고 계시는 것입니다.

여기서 하나님은 바로를 중심으로 역사를 움직이시지 않고 요셉을 중심으로 역사를 움직여 가신다는 사실을 알 수 있습니다. 겉으로 보면 바로가 주인공 같습니다. 바로가 요셉더러 오라고 하고 꿈을 해석하라며 명령을 내렸습니다. 그러나 바로는 요셉을 위해 존재한다는 것을 알 수 있습니다.

술 맡은 관원장은 감옥에서 나온 후 요셉을 까맣게 잊어버린 것 같습니다. 요셉 같은 사람이 그에게 뭐 그리 중요하겠습니까? 그저 감옥에서 만났고, 자신의 꿈을 해석해 준 것 이상의 의미가 있겠습니까? 당시에는 고마웠겠지만 시간이 지나면서 잊어버렸습니다. 이것이 세상 사람들입니다. 그러니 자신이 잊히는 것을 너무 섭섭하게 생각하지 마십시오.

요셉은 잊힌 2년간의 세월을 감옥에서 보냈습니다. 만일 아무도 나를 기억해 주지 않는 상태로 2년이라는 세월을 감옥에서 산다고 생각해 보십시오. 결코 쉬운 일이 아닙니다. 더구나 요셉의 경우는 자기 가족들이 면회 올 것을 기대할 수조차 없는 형편이었습니다. 정말 홀로 견뎌야 하는 시간이었습니다. 희망도 보이지 않고, 미래도 안 보였습니다. 얼마나 오래 감옥에 있어야 하는지도 모르는 상황이었습니다. 하지만 놀라운 사실은 이런 상황에서도 하나님이 움직이고 계셨다는 것입니다. 이 사실을 믿으십시오. 하나님은 우리를 위해 무엇인가를 하고 계십니다. 기다리고 계십니다. 어느 날 문득 우리에게 축복의 때가 찾아올 것을 믿습니다.

하나님이 요셉을 위해 하신 일이 무엇입니까? 바로의 꿈에 개입하신 것입니다. 성경은 바로가 꿈을 꾸고서 마음이 번민했다고 말합니다. 하나님이 주신 꿈이기 때문입니다. 하나님의 사람, 요셉을 돕기 위해서 하나님은 바로를 움직이셨습니다. 여기서 하나 배울 것은, 하나님은 사람의 꿈 속에도 들어가신다는 것입니다. 하나님이 하시고자 하면 못하실 일이 없습니다.

바로가 꾼 꿈의 내용이 무엇입니까? 그 꿈은 마치 요셉이 17세 소년 때 꾼 꿈처럼 해석하기 어렵고 독특한 꿈이었습니다. 술 맡은 관원장과 떡 굽는 관원장이 꾼 꿈도 그러했습니다.

살지고 아름다운 암소 일곱 마리가 나일 강가에서 올라와서 풀을 뜯어 먹고 있었습니다. 그런데 이어서 흉하고 파리한 암소 일곱 마리가 나일 강가에서 올라와서 이전에 올라온 암소들을 다 잡아먹어 버렸습니다. 이 장면을 상상해 보십시오. 바로는 놀라서 꿈에서 깼습니다. 그리고 다시 잠이 들었는데, 또 꿈을 꾸었습니다. 이번에는 가는 이삭이 무성하고 충실한 이삭을 삼키는 꿈이었습니다.

하나님이 주신 꿈에는 반드시 미래의 역사에 대한 예언이 들어 있습니다. 바로는 잊히지 않고 분명한 꿈을 꾸고는 번민했습니다. 그래서 애굽에 있는 점술가와 현인들을 모두 불러 해몽하게 했습니다. 그러나 그 꿈을 해석할 수 있는 사람이 아무도 없었습니다. 여기서 알 수 있는 두 가지 사실이 있습니다. 첫째, 하나님은 바로의 꿈 속에까지 들어가셔서 역사하신다는 것입니다. 둘째, 하나님은 요셉을 구원하기 위해 풍년을 내리시기도 하고, 흉년을 내리시기도 한다는 것입니다. 이것은 상식으로는 이해할 수 없는 일입니다.

우리는 축구 시합을 하러 갈 때 이렇게 기도합니다. "하나님, 오늘 축구 시합을 할 때 비가 오지 않게 해 주십시오." 그런데 농사를 짓는 농부들은 날씨가 가물 때 "하나님, 비가 오게 해 주십시오" 하고 기도합니다. 그러면 하나님이 누구의 기도를 들어주시겠습니까? 어느 축구단이 있는데 선수들이 열심히 기도합니다. "하나님, 우리 팀이 골을 많이 넣어서 상대 팀을 이기게 해 주십시오." 그런데 상대 팀도 그렇게 기도합니다. 그러면 하나님은 참으로 곤란하시지 않을까요?

우리는 이 문제를 "하나님은 믿음의 사람을 중심으로 역사를 움직이신다"라는 관점으로 바라보아야 합니다. 비가 오든 오지 않든, 풍년이든 흉년이든 하나님은 하나님의 사람들을 중심으로 역사를 움직이십니다. 저는 통일을 위해 기도하는 사람들 덕분에 통일이 이루어질 것이라고 믿습니다. 정치나 군사력으로 통일되는 것이 아닙니다. 소련이 무너진 것이 미국 때문입니까? 역사의 배후에는 하나님이 계십니다. 그리고 그 배후에는 기도하는 사람들이 있습니다.

요셉처럼 눈에 띄지는 않아도 하나님은 한 사람의 기도를 통해서, 그 사람을 통해서 역사를 움직여 가십니다. 그러므로 하나님이 주신 꿈과 비전으로 시작했다면 좌절하지 않기 바랍니다. 비록 우리는 약하고, 부족하고, 때로는 모함을 받기도 하지만 하나님이 누구 편이신지 생각해 보십시오. 하나님이 돈만 많은 사람들 편이시 겠습니까? 하나님이 여론을 따르실까요? 하나님은 십자가를 지고 고독하고 외롭게 하나님의 뜻을 이루려는 사람들 편에 서 계시다는 사실을 요셉을 통해 배우기를 바랍니다.

요셉이 위대한 것이 아닙니다. 요셉의 하나님이 위대하십니다. 성경에서 역사는 매우 편협하게 기록되어 있습니다. 그래서 하나님을 믿지 않는 사람들은 그런 역사를 이해하기가 아주 어렵습니다. 하지만 역사에는 일반적인 역사가 있고, 뜻으로 보는 역사가 있습니다.

출애굽 사건 때 맞섰던 바로와 모세를 보십시오. 모세가 강합니까, 바로가 강합니까? 당연히 바로가 강합니다. 그러나 역사는 모세를 중심으로 움직였습니다. 연약한 사람 모세를 통해 홍해가 갈라지고 여러 기적이 일어났습니다. 여호수아서를 봐도 그렇습니다. 여호수아는 가나안의 일곱 족속과 전쟁을 했습니다. 가나안의 일곱 족속은 어마어마한 세력들이었습니다. 그러나 하나님은 여호수아를 중심으로 역사를 움직이셨습니다. 다윗과 골리앗 이야기에서도 하나님은 강한 골리앗이 아니라 연약한 소년 다윗을 통해서 역사를 이끌어 가셨습니다.

그 하나님이 우리를 통해서도 역사를 움직이실 것입니다. 환경을 바꾸실 것입니다. 기도하는 사람을 통해서, 하나님의 사람을 통해서 하나님은 역사를 이루실 것입니다. 부족하고 가진 것이 없는 연약한 사람이지만 하나님을 신뢰하는 믿음, 하나님의 뜻을 이루고자 하는 간절한 비전과 기대와 희망이 있기 때문에 하나님은 우리를 들어 역사를 만들어 가십니다.

8절에서 한 가지 짚고 넘어갈 것이 있습니다. 애굽의 점술가와 현인들이 바로의 꿈을 해석하지 못했다는 것입니다. 왜 그랬을까요? 간단합니다. 그 꿈이 하나님의 꿈이었기 때문입니다. 하나님의 꿈을 어찌 귀신이 해석할 수 있겠습니까? 우리의 미래를 점쟁이에게 맡겨선 안 됩니다. 어떻게 귀신이 하나님의 사람들의 미래를 예언할 수 있겠습니까? 혹시라도 미혹되어 점쟁이에게 갔다면 이런 말을 듣게 되기를 바랍니다. "당신은 나와 상관이 없으니 나를 떠나시오."

안 되는 일도 하나님이 하고자 하시면 된다

술 맡은 관원장이 바로에게 말하여 이르되 내가 오늘 내 죄를 기억하나이다 바로께서 종들에게 노하사 나와 떡 굽는 관원장을 친위대장의 집에 가두셨을 때에 나와 그가 하룻밤에 꿈을 꾼즉 각기 뜻이 있는 꿈이라 그곳에 친위대장의 종 된 히브리 청년이 우리와 함께 있기로 우리가 그에게 말하매 그가 우리의 꿈을 풀되 그 꿈대로 각 사람에게 해석하더니 그 해석한 대로 되어 나는 복직되고 그는 매 달렸나이다(창 41:9-13).

술 맡은 관원장이 2년 만에 드디어 요셉을 생각해 냈습니다. 그의 기억에 요셉은 아주 지혜롭고 통찰력이 뛰어난 히브리 소년이었습니다. 그래서 자신이 옥에 갇혔을 때 겪은 일을 왕에게 고했습니다. 여기서 우리가 발견하게 되는 사실은 하나님이 2년 후에 술 맡은 관원장을 사용하셨다는 것입니다. 참으로 놀라운 일입니다.

예수님의 제자 안드레는 자신이 직접 큰일을 하기보다는 다른 사람이 큰일을 하게 도와준 사람이었습니다. 예수님이 오병이어의 기적을 행하실 때 어린아이의 떡과 물고기를 예수님께 드리도록 중간에서 다리 역할을 한 사람이 안드레였습니다. 베드로에게 예수님을 소개한 사람도 안드레였습니다. 술 맡은 관원장은 안드레처럼 하나님의 기적을 일으키고 하나님의 역사를 만드는 도구가 되었습니다.

여기서 또 한 가지 알게 되는 사실이 있는데, '세상 사람들은 급하고 어려울 때는 하나님의 사람을 찾는다'는 것입니다. 즉 하나님을 믿지 않는 사람들은 갈 길을 잃고 결정적으로 어려운 상황에 처하면 하나님의 사람을 찾습니다. 이런 의미에서 우리 모두 세상 사람들이 어렵고 힘들 때 찾는 복된 사람이 되기를 바랍니다.

술 맡은 관원장이 요셉에 관해 이야기하자 바로는 요셉을 불렀습니다.

이에 바로가 사람을 보내어 요셉을 부르매 그들이 급히 그를 옥에서 내놓은지라 요셉이 곧 수염을 깎고 그의 옷을 갈아입고 바로에게 들어가니 바로가 요셉에게 이르되 내가 한 꿈을 꾸었으나 그것을 해석하는 자가 없더니 들은즉 너는 꿈을 들으면 능히 푼다 하더라 요셉이 바로에게 대답하여 이르되 내가 아니라 하나님께서 바로에게 편안한 대답을 하시리이다(창 41:14-16).

드디어 바로가 요셉을 찾았습니다. 바로가 요셉을 찾을 이유는 하나도 없었습니다. 아무리 세월이 흘러도 찾지 않았을 것입니다. 그러나 하나님이 찾게 하시면 찾는 것입니다. 하나님이 만나게 하시면 만나는 것입니다. 인간적인 생각을 넘어서십시오. 포기하지 말고 넘어서십시오. 사람의 뜻과 사람의 방법으로는 안 되는 일이지만 하나님이 하고자 하시면 됩니다. 하나님은 바로의 꿈 속에 들어가셔서 꿈을 꾸게 하시고, 잊었던 사람을 생각나게 하시고, 풍년을 내리시기도 하고, 흉년을 내리시기도 하면서 하나님의 역사를 이루어 가셨습니다. 그러므로 하나님에 대한 기대를 가지기 바랍니다. 하나님에 대한 믿음을 품기 바랍니다.

요셉은 드디어 애굽 왕 바로 앞에 섰습니다. 수염도 깎고, 옷도 새로 입었습니다. 얼마나 신 나는 광경입니까? 우리도 이렇게 될 날이 있을 것입니다. 모든 오해가 풀릴 것입니다. 때가 되면 하나님이 우리를 회복시키실 것을 믿습니다.

바로가 요셉에게 "아무도 이 꿈을 해석하는 사람이 없다. 그러나 너는 꿈을 해석한다 하더라"라고 말하면서 해몽을 부탁했습니다. 이 말에 대한 요셉의 대답을 주목하십시오. 요셉은 "왕이시여, 사람 잘 보셨습니다. 제가 꿈을 잘 해석하지요" 하지 않았습니다. "꿈은 하나님이 해석하십니다"라고 말했습니다. 그렇습니다. 요셉은 모든 영광을 하나님께 돌리는 사람이었습니다. 그래서 요셉은 바로에게 요셉이라는 사람을 심어 준 것이 아니라 하나님을 심어 주는 역할을 했습니다.

우리도 요셉처럼 사람들에게 하나님을 심어 주어야 합니다. 하나님이 위대하시다는 사실을 심어 주어야 합니다. 하나님의 이름이, 예수님의 이름이 소문나게 해야 합니다. 목사 개인이나 교회의 이름은 중요하지 않습니다. 우리의 삶을 통해서 하나님의 영광과 이름이 드러나기를 기도합니다. 모든 일을 시작하시고, 이루시고, 능력을 주시고, 역사를 통치하시고, 다스리시는 분이 하나님이시라는 믿음이 우리 안에 있기를 간절히 바랍니다.

8

하나님이 주신 꿈,
하나님이 해석해 주십니다

창세기 41:17 - 36

하나님의 사람에게는 영적인 통찰력이 있다

애굽 왕 바로는 아주 선명하고 분명한 꿈을 꾸었습니다. 그 꿈은 너무나 선명해서 한 장면도 잊을 수가 없었습니다. 그가 꾼 꿈의 내용은 매우 섬뜩하고 충격적이었습니다. 바로는 꿈을 꾸고 나서 번민하고 괴로워했습니다. 그래서 애굽 최고의 점술가와 현인들을 불러서 자신이 꾼 꿈을 해석하라고 했습니다. 그러나 그 꿈을 해석한 사람은 아무도 없었습니다.

바로가 꾼 꿈은 애굽에서 아주 큰 사건으로 번지기 시작했습니다. 모든 사람이 전전긍긍하고 괴로워했습니다. 그런데 바로 이때 바로의 술 맡은 관원장이 2년 전 자신이 겪었던 일을 회상했습니다. 그가 감옥에 들어갔을 때 한 히브리 소년을 만났는데, 그 소년이 자신이 꾼 이상한 꿈을 명쾌하게 해석해 주었고, 결국에는 그 해석대로 자신이 풀려나왔습니다. 이 사실이 생각난 술 맡은 관원장이 왕에게 요셉을 소개했습니다.

왕은 즉시 요셉을 불러들였습니다. 요셉이 비록 히브리 소년이요, 왕과는 상대할 수 없는 죄인이었는데도 주저하지 않았습니다. 감옥에 있던 요셉은 수염을 깎고 새 옷을 입고 왕 앞에 나갔습니다. 있을 수 없는 일이 일어난 것입니다. 이처럼 하나님을 믿으면 있을 수 없는 일들이 자주 일어납니다. 놀라운 일들이, 생각지도 못한 일들이 일어날 때가 있습니다.

왕은 요셉에게 이렇게 질문했습니다. "내가 아주 이상하고 충격적인 꿈을 꾸었다. 그런데 그 꿈을 해석할 수 있는 사람이 아무도 없어서 내가 매일 번민하므로 죽게 되었다. 네가 꿈을 잘 해석한다고 하는데, 내 꿈을 해석할 수 있겠느냐?" 이 질문에 요셉은 즉시 대답했습니다. "왕이시여, 꿈을 해석하는 것은 제가 아닙니다. 하나님이 꿈을 해석하십니다. 하나님이 왕께 편안한 대답을 하실 것입니다."

우리는 이렇게 간단한 요셉의 말을 통해 믿음의 사람이 하는 말을 들을 수 있습니다. 꿈의 진정한 해석자는 인간이 아니라 하나님이시라는 것입니다. 세상에는 귀신의 힘을 빌려서 점을 치고, 꿈을 해석하고, 예언하는 사람들이 많습니다. 그들의 말을 듣다가 패가망신한 사람들이 한두 명입니까? 그들은 자기들이 꿈을 잘 해석한다고 말하지만, 요셉은 그렇게 말하지 않았습니다. 꿈은 사람이 해석하는 것이 아니라고 말했습니다. 하나님이 주신 꿈이라면 하나님이 해석해 주실 것이라고 했습니다.

이 말을 확대하면, 역사의 주관자는 하나님이시라는 뜻입니다. 미래의 주인공도 하나님이십니다. 꿈을 이루시는 분도 하나님이십니다. 요셉의 놀라운 신앙고백이 우리의 것이 되기를 바랍니다. 우리가 여러 가지 일을 합니다. 그러나 그 일을 이루시는 분은 하나님이십니다.

요셉의 간단한 대답에서 또 한 가지를 배울 수 있습니다. 하나님에 대한 신뢰입니다. 요셉의 마음 깊은 곳에는 무슨 일을 만나든지 하나님을 신뢰하는 믿음이 있었습니다. 요셉은 2년이 넘도록 무고한 감옥살이를 했습니다. 자기를 도와줄 수 있는 사람이 아무도 없는 절망적인 삶을 살면서도 요셉은 두려워하지 않았습니다.

또 애굽에서 가장 높은 지위와 권력을 가진 왕 앞에 나아갈 때도 얼마나 침착하고, 담대하고, 지혜롭습니까! 요셉이 하나님을 깊이 신뢰하고 있었기 때문입니다. 하나님을 신뢰하면 아무것도 두렵지 않습니다. 어떤 힘과 권력 앞에서도 주눅 들지 않습니다. 담대하고 침착해집니다. 하나님을 정말 신뢰하는 사람은 환경과 상관없이 당당하게 삽니다. 언제나 희망을 가지고 순결하게 살아갑니다.

바로는 드디어 요셉에게 꿈 이야기를 했습니다.

바로가 요셉에게 이르되 내가 꿈에 나일 강가에 서서 보니 살지고 아름다운 일곱 암소가 나일 강가에 올라와 갈밭에서 뜯어 먹고 그 뒤에 또 약하고 심히 흉하고 파리한 일곱 암소가 올라오니 그같이 흉한 것들은 애굽 땅에서 내가 아직 보지 못한 것이라 그 파리하고 흉한 소가 처음의 일곱 살진 소를 먹었으며 먹었으나 먹은 듯하지 아니하고 여전히 흉하더라 내가 곧 깨었다가 다시 꿈에 보니 한 줄기에 무성하고 충실한 일곱 이삭이 나오고 그 후에 또 가늘고 동풍에 마른 일곱 이삭이 나더니 그 가는 이삭이 좋은 일곱 이삭을 삼키더라 내가 그 꿈을 점술가에게 말하였으나 그것을 내게 풀이해 주는 자가 없느니라(창 41:17-24).

바로는 이 꿈이 심상치 않은 꿈이라는 것을 알았습니다. 그래서 애굽의 점술가와 현인들을 불러서 해석하라고 했지만 아무도 해석할 수 없었습니다. 그러나 요셉을 불러 이야기하자 요셉은 즉시 해석했습니다.

요셉이 바로에게 아뢰되 바로의 꿈은 하나라 하나님이 그가 하실 일을 바로에게 보이심이니이다 일곱 좋은 암소는 일곱 해요 일곱 좋은 이삭도 일곱 해니 그 꿈은 하나라 그 후에 올라온 파리하고 흉한 일곱 소는 칠 년이요 동풍에 말라 속이 빈 일곱 이삭도 일곱 해 흉년이니 내가 바로에게 이르기를 하나님이 그가 하실 일을 바로에게 보이신다 함이 이것이라 온 애굽 땅에 일곱 해 큰 풍년이 있겠고 후에 일곱 해 흉년이 들므로 애굽 땅에 있던 풍년을 다 잊어버리게 되고 이 땅이 그 기근으로 망하리니 후에 든 그 흉년이 너무 심하므로 이전 풍년을 이 땅에서 기억하지 못하게 되리이다 바로께서 꿈을 두 번 겹쳐 꾸신 것은 하나님이 이 일을 정하셨음이라 하나님이 속히 행하시리니(창 41:25-32).

여기에서 우리는 몇 가지 사실을 발견하게 됩니다. 첫째, 하나님이 꿈을 보여 주실 때는 어떤 의도가 있다는 것입니다. 하나님은 미래에 일어날 어떤 영적인 의미가 있는 꿈을 우리에게 보여 주십니다. 둘째, 하나님은 주로 하나님의 종에게 꿈을 보여 주시지만, 바로와 같은 이방인에게도 보여 주신다는 것입니다. 셋째, 하나님의 꿈은 세상 사람들에 의해서나 세속적인 방법으로는 해석하지 못한다는 것입니다. 하나님이 주신 꿈은 반드시 하나님의 종이 해석할 수 있습니다. 넷째, 하나님의 종이 꿈을 해석할 때는 지체하지 않는다는 것입니다. 묵상해 보거나 기다려 보거나 연구해 본 후 해석하지 않습니다. 요셉은 바로의 꿈 이야기를 듣는 순간 즉시 해석했습니다. 이것을 가리켜 '영적 통찰력', '영적 이해력'이라고 말합니다.

성령을 받은 사람들의 특징은 영적 통찰력이 있다는 것입니다. 어떤 경우에는 묵상이 필요하기도 하지만 성령이 직접, 즉각적으로 해석해 주신 것을 말할 때는 두려워하거나 주저하지 않습니다.

요셉의 영적 통찰력은 모든 것을 단순하고 쉽게 만들었습니다. 사람의 생각은 대체로 복잡합니다. 그러나 하나님이 주시는 생각은 단순합니다. 바로가 이 꿈을 꾸고 얼마나 고민했습니까? 왜 그렇게 번민했을까요? 인간적으로 해석하려고 했기 때문입니다.

우리가 하나님의 일을 할 때도 마찬가지입니다. 하나님의 일은 본질적으로 단순합니다. 하나님의 사람은 단순합니다. 복잡한 일을 쉽게 만듭니다. 우리가 하나님의 일을 하면서 '이럴 것인가, 저럴 것인가?' 하며 결정을 내리지 못하고 번민하는 이유는 그 일에 인간적인 생각을 개입시켰기 때문입니다. 그래서 하나님의 뜻이 보이지 않는 것입니다. 기도하면 하나님이 하나님의 생각을 주십니다. 그것을 그대로 믿고 나아가십시오. 환경이나 인간적인 조건이나 생각을 집어넣지 마십시오. 영적인 통찰력으로 복잡한 일을 쉽고 단순하게 만들기를 바랍니다.

어떤 사람이 기도하다가 '선교사가 되라'라는 생각이 들었습니다. 이것은 하나님의 생각이었습니다. 처음에는 그 생각을 놓고 기도할 때 "아멘, 할렐루야!" 했는데 눈을 뜨고 보니까 복잡해졌습니다. 가정 문제, 직장 문제, 자녀 문제가 걸렸습니다. 하나님이 주신 생각을 현실이라는 틀 안에서 보니까 이것저것 걸리는 문제가 너무 많았습니다. 그러면 하나님의 뜻이 흐려지기 시작합니다. 복잡해지기 시작합니다. 좋은 생각이지만 복잡해집니다. 이것이 위기입니다.

요셉은 단순한 사람, 정직한 사람, 의로운 사람이었습니다. 사람 눈치를 보지 않는 사람이었습니다. 하나님의 뜻이면 직설적으로 이야기했습니다. 그래서 해석이 간단했던 것입니다. 요셉은 바로의 꿈을 이렇게 해석했습니다. "두 개의 꿈은 실은 하나입니다. '일곱 좋은 암소'와 '일곱 좋은 이삭'은 7년 풍년을 의미합니다. '파리하고 흉한 일곱 소'와 '동풍에 말라 속이 빈 일곱 이삭'은 7년 흉년을 의미합니다. 애굽 땅에 7년 큰 풍년이 있겠고, 후에 7년 흉년이 들 것입니다."

참으로 간단하지 않습니까? 바로가 그렇게 골머리를 앓던 문제가 요셉의 몇 마디에 모두 해결되어 버렸습니다. 이런 요셉의 모습이 하나님의 사람의 모습입니다. 가정이나 사회나 어디든 우리가 가기만 하면 모든 문제가 쉬워지고, 길이 보이고, 해답이 보이게 되기를 바랍니다. 그래서 우리가 하나님께 영광을 올려 드리는 아름답고 복된 삶을 살 수 있게 되기를 기도합니다.

하나님의 사람에게는 세상을 통치할 능력도 있다

우리는 요셉의 모습에서 하나님의 사람, 성령 충만한 사람에게는 영적인 통찰력이 있음을 보았습니다. 또한 그런 요셉에게는 영적으로 통찰한 내용을 잘 전달하는 지혜도 있음을 볼 수 있습니다.

이제 바로께서는 명철하고 지혜 있는 사람을 택하여 애굽 땅을 다스리게 하시고 바로께서는 또 이같이 행하사 나라 안에 감독관들을 두어 그 일곱 해 풍년에 애굽 땅의 오분의 일을 거두되 그들로 장차 올 풍년의 모든 곡물을 거두고 그 곡물을 바로의 손에 돌려 양식을 위하여 각 성읍에 쌓아 두게 하소서 이와 같이 그 곡물을 이 땅에 저장하여 애굽 땅에 임할 일곱 해 흉년에 대비하시면 땅이 이 흉년으로 말미암아 망하지 아니하리이다(창 41:33-36).

어떤 사람은 정직한 말을 하는데도 듣는 사람들을 화나게 합니다. 전달하는 지혜가 없기 때문입니다. 그의 말이 옳은데도, 주장하는 방법이 서툴고 미숙하고 지혜롭지 않아서 다른 사람에게 상처를 주는 것입니다. 그러나 어떤 사람은 지혜롭게 말해서 상대방에게 상처를 주지 않고 격려하면서 문제를 해결하게 도와주고 복을 받도록 해 줍니다. 요셉이 바로 그런 사람이었습니다. 저는 요셉을 보면서 고린도전서 1장 27-28절 말씀을 생각했습니다.

그러나 하나님께서 세상의 미련한 것들을 택하사 지혜 있는 자들을 부끄럽게 하려 하시고 세상의 약한 것들을 택하사 강한 것들을 부끄럽게 하려 하시며 하나님께서 세상의 천한 것들과 멸시받는 것들과 없는 것들을 택하사 있는 것들을 폐하려 하시나니(고전 1:27-28).

그러므로 이렇게 기도하십시오. "주님, 성령으로 말미암아 저에게 영적인 통찰력과 밝고 맑은 지혜를 주시옵소서. 그래서 제가 가는 곳마다 모든 사람에게 하나님의 복과 하나님의 능력을 보여 주게 해 주시옵소서." 지름길을 아는 사람은 시간을 낭비하지 않습니다. 돈과 에너지를 함부로 써 버리지 않습니다. 어떻게 이런 사람을 좋아하지 않을 수가 있겠습니까? 이런 사람은 세상을 밝고 건강하게 만드는 하나님의 사람입니다.

저는 요셉이 바로에게 한 마지막 말이 참 좋습니다. "일곱 해 흉년에 대비하시면 땅이 이 흉년으로 말미암아 망하지 아니하리이다." 요셉은 꿈을 해석해 주는 것으로 끝내지 않고, 대안까지 제시했습니다. 어떤 사람은 주장은 하지만 대안이 없습니다. 일방적으로 부정만 하고 비판합니다. 다 옳은 말이긴 합니다. 그러나 문제는 대안이 없어 부수어 버리기만 한다는 것입니다. 부수는 것은 중요하지 않습니다. 건설해야 합니다. 사도행전 6장 3절은 초대교회의 평신도 지도자를 세우는 기준을 다음과 같이 제시합니다.

형제들아 너희 가운데서 성령과 지혜가 충만하여 칭찬받는 사람 일곱을 택하라 우리가 이 일을 그들에게 맡기고(행 6:3).

이것이 지도력의 모범입니다. 성령과 지혜가 충만하여 사람들에게 인정받고 칭찬받는 사람이 진정한 지도자입니다. 이것이 초대교회 리더십에서 가장 중요한 자질이었습니다. 학벌이나 나이는 중요하지 않았습니다. 하나님의 사람인지, 의롭고 정직한 사람인지, 꿈을 가진 사람인지가 중요했습니다. 역사는 그런 사람들을 통해 만들어져 가는 것입니다. 우리도 그런 복된 사람들이 되기를 바랍니다.

한 나라에 좋은 지도자가 있으면 백성이 행복합니다. 그러나 지도자가 잘못되면 백성은 곤경에 빠지게 됩니다. 국가나 사회나 가정이나 모두 지도자가 중요합니다. 오늘날 우리는 지도자들에게 너무 많이 속으며 살아왔습니다. 거짓말하는 지도자, 사기성 있는 지도자, 상황에 따라 말을 바꾸는 지도자들에게서 상처를 많이 받아 왔습니다. 그래서 늘 불안했습니다. 우리의 영원한 지도자는 예수 그리스도이십니다. 우리는 예수님이 가지신 지혜와 통찰력을 사모합니다.

요셉이 바로에게 제시한 대안은 구체적으로 이렇습니다. 첫째, 명철하고 지혜로운 지도자를 세우라는 것입니다. 둘째, 그에게 나라의 일을 치리하게 하고, 풍년과 흉년을 예비하게 하라는 것입니다. 셋째 대안은 좀 더 구체적입니다. 풍년일 때 모든 국민이 낭비와 사치를 하지 않게 하고, 곡물을 잘 거두어 저장해 두라는 것입니다. 나라에 수입이 많을 때 저축해야 하는데, 그때는 세금을 수입의 5분의 1인 20% 거두어야 한다고 했습니다. 그래서 창고를 짓고 곡식을 저장해 두라고 말했습니다. 그러면 아무리 흉년이 올지라도 국민이 망하지 않을 것입니다. 위기를 넉넉히 이겨 낼 수 있을 것입니다.

영원한 풍년도 없고, 영원한 흉년도 없습니다. 풍년일 때 국민들이 낭비하고 사치하면서 살다가 흉년이 들면 나라는 곧 위기에 처합니다. 우리가 왜 국제통화기금(IMF)의 관리를 받게 되었습니까? IMF 관리를 받기 전에 우리 국민의 사치는 극에 달했습니다. 선진

국에서도 구경하기 힘든 최고의 사치품을 수입해서 썼습니다. 땅 투기가 심각할 정도로 성행했습니다. 돈이 있다고 사치하거나 낭비하지 마십시오. 절제하십시오. 풍년일수록 더 검소하고 경건하게 살고, 저축해서 흉년을 대비해야 합니다.

이것이 하나님이 요셉에게 주신 지혜요, 리더십입니다. 요셉과 같은 지도자가 오늘날 우리에게 필요합니다. 정권과 야합하고 국민에게 인기를 얻으려는 지도자가 아니라 국민들이 더 경건하고 진실하게 살 수 있도록 준비하는 리더십, 이것이 바로 우리가 요셉에게서 볼 수 있는 리더십입니다. 그래서 요셉은 젊은 나이에 애굽 총리가 되었습니다. 이런 사람이 하나님의 사람입니다. 하나님의 사람에게는 믿음만 있는 것이 아니라 세상을 통치할 능력도 있습니다.

우리는 3가지를 위해 기도해야 합니다.

먼저, 예수님을 믿고 하나님의 자녀로 부르심을 받은 우리에게 명철과 지혜의 은사를 부어 달라고 기도합시다. 우리가 무슨 일이든지 쉽게 하고 다른 사람에게 복을 나누어 주는, 지혜로운 사람이 되는 복을 주시기를 기도합시다. 우리 모두가 성령 충만하고 예수님과 같은 통찰력과 지혜와 명철이 충만해 우리 집안에 복이 임하고, 직장이 변하고 새로워지고 발전하는 역사가 있기를 기도합시다.

둘째, 이 땅에 요셉과 같은 지도자를 세워 주시고, 현직 지도자들이 하나님의 사람들이 되게 해 달라고 기도합시다.

셋째, 우리 국민이 풍요로울 때 근검절약하는 민족이 되게 해 달라고, 사치하고 낭비하는 풍조가 사라지게 해 달라고 기도합시다. 그렇게 해서 통일을 준비하는 민족이 되도록, 하나님이 이루실 통일을 앞두고 우리 민족이 하나님의 기름 부으심을 받도록 기도합시다. 이 세상을 하나님이 기뻐하시는 곳으로 바꾸는 은혜를 베풀어 주시기를 소망하며 기도합시다.

9

하나님의 꿈은
마침내 이루어집니다

창세기 41:37-57

하나님의 영이 있는 사람에게는 모든 일이 쉽다

요셉은 바로의 꿈 이야기를 들었을 때 그 꿈이 하나님이 어떤 목적을 이루기 위해 주신 꿈이라는 것을 즉시 알았습니다. 요셉은 바로의 꿈 이야기를 듣자마자 명쾌하고 확실하게 해석해 주었습니다. 바로는 그 꿈이 해석되지 않아 며칠 동안 번민하고 괴로워했습니다. 그런데 요셉의 해석을 듣자 순식간에 번민이 해결되었습니다. 그리고 애굽에 복이 임할 것이라는 말을 듣고는 기쁨을 회복했습니다. 그리스도인은 세상에 기쁨을 주는 사람입니다. 번민하고 고민하는 사람들에게 희망과 미래에 대한 소망을 심어 주는 메신저입니다.

요셉의 해석을 들은 바로왕과 신하들은 그 해석에 감동을 받았습니다. 그리고 요셉이 제안한 대안을 좋게 생각했습니다.

바로와 그의 모든 신하가 이 일을 좋게 여긴지라(창 41:37).

놀랍게도 한 사람도 반대하지 않았습니다. 모든 사람이 요셉의 말을 듣고 순식간에 "이것은 하나님의 아이디어다. 하나님의 해석이다" 하고 공감했습니다. 요셉이 제안한 대로, 정말 명석한 관리를 뽑아서 앞으로 일어날 재앙과 흉년을 대비할 수만 있다면 이보다 더 좋은 메시지는 없다고 생각한 것입니다. '7년 풍년 동안 잘 대비하면 7년 흉년을 극복할 수 있다'는 사실이 왕과 신하들에게 위로와 희망을 주었습니다.

여기서 우리가 배울 메시지가 있습니다. 진정한 하나님의 사람은 모든 사람에게 꿈과 희망을 준다는 것입니다. 모든 그리스도인의 본질이 여기에 있습니다. 그리스도인은 하나님을 믿는 사람 아닙니까? 구원받은 사람 아닙니까? 우리 그리스도인들이 이 세상에 희망을 주지 못한다면 누가 희망을 줄 수 있겠습니까? 이런 의미에서 복음을 깨달은 사람, 하나님을 믿는 사람은 그 시대에 희망을 불어넣는 사람입니다. 죽어 가는 사람을 살리는 사람, 절망하는 사람에게 용기를 주는 사람이 바로 우리 그리스도인이라는 사실을 요셉을 통해 배울 수 있습니다.

세상에는 세 종류의 지도자가 있습니다.

첫째, 부정적이고 남을 고발하는 지도자입니다. 그는 절망적인 말만 하고 남을 비난합니다. 이 사람은 진정한 지도자가 아닙니다. 그가 비판하고 고발하는 것이 틀렸다는 뜻이 아닙니다. 다 맞습니다. 그러나 문제는 그것만 이야기한다는 것입니다. 우리는 사람들의 잘못이나 실수를 볼 때, 민족이 당한 어려운 일을 볼 때 그것만 말하는 사람이 되지 않기를 바랍니다. 우리 주위에는 그런 사람들이 너무나 많습니다. 그들의 말을 들으면 우리나라가 당장 망할 것만 같습니다.

둘째, 나라에 어렵고 힘든 문제가 많은데도 무조건 잘될 것이라고 말하는 지도자입니다. 이렇게 모든 것을 무조건 좋게 해석하고 거짓으로 말하는 지도자도 좋은 지도자가 아닙니다. 왜냐하면 국민을 잘못 지도하고 속이고 있기 때문입니다. 그렇게 하다가는 정말 망합니다.

셋째, 참된 지도자입니다. 그는 미래에 다가올 재앙과 위기를 똑바로 보게 해 주는 지도자이며, 잘못한 것은 잘못했다고 말하는 지도자입니다. 그리고 거기서 끝이 아니라 회개하고 돌이키게 함으로써 미래에 대한 희망과 용기를 확실하게 불어넣어 주는 사람입니다. 고난을 두려워하지 않게 하고, 위기를 복으로 바꾸게 해 주는 지도자가 참된 지도자입니다. 요셉이 바로 참된 지도자와 같은 사람이었습니다. 바로는 요셉의 이야기를 듣고 감동해서 이렇게 말했습니다.

바로가 그의 신하들에게 이르되 이와 같이 하나님의 영에 감동된 사람을 우리가 어찌 찾을 수 있으리요 하고(창 41:38).

바로는 요셉에 관해 "이 사람은 하나님의 영에 감동된 사람이다"라고 말했습니다. '하나님의 영에 감동되었다'는 말은 쉬운 말로 하면 '하나님의 영이 그 사람에게 충만하다'입니다. 우리도 그저 교회만 오가는 사람이 아니라 그 속에 하나님의 영이 가득한 사람이 되기를 바랍니다.

일반적으로 세상 사람들은 세상의 영으로 가득 차 있습니다. '세상의 영'을 다른 말로 하면 '사탄의 영'입니다. 사람들에게는 인간적인 영, 세상적인 영, 사탄의 영이 가득합니다. 그래서 로마서 8장 5-6절은 "육신을 따르는 자는 육신의 일을, 영을 따르는 자는 영의 일을 생각하나니 육신의 생각은 사망이요 영의 생각은 생명과 평안이니라"라고 말합니다.

세상 사람들 대부분은 생각한 대로 말합니다. 그런 사람들은 똑똑합니다. 유능합니다. 유명합니다. 그러나 그들은 세상적인 생각으로 가득 차 있습니다. 그들의 생각은 육적이고, 세상적이고, 인간적인 경험으로 가득합니다. 그들의 결국은 죽음입니다. 그러나 하나님의 생각으로 가득 차 있는 사람이 있습니다. 그 사람과 대화를 해 보면 놀랍게도 하나님을 느끼게 됩니다. 하나님의 생각이 그의 생각을 지배하고 있기 때문입니다.

어릴 때부터 요셉은 하나님이 주시는 생각과 꿈을 가지고 있었습니다. 비록 어머니를 일찍 여의고 아버지와 이복형제들 틈에서 자랐지만, 신기하고 놀랍게도 요셉은 하나님이 좋아서 하나님 생각을 했고, 하나님 꿈을 꾸었고, 하나님과 함께 살았습니다. 요셉은 하나님과 관계가 긴밀했고 어떤 일을 만나든지 하나님과 연관 지어 생각하는 버릇이 있었습니다. 이것이 요셉이 받은 복입니다.

우리가 교회에 나올 수 있는 것은 복입니다. 어렸을 때 부모님이 억지로 끌고 교회에 데려왔다 해도, 그 사람은 어릴 때부터 하나님을 만나고, 찬송을 부르고, 말씀을 듣게 됩니다. 그러면 그 사람은 하나님의 다스리심을 받습니다. 어릴 때 단지 상 받기 위해, 혹은 멋모르고 외운 성경 말씀이 그 사람 속에 들어와 있습니다. 그래서 그 사람의 사고의 일부가 됩니다. 그렇기 때문에 어린 시절에, 청소년 시절에 교회를 다니는 것이 얼마나 중요한지 모릅니다. 젊은 날에 예수님께 빠지고, 성경에 빠지고, 교회에 빠지면 하나님의 복이 그 사람을 따라다닙니다.

요셉은 어릴 때부터 하나님과 아주 친했다는 것을 알 수 있습니다. 꿈을 꾸어도 하나님의 꿈을 꾸었고, 하나님 생각을 하면서 자랐던 것이 분명합니다. 그래서 17세, 한창 반항할 사춘기 시절에도 그는 정직하고, 의롭고, 순종적인 사람이 될 수 있었습니다. 하나님의 영이 있는 사람에게는 이러한 특징이 있습니다. 사물을 볼 때 매우 예민합니다. 모든 관점을 하나님의 관점으로 보는 습관이 있습니다. 성경에 깊이 들어가는 사람은 사물을 볼 때 자기도 모르는 사이에 성경적인 관점이 튀어나옵니다.

억지로 예수님을 믿는 사람들이 많습니다. 그들에게는 예수님을 믿는 것이 너무도 힘듭니다. 예수님을 믿는 것이 쉬워야 예수님을 잘 믿을 수 있습니다. 착한 일을 하는 것이 쉬워야 착한 일을 합니다. 하나님의 영이 있는 사람은 하나님의 일을 합니다. 세상의 영이 있는 사람은 사탄이 좋아하는 일만 골라서 합니다.

어떻게 요셉이 17세에 그처럼 순결하고 지혜로운 소년일 수 있었고, 30세의 젊은 나이에 이방 나라에서 총리 대신이 될 수 있었습니까? 간단합니다. 그가 하나님을 생각하는 습관이 몸에 배인 사람이었기 때문입니다.

2년 전 요셉이 억울하게 감옥에 있었던 시간을 생각해 봅시다. 요셉이 있었던 감옥에 술 맡은 관원장과 떡 굽는 관원장이 들어왔습니다. 두 사람이 꿈을 꾸었습니다. 요셉은 그 꿈을 '즉각' 해석했습니다. 어떻게 그럴 수 있었습니까? 요셉의 마음속에 하나님의 영이 있었기 때문입니다. 우리 모두가 요셉과 같은 사람이 되기를 바랍니다. 사람을 봐도, 이야기를 들어도 그것이 진짜인지 가짜인지, 하나님의 것인지 세상 것인지 금방 알 수 있는 것입니다. 하나님의 영이 있기 때문에 금방 분별됩니다.

바로의 꿈 이야기를 들었을 때도 마찬가지였습니다. 듣자마자 꿈 해석이 끝났습니다. 너무 쉽고, 너무 간단했습니다. 요셉에게 하나님의 영이 있었기 때문에 하나님이 가르쳐 주신 대로 명쾌하게 하나하나 이야기할 수 있었던 것입니다. 요셉에게는 해석이 아주 쉬웠습니다.

세상의 모든 사건이 우리 손에 들어오면 다 쉬워지기를 기도합니다. 복잡한 문제가 간단해지기를 바랍니다. 이것이 하나님의 사람의 특징입니다. 세상 사람들에게는 그런 사람이 필요합니다. 세상은 그런 사람을 부릅니다. 그런 사람은 직장에서도, 가정에서도 환영받습니다. 사람들에게 있는 상처들 대부분은 거절감에서 비롯됩니다. "나는 당신이 필요 없다. 당신 빠져라", 이 말 때문에 상처를 받습니다. 우리는 사람들을 환영하고 그들의 문제를 해결해 주는 사람들이 되면 좋겠습니다. "나는 당신이 필요합니다. 당신을 환영합니다"라고 말하는 사람들이 됩시다.

요셉은 하나님의 놀라운 은혜를 입은 사람이었기에 문제를 지혜롭게 해결할 수 있었습니다. 우리 역시 고민하느라 잠 못 이루는 밤이 없기를 바랍니다. 밤에 아무런 걱정 없이 주무십시오. 생각해 보면 우리 문제는 아무것도 아닙니다. "내 문제는 아무것도 아니다!" 하고 입으로 선포하십시오. 우리는 자신의 고민을 너무 크고 복잡하게 만듭니다. 아무도 해결할 수 없게 만들어 놓습니다. 그러나 요셉은 그렇지 않았습니다.

하나님 앞에서는 모든 문제가 단순하고 쉽습니다. 단순한 사람, 쉬운 사람이 되십시오. 복잡한 사람이 되지 마십시오. 사랑도, 용서도 단순한 것입니다. 예수님을 믿는 것도 마찬가지입니다. 누군가 상처를 주더라도 받지 않으면 간단합니다. 다른 사람이 아무리 나에게 상처를 주고, 수모와 수치를 주고, 나를 모함해도 내가 안 받으면 그만입니다. 그러면 영혼이 깨끗하고 순결한 사람이 됩니다.

지성과 경험을 뛰어넘어 하나님을 신뢰하라

하나님이 우리에게 주시는 것은 명철과 지혜입니다. 예수님은 사랑하는 제자들에게 이 시대를 분별하는 지혜에 관해 말씀하셨습니다.

> 또 무리에게 이르시되 너희가 구름이 서쪽에서 이는 것을 보면 곧 말하기를 소나기가 오리라 하나니 과연 그러하고 남풍이 부는 것을 보면 말하기를 심히 더우리라 하나니 과연 그러하니라 외식하는 자여 너희가 천지의 기상은 분간할 줄 알면서 어찌 이 시대는 분간하지 못하느냐(눅 12:54-56).

우리에게 이 시대를 분별하는 지혜와 능력이 있기를 바랍니다. 로마서 12장 2절에서 사도 바울은 "너희는 이 세대를 본받지 말고 오직 마음을 새롭게 함으로 변화를 받아 하나님의 선하시고 기뻐하시고 온전하신 뜻이 무엇인지 분별하도록 하라"라고 말했습니다. 우리에게는 "주님, 이 시대를 분별하는 통찰력과 지혜를 주옵소서! 마귀에게 속지 않는 영을 주옵소서!"라는 기도가 필요합니다.

우리가 요셉에 관해 공부하면서 자세히 살펴봐야 할 것은 그의 지혜와 영적 통찰력입니다. 하나님의 영이 있으면 사물이 쉽게 해석됩니다.

> 요셉에게 이르되 하나님이 이 모든 것을 네게 보이셨으니 너와 같

이 명철하고 지혜 있는 자가 없도다 너는 내 집을 다스리라 내 백성이 다 네 명령에 복종하리니 내가 너보다 높은 것은 내 왕좌뿐이니라(창 41:39 - 40).

바로는 요셉에게 이렇게 말했습니다. "너로 하여금 나의 꿈을 명쾌하게 해석하게 하시고, 앞으로 일어날 일에 대해서도 대안을 제시하게 하시어 온 국민에게 희망을 주신 분은 하나님이시다. 너와 같이 명철하고 지혜 있는 자가 없도다. 나는 너를 애굽 땅을 다스리는 총리로 임명하겠다." 사실 이것은 기적과 같은 일입니다. 생각해 보십시오. 바로는 애굽 왕이었습니다. 요셉은 히브리 사람인 데다 30세 청년이었습니다. 어제까지 감옥에 있던 사람입니다. 그런 사람에게 애굽 왕이 이런 말을 했다는 것은 보통 일이 아닙니다. 우리의 상식과 경험으로는 결코 이해할 수 없는 엄청난 일이 성경에서 일어난 것입니다.

하나님 안에서는 가끔 이런 일이 일어납니다. 신앙 안에서는 이러한 세계가 펼쳐집니다. 모세가 지팡이를 든 순간, 홍해가 갈라졌습니다. 여호수아가 이스라엘 백성과 함께 여리고성을 일곱 번 돌고 소리를 지른 순간, 성벽이 무너졌습니다. 소년 다윗이 여호와의 이름으로 나아가 물매 돌을 던졌을 때 거인 골리앗이 쓰러졌습니다. 엘리야가 무릎을 꿇고 기도했을 때 3년 반 동안 오지 않던 비가 내렸습니다.

이런 일들이 우리의 지성과 인격과 상식과 합리성으로 이해할 수 있는 일들입니까? 그렇지 않습니다. 성경에는 우리가 이해할 수 없는 일들이 참으로 많습니다. 그러나 그 일들은 모두 거짓말이 아니라 역사적인 사실이며, 지금도 일어나고 있습니다.

천지가 하나님의 말씀으로 창조되었다는 말씀을 어떻게 믿을 수 있습니까? 처녀가 잉태했다는 것은 또 얼마나 황당하고 이해하기 어려운 말입니까? 우리의 경험의 세계와 상식의 세계로는 도저히 납득할 수가 없는 이야기입니다. 어떻게 사람이 물 위를 걷습니까? 어떻게 물고기 2마리와 보리떡 5개로 5,000명을 먹이고도 12개의 광주리나 남습니까? 어떻게 나병이 낫고, 걷지 못하는 자가 걷고, 죽은 사람이 살아날 수 있습니까? 이 모든 일은 우리의 순수한 이성, 합리성, 지성이라는 도구로는 절대 받아들일 수 없는 일들입니다.

그러면 성경에 나오는 이 모든 이야기가 공상과학 소설이나 미치광이의 이야기입니까? 아닙니다. 사실입니다. 우리의 지성을 의심하는 것이 아닙니다. 우리는 우리의 지성을 뛰어넘어 믿음의 세계로 들어가야 합니다. 인간적 경험을 뛰어넘어 하나님의 초자연적인 역사 속에 들어가야 합니다.

하나님은 하나님이 택하신 백성과 사람들을 통해서 그런 일을 하셨다는 사실을 성경에서 볼 수 있습니다. 이러한 시각으로 보면, 요셉이 꿈과 믿음을 가지고 나아갔더니 하나님이 그를 애굽의 총리 대신으로 만들어 주셨다는 사실은 그리 놀랄 일이 아닙니다. 충분히 있을 수 있는 일입니다.

저는 이런 관점으로 우리 민족을 봅니다. 우리 인생을 봅니다. 모든 사물을 봅니다. 그렇게 미래를 볼 때 희망이 보입니다. 한 사람, 한 사람이 복 있는 사람으로 보입니다. 우리가 정말 하나님을 믿고 신뢰하며 어린아이처럼 하나님께 나아간다면 하나님이 우리 각자에게 축복의 비밀을 펼쳐 보이실 것입니다.

하나님이 우리에게 요셉에 관한 주제를 주신 이유는 우리에 대해 희망과 기대를 갖고 계시기 때문입니다. 하나님의 기대를 놓지 마십시오. 하나님의 희망을 버리지 마십시오. 하나님은 우리를 통해 이 민족을 구원하시고, 교회를 통해 이 시대를 구원할 계획을 갖고 계십니다. 그러므로 비록 환경 속에서 살지만 환경만 바라보지 마십시오. 환경을 뛰어넘어 하나님을 보십시오. 자신만 보지 마십시오. 자신만 보면 자살합니다. 자신을 너무 묵상하지 마십시오. 하나님을 보고, 하나님의 꿈을 가지십시오. 그러면 하나님의 사람으로 놀랍게 변합니다.

바로가 또 요셉에게 이르되 내가 너를 애굽 온 땅의 총리가 되게 하노라 하고 자기의 인장 반지를 빼어 요셉의 손에 끼우고 그에게 세마포 옷을 입히고 금 사슬을 목에 걸고 자기에게 있는 버금 수레에 그를 태우매 무리가 그의 앞에서 소리 지르기를 엎드리라 하더라 바로가 그에게 애굽 전국을 총리로 다스리게 하였더라(창 41:41-43).

요셉에게 꿈과 같은 일이 일어났습니다. 왕이 요셉의 손에 자기의 인장 반지를 끼우고, 세마포 옷을 입히고, 금 사슬을 목에 걸고, 버금 수레에 태웠습니다. 그리고 무리가 요셉 앞에 엎드렸습니다. 이것이 가능한 일입니까? 그렇습니다! 사실입니까? 사실입니다!

이런 일이 우리에게도 이미 일어났습니다. 예수 그리스도가 십자가에서 죽으심으로 나 같은 죄인이 하나님의 은혜를 입었습니다. 그리스도를 믿게 되었고, 영광스런 하나님의 자녀가 되었고, 하늘의 유산을 받게 되었고, 영광의 면류관을 쓰게 되었습니다. 내가 구원받은 사건은 요셉이 애굽의 총리가 된 사건과 비교할 수 없을 정도로 놀라운 일입니다. 할렐루야!

요셉이 애굽의 총리가 된 것을 너무 부러워하지 마십시오. '아! 나도 한번 높은 지위에 올라가 봤으면…' 하지 마십시오. 어떤 사람이 몇억 원짜리 복권에 당첨되었다고 해도 부러워하지 마십시오. 그런 것에 현혹되지 않기를 바랍니다. 내가 구원받은 사건은 그런 일들과는 비교도 안 되는 엄청난 사건입니다. 우리 안에 일어난 이처럼 엄청난 사건을 바라보기 바랍니다. 우리는 구원의 기쁨과 감격, 감사로 이 세상을 살아가는 사람들입니다.

신약 성경에 나오는 사람들을 보십시오. 예수님을 만나 구원받고 변화된 사람들을 떠올려 보십시오. 창녀, 세리와 죄인, 나면서부터 걷지 못하는 자, 맹인, 귀신 들린 사람, 죽었다가 살아난 사람! 그들이 느꼈던 감격이 예수님을 믿고 구원받은 우리에게도 있는 것입니다. 우리 모두가 구원의 기쁨과 감격에 젖어 그 구원을 선포하고 노래하는 복된 성도가 되기를 간절히 기도합니다.

흔들리지 않는 믿음, 흉년을 준비하는 믿음이 중요하다

> 바로가 요셉에게 이르되 나는 바로라 애굽 온 땅에서 네 허락이 없이는 수족을 놀릴 자가 없으리라 하고 그가 요셉의 이름을 사브낫바네아라 하고 또 온의 제사장 보디베라의 딸 아스낫을 그에게 주어 아내로 삼게 하니라 요셉이 나가 애굽 온 땅을 순찰하니라(창 41:44 - 45).

요셉은 권력도 얻었고, 복된 가정도 얻었습니다. 우리는 여기서 요셉의 위대함을 또 한 번 발견할 수 있습니다. 즉 하나님이 복을 주실 때 결코 교만하지 않았다는 것입니다. 성실함을 잃지 않았다는 것입니다.

사람들 대부분은 복을 받고 모든 일이 잘되면 변합니다. 돈이 조금만 더 있어도, 지위가 조금만 올라가도 목이 곧아집니다. 그리고 높은 데 있다가 한 등급만 지위가 내려가도 코가 석 자나 빠집니다. 그것이 인간이라는 존재입니다. 그러나 요셉은 흔들리지 않았습니다. 복을 받고 있을 때에도 하나님에 대한 태도가 전혀 변하지 않았습니다.

> 요셉이 애굽 왕 바로 앞에 설 때에 삼십 세라 그가 바로 앞을 떠나 애굽 온 땅을 순찰하니 일곱 해 풍년에 토지 소출이 심히 많은지라 요셉이 애굽 땅에 있는 그 칠 년 곡물을 거두어 각 성에 저장하되 각 성읍 주위의 밭의 곡물을 그 성읍 중에 쌓아 두매 쌓아 둔 곡식이 바다 모래같이 심히 많아 세기를 그쳤으니 그 수가 한이 없음이었더라(창 41:46-49).

요셉이 꿈을 해석한 대로 7년 동안 대풍년이 왔습니다. 요셉은 성실하게 창고를 짓고 곡식을 모아들여 흉년을 대비하기 시작했습니다. 국민에게서 세금을 20%씩 거두어들였습니다. 곡식이 얼마나 많은지 바다의 모래같이 많았다고 성경은 말합니다. 이렇게 성실하고 흔들리지 않는 사람, 권력을 남용하지 않고 자기가 맡은 일을 끝까지 충실하게 감당한 사람이 요셉입니다. 위기는 준비해야 할 때 준비하지 않았기 때문에 옵니다. 요셉에 관한 이야기를 끝까지 다 읽어 봐도 그는 죽을 때까지 교만하거나 방심하지 않았습니다. 그의 태도는 한 번도 변하지 않았습니다.

흉년이 들기 전에 요셉에게 두 아들이 나되 곧 온의 제사장 보디베라의 딸 아스낫이 그에게서 낳은지라 요셉이 그의 장남의 이름을 므낫세라 하였으니 하나님이 내게 내 모든 고난과 내 아버지의 온 집 일을 잊어버리게 하셨다 함이요 차남의 이름을 에브라임이라 하였으니 하나님이 나를 내가 수고한 땅에서 번성하게 하셨다 함이었더라(창 41:50 - 52).

흉년이 오기 전에 요셉은 두 아들을 낳았습니다. 여기에 우리가 주목해야 하는 사실이 있습니다. 하나님이 꿈과 믿음을 가지고 변함없이 늘 신실하게 하나님 중심으로 살았던 요셉에게 자녀의 복을 주셨다는 것입니다. 이스라엘의 12지파 가운데서 요셉의 두 자녀가 모두 지파를 얻었습니다. 그것이 므낫세 지파와 에브라임 지파입니다. 야곱의 아들들 중에서 요셉 자신은 빠지고 대신 두 아들이 지파에 들어간 것입니다. 이것은 정말 놀라운 영적 복입니다. 우리도 우리 덕분에 우리 자녀에게 복이 임하기를 원합니다.

애굽 땅에 일곱 해 풍년이 그치고 요셉의 말과 같이 일곱 해 흉년이 들기 시작하매 각국에는 기근이 있으나 애굽 온 땅에는 먹을 것이 있더니 애굽 온 땅이 굶주리매 백성이 바로에게 부르짖어 양식을 구하는지라 바로가 애굽 모든 백성에게 이르되 요셉에게 가서 그가 너희에게 이르는 대로 하라 하니라 온 지면에 기근이 있으매 요셉이 모든 창고를 열고 애굽 백성에게 팔새 애굽 땅에 기근이 심하며 각국 백성도 양식을 사려고 애굽으로 들어와 요셉에게 이르렀으니 기근이 온 세상에 심함이었더라(창 41:53 - 57).

풍년이나 흉년은 의미가 없습니다. 풍년이 있을 수도 있고, 흉년이 있을 수도 있습니다. 인생에는 풍년만 있지도 않고 흉년만 있지도 않기 때문입니다. 중요한 것은 풍년이든 흉년이든 흔들리지 않는 믿음, 풍년 때 흉년을 준비하는 믿음입니다. 살아도 죽어도 주를 위해, 가난해도 부요해도 주를 위해, 건강해도 병들어도 주를 위해 사는 믿음이 가장 중요합니다.

오래 사느냐 일찍 죽느냐, 부유하게 사느냐 가난하게 사느냐, 성공하느냐 실패하느냐가 의미 있는 것이 아닙니다. 하나님 한 분만 우리에게 의미가 있습니다. 하나님을 위해서 내가 오래 살 수도, 일찍 죽을 수도 있는 것입니다. 하나님을 위해서 내가 건강할 수도, 병들 수도 있는 것입니다.

요셉이 30세의 나이에 이처럼 성숙한 사람이 될 수 있었던 비결은 오직 하나입니다. 바로 하나님과 동행한 것입니다. 어릴 때부터 하나님과 함께 살았고, 하나님의 꿈을 가졌고, 하나님에 대한 믿음을 가졌기 때문에 아름답고 복된 인생을 살 수 있었습니다. 하나님이 우리와 우리 자녀에게, 우리 민족에게 그런 꿈과 믿음을 주시기를 원합니다.

우리 모두가 어떤 환경에서도 절망하지 않기를 바랍니다. 어떠한 수모와 핍박을 당해도 흔들리지 않기를 기도합니다. 절망에서 일어나기를 바랍니다. 회복하기를 바랍니다. 독수리처럼 다시 힘차게 날기를 원합니다. 할렐루야!

요셉의 하나님이 우리의 하나님이십니다. 우리의 기도를 들어주시고, 우리에게 꿈을 주시고, 우리를 아름답고 복된 사람으로 만들어 주실 줄 믿습니다. 애굽은 요셉 덕분에 구원받았습니다. 우리 때문에 우리 가정이 구원을 받고, 우리의 자녀와 우리나라가 복을 얻는 놀라운 일이 많이 일어나기를 기도합니다.

2부

사랑과 용서의 사람 요셉

요셉이 한 가장 위대한 일은
자기 인생을 파멸로 몰아넣은 형들을 용서한 것입니다.
용서는 인생의 클라이맥스라 할 수 있습니다.
복음의 끝은 사랑입니다.

10

숨겨 놓은 죄,
모두 하나님 앞에 드러냅니다

창세기 42:1-17

배후에서 역사하시는 하나님의 손길

꿈의 사람, 믿음의 사람 요셉은 드디어 나이 30세에 애굽의 총리가 되었습니다. 이것은 모든 상황을 감안하고 생각해 봐도 결코 있을 수 없는 일이었습니다. 기적이었습니다. 이런 일을 가리켜 '은총'이라고 합니다. 하나님을 사랑하는 사람에게는 은총이 있습니다. 기적이 일어납니다.

하나님이 꿈의 사람, 믿음의 사람 요셉을 통해 우리에게 주시는 메시지가 있습니다. 우리가 하나님의 꿈을 꾸면, 하나님을 향한 위대한 꿈을 가지고 믿고 나아가면 하나님은 우리에게 언젠가 기적과 같은 은총을 부어 주신다는 것입니다. 요셉의 이야기는 우리에게 용기와 희망과 위로를 줍니다.

요셉은 17세 때 형들의 미움을 받아 몇 번씩 죽음의 위기를 경험했습니다. 깊은 구덩이에 던져졌고, 애굽에 종으로 팔려 갔습니다. 아버지 집에서 가장 사랑받던 아들이 하루아침에 노예가 되었고, 낯선 이방인들 속에서 살아야 하는 처지가 되었습니다. 하루아침에 고아처럼 버려진 요셉, 보디발의 아내의 모함을 받아 억울하게 감옥에서 20대를 보내야 했던 요셉은 이처럼 최악의 상황 속에서 어떻게 영광스러운 애굽의 총리 대신이 될 수 있었을까요?

요셉이 어떻게 이러한 복을 받을 수 있었을까요? '요셉이 똑똑하고 잘났기 때문'이라기보다는 '하나님이 요셉과 함께하셨기 때문'이라는 표현이 더 적절할 것입니다. 하나님이 함께하셨을 때 요셉의 지혜와 총명과 인격이 살아났고, 그의 삶 속에 복이 있었습니다. 우리 속에는 복을 받을 수 있는 은총이 많이 있습니다. 그런데 어떤 사람은 그 은총을 없애 버리기도 하고, 어떤 사람은 그 은총을 끝까지 잘 살려서 하나님께 영광을 돌리기도 합니다.

요셉은 하나님이 기뻐하시는 사람이요, 하나님의 영에 감동된 사람이었습니다. 요셉은 어떤 상황에서도 정직했습니다. 자기가 손해를 볼지라도 정직했습니다. 시기와 미움을 받는다 해도 정직을 포기하지 않았습니다. 그리고 어릴 때부터 꿈을 먹고 자랐습니다. 하나님이 주신 꿈을 소홀히 여기지 않았습니다. 소중히 간직했습니다. 하나님이 주신 음성을 마음에 새겼습니다. 요셉에게는 하나님이 주시는 영적 감동, 영적 감화가 있었습니다.

어느 날 성경을 읽을 때, 설교를 들을 때, 기도할 때 하나님이 주시는 감동이 있습니다. 그 감동을 버리지 마십시오. 지나가는 사건으로 만들지 마십시오. 가슴에 꼭 품으십시오. 언젠가는 그 꿈이 아름답게 이루어집니다. 우리는 이 사실을 요셉을 통해 배울 수 있습니다.

요셉에게는 환경의 변화가 많았습니다. 그러나 그는 하나님을 한 번도 원망하지 않았습니다. 자기를 억울하게 감옥에 집어넣은 사람을 원망하지도 않았습니다. 이것이 복의 씨앗입니다. 우리에게도 환경의 변화가 일어날 때가 많습니다. 좋을 때도 있지만 억울하고 분할 때도 있습니다. 그러나 요셉의 태도를 배우기 바랍니다. 이렇게 기도합시다. "하나님, 하나님을 원망하고 싶은 상황에서도 하나님을 원망하지 않게 해 주소서. 사람이 미울 때도 사람을 원망하거나 불평하지 않는 믿음을 주옵소서!"

요셉의 인생철학은 성실함입니다. 요셉은 어느 곳에서도 삶의 태도를 바꾸지 않았습니다. 이익을 볼 때나 손해를 볼 때나 그의 성실함과 신실함은 변함이 없었습니다. 꿈을 가진 사람에게는 고난이 옵니다. 그러나 동시에 기회도 옵니다. 요셉은 이 기회를 놓치지 않았습니다. 우리 앞을 지나가는 수많은 기회를 놓치지 말고 붙드십시오. 믿음이 있는 사람, 신실한 사람에게는 그 기회가 보이는 법입니다.

하나님은 요셉에게 특별한 복을 주셨습니다. 명철과 지혜입니다. 왜 그에게 명철과 지혜를 주셨을까요? 영이 맑았기 때문입니다. 그러면 어떤 사람의 영이 깨끗합니까? 하나님을 가까이하는 사람입니다. 세상을 가까이하는 사람은 영이 탁합니다. 영이 맑은 사람은 사물을 투명하게 봅니다. 하나님은 영이 맑은 사람들에게 세상 사람들이 갖지 못하는 명철을 주십니다. 세상 사람들이 이해할 수 없는 지혜를 주십니다. 명철과 지혜는 요셉이 술 맡은 관원장의 꿈과 떡 굽는 관원장의 꿈을 해석하는 기초가 되었고, 바로의 꿈을 아주 명쾌하게 해석해 낸 능력의 원천이었습니다. 우리에게도 성령이 주시는 명철과 지혜가 흘러넘치기를 원합니다.

요셉은 또한 복잡한 사람이 아니라 단순한 사람이었습니다. 우리 모두가 단순해지기를 바랍니다. 내면에 내용이 없다는 의미가 아닙니다. 내용은 깊은데, 단순합니다. 알고 있는 것이 많지만 단순합니다. 요셉은 30세에 바로에게 인정을 받아 애굽의 총리 대신이 되어서 나라의 일을 책임지게 되었습니다. 하지만 요셉은 그처럼 높은 지위에 올라갔어도 이제까지 우리가 살펴본 대로 변함이 없었습니다. 그의 인격에는 흔들림이 없었습니다. 높아졌다고 교만하지 않았고, 낮아졌다고 비굴하지 않았습니다. 감옥에 있을 때 비굴하지 않았고, 총리 대신이 되었을 때 목에 힘을 주고 다니거나 교만하지 않았습니다. 그는 언제 어디서나 한결같았습니다. 그런 아름다운 인격이 우리에게도 있기를 원합니다.

요셉이 총리 대신이 된 후 바로의 꿈에 계시된 대로 7년 대풍년이 왔습니다. 요셉은 창고를 지었고, 바다의 모래처럼 셀 수 없이 많은 곡식을 창고에 저장해 두었습니다. 꿈이 예언한 대로 7년 풍년 뒤에 7년 흉년이 왔습니다. 흉년이 오자마자 요셉은 창고를 열어 애굽 사람들에게 준비한 양식을 공급하기 시작했습니다. 아무리 무서운 흉년이라 해도 준비된 사람, 기도하는 사람에게는 고통이 아닙니다. 준비한 사람들에게는 흉년이 고난이 아닐 수 있다는 뜻입니다. 재앙이라는 것은 준비하지 않은 사람이 겪는 것입니다.

기근은 애굽 땅에만 있었던 것이 아니라 주변의 모든 나라에도 동일하게 있었습니다.

각국 백성도 양식을 사려고 애굽으로 들어와 요셉에게 이르렀으니 기근이 온 세상에 심함이었더라(창 41:57).

약속의 땅에 살고 있던 야곱의 가족들도 극심한 기근의 영향을 받았습니다. 그들도 양식이 떨어졌기 때문에 이제는 생명을 걸고 이방 나라까지 가서 양식을 구하지 않으면 굶어 죽을 수밖에 없는 긴박한 상황에 빠졌습니다.

그때에 야곱이 애굽에 곡식이 있음을 보고 아들들에게 이르되 너희 는 어찌하여 서로 바라보고만 있느냐 야곱이 또 이르되 내가 들은즉 저 애굽에 곡식이 있다 하니 너희는 그리로 가서 거기서 우리를 위 하여 사오라 그러면 우리가 살고 죽지 아니하리라 하매(창 42:1-2).

여기서부터 하나님의 오묘한 섭리가 시작됩니다. 흉년이든 기근이든 무슨 의미가 있겠습니까? 그러나 이 사건이 하나님의 손에 있기 때문에 놀라운 하나님의 섭리가 전개되는 것을 볼 수 있습니다. 하나님은 이 무서운 기근을 요셉과 형들이 만나는 계기로 이용하신 것입니다. 형들이 그토록 잊어버리고 싶었던, 기억하고 싶지도 않았던 요셉을 다시 만나게 되는 계기가 되었습니다. 요셉도, 요셉의 형들도 전혀 생각하지 못한 사건이 전개되고 있었던 것입니다.

풀어야 할 숙제는 반드시 풀어야 한다

> 요셉의 형 열 사람이 애굽에서 곡식을 사려고 내려갔으나 야곱이 요셉의 아우 베냐민은 그의 형들과 함께 보내지 아니하였으니 이는 그의 생각에 재난이 그에게 미칠까 두려워함이었더라 이스라엘의 아들들이 양식 사러 간 자 중에 있으니 가나안 땅에 기근이 있음이라(창 42:3-5).

야곱의 10명의 아들이 애굽으로 양식을 사러 갔습니다. 그들은 요셉을 잊었습니다. 아니, 잊은 것이 아니라 잊으려고 노력했던 것입니다. 그러나 나중에 보면, 그들은 결코 요셉을 잊지 못했다는 사실을 알 수 있습니다. 그들의 마음속에 죄책감이 있었습니다. 단지 숨기고 있었을 뿐입니다. 어떤 사람들은 자기 속에서 끊임없이 일어나는 죄책감을 잊기 위해서 술을 마시고 마약을 합니다. 그러나 계속 불안 속에서 살아갑니다. 요셉의 형들이 그러했습니다.

그들은 심한 기근으로 겪는 고통에 떠밀려 어쩔 수 없이 양식을 얻으려고 애굽으로 향했습니다. 그런데 가는 사람이 야곱의 아들 12명 중에서 10명이었습니다. 왜 10명입니까? 요셉은 이미 오래 전에 잃어버렸습니다. 야곱은 요셉의 동생 베냐민마저 잃을까 봐 베냐민은 애굽으로 보내지 않았습니다. 야곱이 왜 그렇게 했습니까? 요셉을 잃은 상처가 있었기 때문입니다. 우리는 야곱의 모습을 통해서 아들을 잃은 아버지의 마음의 상처가 얼마나 깊은지를 알 수 있습니다.

> 때에 요셉이 나라의 총리로서 그 땅 모든 백성에게 곡식을 팔더니 요셉의 형들이 와서 그 앞에서 땅에 엎드려 절하매 요셉이 보고 형들인 줄을 아나 모르는 체하고 엄한 소리로 그들에게 말하여 이르되 너희가 어디서 왔느냐 그들이 이르되 곡물을 사려고 가나안에서 왔나이다(창 42:6-7).

여기서 우리는 아주 재미있는 사실을 몇 가지 발견할 수 있습니다. 10명의 형들이 요셉에게 와서 어떻게 했습니까? 요셉에게 무릎을 꿇고 절을 했습니다. 어디서 들은 이야기 같지 않습니까? 그렇습니다. 17세 소년 요셉이 꾼 꿈이 그대로 실현된 현장입니다. 요셉의 형들은 이 사실을 전혀 모르고 요셉에게 무릎을 꿇고 절했습니다. 이것이 하나님의 섭리요, 하나님의 방법입니다. 요셉은 형들을 보자마자 즉시 알아보았습니다. 그러나 요셉의 형들은 몰랐습니다. 애굽의 총리 대신이 요셉이라고는 상상도 못한 것입니다. 이렇게 해서 그들은 이상한 장소에서, 이상한 이유로, 이상한 해후를 했습니다. 여기서 배후에서 역사하시는 하나님의 손길을 보게 됩니다. 이것이 하나님의 섭리입니다. 하나님의 섭리는 요셉과 그 형들을 만나게 하는 것이었습니다.

먼저 요셉의 편에서 생각해 봅시다. 요셉의 인생에서 가장 고통스러운 일은 형들에게 당한 배신이었을 것입니다. 요셉은 의인이요, 정직한 사람이며, 하나님과 동행하는 사람이기에 그 일들을 다 용서하고 잊었을지도 모릅니다. 그러나 잊고 용서했다고 하더라도, 아직 그 문제가 완전히 없어지지는 않았습니다. 만나서 서로 화해해야 하는 일이 남았기 때문입니다.

반대로, 요셉의 형들에게 가장 큰 문제는 무엇이었을까요? 그들은 모르는 척, 잊은 척하며 그 일에 대해서만 말하지 않고 살아왔지만, 그들의 마음속 깊은 곳에는 동생 요셉을 애굽에 노예로 판 사건에 대한 죄책감이 도사리고 있었습니다. 오랜 세월이 지나도 그 사건이 잊히지 않았고, 요셉이 어떻게 되었는지, 죽었는지 살았는지 궁금했습니다.

죄는 세월이 간다고 해서 잊히지 않습니다. 죄책감도 마찬가지입니다. 세월이 간다고 우리가 저지른 죄가 묻혀 사라지지 않습니다. "세월이 약"이라는 말이 있지만, 이 말이 꼭 맞는 말은 아닙니다. 죄나 죄책감은 세월이 흘러도 계속 살아서 말합니다.

요셉의 생애에는 두 가지 큰 숙제가 있었습니다.

하나는 억울한 누명과 고난에서 어떻게 벗어나느냐는 것이었습니다. 요셉은 정말 억울한 사람이었습니다. 누명을 쓰고 감옥에 들어가서 기가 막힌 세월을 보냈기 때문입니다. 이미 죄인이라고 판명이 났고 소문도 퍼졌습니다. 이처럼 요셉에게는 '하나님이 살아 계시다면 왜 내가 이런 누명을 쓴 채 수치스럽게 살게 하시는가?'라는 문제가 있었습니다. 그런데 이 숙제는 요셉이 바로의 꿈을 해석함으로써 애굽의 총리 대신이 되었을 때 해결되었습니다. 요셉은 영광을 얻었고, 가정을 갖게 되었고, 자녀도 낳았습니다.

또 하나의 숙제는 형들을 어떻게 용서하느냐는 것이었습니다. 성경을 보면, 요셉은 이미 다 용서했습니다. 하지만 요셉이 형들을 일방적으로 용서했을 뿐입니다. 형들과 직접 만나서 화해하지 않았기 때문에 요셉에게는 이 일이 숙제로 남아 있었습니다.

앞서 언급했듯이, 요셉의 첫째 숙제는 하나님이 그를 애굽의 총리 대신이 되게 하셔서 누명을 벗기시고, 영광 가운데서 모든 것을 회복시켜 주심으로 해결되었습니다. 그러나 둘째 숙제는 요셉이 총리 대신이 되었다고 해서 해결되지 않았습니다. 방법은 하나밖에 없었습니다. 형들을 직접 만나는 것이었습니다. 형들을 만나서 가슴을 열고 서로 용서를 주고받아야만 이 문제가 풀리는데, 그렇게 하려면 만나야 했습니다. 그런데 만날 방법이 전혀 없었습니다. 형들은 요셉이 어디서 살고 있는지, 아니 죽었는지 살았는지도 몰랐습니다.

요셉에게 남은 화해의 문제, 형들에게 있는 죄책감은 둘 다 관계와 얽힌 문제입니다. 세월이 흐른다고 해결되는 문제가 아닙니다. 양자가 만나야 풀리는 문제입니다. 이것이 우리의 문제입니다. 우리는 살아오면서 많은 사람에게 상처를 주고, 상처를 받았습니다. 앙금이 있습니다. 용서를 하고 싶습니다. 그러나 잘 안 됩니다. 이미 마음으로 용서를 했다 할지라도 풀어야 하는데 풀리지가 않습니다.

용서하지 못해서 생긴 앙금 때문에 고통스러운 세월을 보낸 사람이 또 있습니다. 바로 요셉의 아버지 야곱입니다. 형 에서 때문에 그가 얼마나 많은 세월을 눈물과 고통과 한숨으로 지냈습니까? 그러나 야곱의 경우는 요셉과 달리 그가 용서를 빌어야 했습니다. 야곱이 형에게 잘못을 했기 때문입니다. 그는 형에게 사기를 치고 도망간 신세였습니다. 용서받지 못한 자에게는 두려움, 무서움, 불안의 고통이 있습니다. 이 고통은 밥을 먹어도, 잠을 자도, 결혼을 하고 자녀가 생겨도 지속됩니다. 없어지지 않습니다.

야곱은 형을 만나지 않으면 이 고통을 해결할 수 없었기 때문에 가족을 모두 데리고 형 에서를 만나러 길을 떠났습니다. 이 문제를 풀지 않으면 아무리 애써도 자신의 인생에, 자신의 마음에 평강이 없기 때문에 결국 형을 만나러 간 것입니다. 큰 고통과 두려움 가운데 있는 야곱을 하나님이 벧엘에서 만나 주셨습니다.

드디어 야곱은 형 에서를 만났습니다. 형을 만나자마자 야곱이 한 말이 무엇입니까? "형님의 얼굴이 하나님의 얼굴 같습니다"라고 말했습니다. 형은 이미 용서를 했습니다. 아우를 얼싸안았습니다. 그리고 화해했습니다. 그런 후에야 야곱은 그 무거운 짐에서 해방될 수 있었습니다.

요셉의 경우도 비슷합니다. 하지만 형들이 요셉에게 잘못을 했습니다. 그런데 형들은 요셉을 찾아갈 생각을 전혀 하지 않았습니다. 그러다가 기근이 닥쳤습니다. 그들은 할 수 없이 양식을 구하러 애굽으로 왔다가 생각지도 않게 요셉 앞에 서게 된 것입니다. 이것이 하나님의 오묘한 섭리입니다. 인간의 지성과 상식과 머리로는 예측할 수 없는 놀라운 하나님의 초자연적 간섭입니다.

신앙생활을 할 때 우리가 예측할 수 없고 상상할 수 없는 섭리가 있습니다. 이것이 '만남'입니다. 내가 왜 이 여자를 만났는지, 내가 왜 이 남자를 만났는지는 섭리로 이해하지 않으면 절대 풀리지 않습니다. "우리 집은 예수님과 전혀 상관이 없었는데, 예수님을 믿는 여자가 시집와서 시어머니와 싸우고 분란을 일으키더니, 드디어 가족이 복음을 믿게 되었다." 이것이 하나님의 섭리입니다. 이해하기가 참 어렵습니다.

그러나 일단 알고 나면 눈시울이 뜨거워지고 가슴이 벅차오릅니다. 그리고 자신이 지나온 고통과 방황의 의미를 알게 됩니다. "아, 하나님의 은혜로 이 쓸데없는 자를 왜 구속하여 주시는지 저는 알 수 없습니다", "하나님, 이것이 웬 은혜이고 웬 사랑입니까?", "그래서 제가 아팠군요. 그래서 제가 실패했군요. 그래서 제가 그 오랜 시간 동안 방황하고 살아왔군요" 하며 하나님의 섭리를 깨닫게 됩니다.

요셉은 형들이 자신을 만나러 오는지를 깨닫지 못했지만, 이미 하나님의 섭리가 진행되고 있었습니다. 우리는 여기서 작은 결론을 하나 얻을 수 있습니다. 하나님은 자연 현상을 이용하셔서 하나님의 구원 역사를 만들기도 하신다는 것입니다. 하나님은 지진과 기근과 전쟁을 이용하시기도 하고, 모든 재앙을 사용하시기도 합니다. 그래서 6·25전쟁 때 하나님을 만나서 구원받은 사람도 있습니다. 그 사건들 자체는 저주입니다. 그러나 그 사건들을 통해서 하나님의 섭리와 사랑과 기적을 목격하게 된 것입니다.

요셉의 형들은 요셉을 이런 자리에서 만나리라고는 꿈에도 생각지 못했습니다. 요셉이 살았는지 죽었는지도 전혀 알 수 없었는데, 그가 애굽의 총리 대신이 되었으리라고 어떻게 상상할 수나 있었겠습니까? 바로 우리가 그렇습니다. 형들이 요셉을 구덩이에 집어넣고 애굽으로 가는 상인들에게 판 후 죄책감을 가지고 산 것처럼, 우리는 하나님을 멀리 떠나 살아가고 있습니다. 요셉의 형들이 이 문제를 피하고 싶어 하고 잊으려고 한 것처럼, 죄 가운데 있는 인간들은 하나님을 잊고 싶어 하고 모든 것을 포기한 채 살고 있습니다.

그러나 요셉의 형들이 매일 밤 알 수 없는 두려움과 불안에 사로 잡힌 것처럼, 사람들은 왠지 모르게 불안합니다. 결혼도 했고, 자녀도 있고, 생활도 안정되었는데 고독합니다. 혼자 있으면 눈물이 납니다. 뭐 그리 잘못한 것도 없습니다. 그런데 '왜 이렇게 고독할까?', '왜 이렇게 불안할까?' 하는 생각이 듭니다.

하나님은 기근을 통해 요셉의 형들을 요셉에게 데리고 가신 것처럼, 어느 날 우리를 예수님 앞으로 데리고 가십니다. 그런데 우리는 그분이 예수님이신 줄 몰랐습니다. 그분이 하나님의 아들이신 줄 몰랐습니다. 상상도 못한 일이었습니다. 마치 요셉의 형들이 요셉이 애굽의 총리 대신이라는 사실을 이해할 수도, 상상할 수도 없었던 것처럼 말입니다. 바로 눈앞에 요셉이 있었지만 알아보지 못한 형들처럼, 내 앞에 하나님의 아들이신 나의 구세주가 계시지만 몰랐던 것입니다. 이 두 가지 상황이 얼마나 비슷한지 모릅니다.

요셉은 그의 형들을 알아보았으나 그들은 요셉을 알아보지 못하더라(창 42:8).

요셉은 형들을 금방 알아보았습니다. 하나님은 우리를 금방 아십니다. 우리가 하나님을 모를 뿐입니다. 그러면 왜 요셉은 형들을 모른 체했을까요? 이 부분이 아주 중요합니다. 요셉이 형들을 용서했다면 그 자리에서 바로 "형님들!" 하고 불러야 하지 않습니까? 그런데 요셉은 오히려 형들을 정탐꾼들로 몰기 시작했습니다. 형들을 혼내 주려고 그랬을까요? 아닙니다. 특별한 이유가 있었습니다. 요셉의 이 행동에는 놀라운 구원의 비밀이 숨어 있습니다.

고난은 하나님이 우리를 다루시는 방법이다

만약 요셉이 그 자리에서 형들을 아는 체하고 자신의 실체를 밝혔다면 어떻게 되었을까요? 참회하기도 전에 요셉이 "제가 형님들을 다 용서했습니다"라고 말했다면, 아마 형들은 과거의 잘못을 깊이 뉘우칠 기회를 잃어버렸을 것입니다. 자신들을 용서했다는 요셉의 말을 믿지 않고 '저놈이 언제 나에게 보복하나?'라고 생각했을 수도 있습니다. 처음에는 눈물을 흘리며 요셉에게 고마워했을지 모르지만, 시간이 많이 지나면 다시 나쁜 짓을 할지도 모릅니다. 그럴 가능성이 아주 많았습니다.

요셉이 형들을 아는 체하지 않았기 때문에 형들은 자신들의 과거를 돌이켜 보고, 마음 깊은 곳에서 회개와 참회를 할 수 있었습니다. 이것이 얼마나 중요한 일인지 모릅니다. 우리가 회개하기 전에 하나님이 고난을 전혀 주시지 않고 모든 복을 부어 주신다면 어떻게 될까요? 우리는 참회할 기회를 잃어버리고 진정으로 하나님 앞에 돌아와 눈물 흘리며 감격하며 기뻐할 기회를 놓쳐 버리게 됩니다.

하나님은 우리를 구원하시고 용서하십니다. 그리고 그와 동시에 고난을 통해 우리가 깊이 회개하고 우리 인생에 대해 반성하면서 하나님의 은혜에 감격하는 과정을 만드십니다. 우리는 이 비밀을 알고 있어야 합니다. 이 비밀을 알지 못하면 '하나님이 왜 나를 골탕 먹이시나? 왜 나를 고통스럽게 하시나? 빨리 해결해 주시지, 왜 이렇게 뜸을 들이시나?' 하는 생각을 하게 됩니다. 그러나 가만히 생각해 보면 하나님의 깊은 섭리와 사랑이 그 안에 있습니다.

회개를 다 했다고 생각합니까? 혹시 자신이 얼마나 회개를 안했는지, 혹은 회개를 했는지 안 했는지조차 모르는 상태는 아닙니까? 요셉은 형들을 압박하기 시작했습니다. 이미 용서했고 사랑하지만 형들에게 회개할 기회를 주기 위해서였습니다.

요셉이 그들에게 대하여 꾼 꿈을 생각하고 그들에게 이르되 너희는 정탐꾼들이라 이 나라의 틈을 엿보려고 왔느니라 그들이 그에게 이르되 내 주여 아니니이다 당신의 종들은 곡물을 사러 왔나이다 우리는 다 한 사람의 아들들로서 확실한 자들이니 당신의 종들은 정탐꾼이 아니니이다 요셉이 그들에게 이르되 아니라 너희가 이 나라의 틈을 엿보러 왔느니라 그들이 이르되 당신의 종 우리들은 열두 형제로서 가나안 땅 한 사람의 아들들이라 막내아들은 오늘 아버지와 함께 있고 또 하나는 없어졌나이다 (창 42:9-13).

요셉은 형들을 정탐꾼으로 몰아갔습니다. 정탐꾼이 아니라는 것을 요셉이 누구보다도 잘 알고 있었습니다. 그러나 그렇게 해서 형들이 진실을 말하게 하려 한 것입니다. 이에 형들은 "우리는 정탐꾼이 아닙니다. 우리에게는 아버지 한 분이 계시고, 열두 형제입니다. 그런데 한 형제는 아버지와 같이 있고, 한 형제는 없어졌습니다"라고 말했습니다. 그들의 말은 진실이었습니다. 고난을 겪으면, 압력을 받으면 진실이 나오게 되어 있습니다. 그러나 요셉은 형들을 계속 정탐꾼으로 몰아갔습니다.

> 요셉이 그들에게 이르되 내가 너희에게 이르기를 너희는 정탐꾼들이라 한 말이 이것이니라 너희는 이같이 하여 너희 진실함을 증명할 것이라 바로의 생명으로 맹세하노니 너희 막내아우가 여기 오지 아니하면 너희가 여기서 나가지 못하리라 너희 중 하나를 보내어 너희 아우를 데려오게 하고 너희는 갇히어 있으라 내가 너희의 말을 시험하여 너희 중에 진실이 있는지 보리라 바로의 생명으로 맹세하노니 그리하지 아니하면 너희는 과연 정탐꾼이니라 하고 그들을 다 함께 삼 일을 가두었더라(창 42:14-17).

요셉은 "형제가 12명이라면서 하나는 없어졌고 하나는 아버지와 같이 있다는 말을 내가 어떻게 믿느냐?"하며 형들을 압박했습니다. 그러고는 증거를 대라고 했습니다. 집에 남아 있는 나머지

한 형제를 데리고 오면 믿겠지만, 그 형제를 데리고 오지 않으면 모두 돌아갈 수 없다고 겁을 주었습니다.

요셉의 형들은 갈수록 더 곤란한 상황에 빠져들었습니다. 그래서 어떻게 되었습니까? 그들은 자기들의 과거를, 잊었던 동생에 관한 사건과 아버지에 관한 이야기를 하나씩 토해 냈습니다. 총리 대신이 자기들을 정탐꾼으로 의심하기 때문에 기억하고 싶지 않은 과거의 비밀을 들추어 낼 수밖에 없는 기막힌 상황이 되었습니다. 숨겨 놓은 죄악들을 하나하나 밝혀 내야만 했습니다. 이것이 내적 치유입니다.

이 시간 하나님이 우리 안에 숨겨져 있고 잊힌 죄를, 말하고 싶지 않은 죄를 하나씩 하나씩 들추어 내시기를 바랍니다. 이것은 재앙이 아니라 복입니다. 얼렁뚱땅, 슬쩍 넘어간다고 하나님이 속으십니까? 하나님도 넘어가십니까? 아닙니다. 교회에 열심히 나오고, 기도도 열심히 하고, 전도도 열심히 하는데 내 영혼에 자유와 기쁨과 평안함이 없는 이유가 무엇일까요? 숨겨 둔 죄, 기억하고 싶지 않은 죄가 마음 깊은 곳에 남아 있기 때문입니다. 그것을 하나님 앞에 드러내어 완전히 해결받아야 하는 것입니다.

우리는 교회에 나오지만, 어떤 문제가 해결되지 않고 어려운 일이 가중되면 하나님을 원망하곤 합니다. '하나님이 주무시는가?' 하면서 하나님을 의심했다가 믿었다가 하지 않습니까? 이는 우리가 마지막 것을 내놓지 않기 때문입니다. 자신이 할 일은 다 했다고 생각하기 때문입니다. 하지만 하나님께는 다른 계획이 있습니다.

하나님은 속지 않으십니다. 우리는 잊어도 하나님은 잊지 않으십니다. 요셉의 형제들이 자신들의 마음 깊이에 숨겨 둔 것을 다 토해 내기 전까지는 이 문제가 해결되지 않을 것입니다. 형들이 다 고백하고 벌거벗고 난 뒤에야 요셉은 자신을 드러냈습니다. 이것이 하나님이 우리를 다루시는 방법입니다.

형들을 모른 체하는 요셉, 형들을 네 번이나 정탐꾼으로 몬 요셉의 태도는 사실 비정하고 잔인한 것이 아닙니다. 이는 형들에게 껍데기뿐인 평화나 형식상의 화해가 아니라 참된 구원이 무엇인지, 참된 용서가 무엇인지를 깨닫게 해 주려는 행동이었습니다. 형들이 영혼 깊은 곳에서 진정한 하나님의 용서와 자유를 체험하게 하려는 과정이었습니다. 여기에 하나님이 우리에게 주시는 메시지가 있습니다. 요셉이 형들을 궁지로 몰아가는 과정 속에서 하나님은 형들을 만지시고, 숨은 죄악을 토하게 하시고, 잊고 싶은 과거를 회상하게 하셨습니다. 그리고 그 죄악을 씻으시고, 덮어 주시고, 다시 만지셨습니다.

예수님은 우리의 죄를 용서하셨습니다. 미래에 용서하실 것이 아니라 이미 용서하신 것입니다. 그러나 단지 "하나님, 고맙습니다", "아, 나는 구원받았다. 천국 갈 수 있다!" 하고 끝내면 안 됩니다. 내 속에 뿌리 깊이 내린 죄악을 뿌리째 뽑아내야 합니다. 내 안에 숨어 있는 모든 죄악의 뿌리를 송두리째 드러내지 않으면 진정한 회개와 구원이라고 할 수 없습니다. 그런 과정을 거치지 않은 채 시간이 지나면 또 똑같은 문제에 부딪히기 때문입니다. 따라서 우리 죄를 드러내는 과정은 진정한 참회, 진정한 용서, 진정한 감격, 진정한 기쁨을 만들어 주시는 하나님의 과정입니다.

우리는 이미 하나님께 죄를 용서받았습니다. 그러나 우리는 하나님께 내 죄를, 내 과거를 깊이 참회하는 고백을 해야 합니다. 참회의 고백을 얼마나 깊이 하느냐에 따라서 우리의 믿음이 결정됩니다. 우리 마음속에 숨겨진 죄를 드러내게 해 달라고, 정결한 마음을 달라고 하나님께 간구합시다.

11

두려움 내려놓고
깊은 은혜를 바라봅니다

창세기 42:18-38

만날 사람을 만나 회복해야 행복해진다

구원을 쉽게 표현하면 '하나님과의 만남'입니다. 죄인이 하나님을 만나는 사건입니다. 본래 인간은 아담이 죄를 지은 이래 하나님을 멀리 떠나 있었습니다. 하나님 없이 살아왔습니다. 태양이 찬란하게 떠 있지만 태양의 존재를 무시하는 사람들이 있습니다. 태양을 거부하고 땅속에서 두더지처럼 사는 사람들은 태양의 혜택을 누릴 수 없습니다. 마찬가지로 하나님을 거부하고 멀리 떠난 사람들, 하나님을 인정하지 않는 사람들은 하나님의 은총과 복을 경험할 수 없습니다.

이런 사람들의 특징은 외로움과 불안, 두려움입니다. 외로움은 스스로 만드는 것입니다. 하나님을 떠나면 외롭고 고독합니다. 또 어쩐지 불안합니다. 배우자가 있어도, 자녀가 있어도 불안합니다. 해가 지기만 해도 불안합니다. 삶 전체가 불안합니다. 그러나 왜 불안한지 이유를 모릅니다. 그리고 하나님을 떠난 사람들에게는 깊고 설명할 수 없는 두려움이 있습니다.

우리는 하나님을 찾으려고 합니다. 그러나 찾으면 찾을수록 찾을 수 없고, 만날 수 없는 분이 하나님이십니다. 왜냐하면 우리에게는 하나님을 찾을 능력도, 하나님을 찾아갈 수 있는 길도 없기 때문입니다. 하나님이 나를 찾아오셔야 내가 하나님을 만날 수 있습니다. 하나님이 나를 만나 주시지 않으면 스스로 하나님을 만나지 못합니다. 하나님은 우리를 만나시기 위해서 독생자 예수 그리스도를 이 세상에 보내셨습니다. 그리고 예수님을 십자가에 못 박혀 죽게 하심으로써 우리가 치러야 할 죄의 대가, 죽음의 대가를 대신 담당하게 하셨고, 우리를 다시 하나님의 자녀로 삼아 주셨습니다. 이것이 복음입니다. 성경의 핵심 내용입니다.

하나님을 만난 순간, 그 사람의 영혼은 구원받습니다. 어둠이 변하여 빛이 되고, 죽음이 변하여 생명이 됩니다. 그리고 모든 불안과 염려와 외로움이 변하여 감당할 수 없는 감격과 충만함이 삶 속에 나타나기 시작합니다.

야곱은 형 에서를 만나기 전까지는 행복할 수 없었습니다. 아내를 얻고, 자녀를 얻고, 많은 재산을 얻었지만 행복하지 않았습니다. 왜냐하면 형 에서와 화해하지 못했기 때문입니다. 하나님과 화해하기 전에는 어떤 방식으로 행복을 추구한다 해도 사람은 결코 행복할 수 없습니다. 요셉도 마찬가지였습니다. 요셉은 형들에게 배신을 당했습니다. 요셉에게 있어서 그 문제는 형들을 만나기 전에는 해결되지 않은 셈이었습니다. 요셉은 형들을 만나서 자신이 이미 그들을 용서했다는 사실을 알려야 했습니다. 그렇게 해야 행복할 수 있었습니다.

혹시 문제가 남아 있는 사람이 있다면 만나서 풀 것을 다 풀기 바랍니다. 고백할 것을 모두 고백하고, 이미 용서했다면 용서했다는 사실을 상대방에게 알려 주십시오. 혼자서만 용서한다고 해서 화해가 이루어지는 것이 아닙니다. 용서를 선언해야 합니다. 용서하면 행복해집니다. 용서받으면 행복해집니다. 인생 행복의 가장 중요한 기초 요건은 용서이기 때문입니다.

하나님은 요셉이 그를 배신한 형들을 만날 수 있는 환경을 만드셨습니다. 그것은 바로 기근이었습니다. 좋은 환경이든 나쁜 환경이든 하나님은 그 환경을 통해 역사하십니다. 환경이 좋든 나쁘든 그리스도의 관점에서 보십시오. 축복도 그리스도의 관점에서 보십시오. 고통도 마찬가지입니다. 모든 것을 그리스도의 관점에서 보면 다 하나님의 섭리이며 복이라는 사실을 깨닫게 됩니다. 저는 병약한 사람입니다. 이 병은 저를 수십 년 동안 괴롭혀 왔지만, 그리스도의 관점에서 보면 저는 이 병 덕분에 목사가 되었습니다. 이 병 덕분에 은혜를 받았고, 복을 받게 되었습니다. 어떤 관점에서 보느냐가 중요합니다. 그리스도 안에 있으면 모든 것이 합력하여 선을 이룹니다.

우리가 알거니와 하나님을 사랑하는 자 곧 그의 뜻대로 부르심을 입은 자들에게는 모든 것이 합력하여 선을 이루느니라(롬 8:28).

생각하건대 현재의 고난은 장차 우리에게 나타날 영광과 비교할 수 없도다(롬 8:18).

세상 사람들은 고난을 '고통'이라고 부릅니다. '저주'이며 '손해'라고 말합니다. 그렇지만 그리스도 안에 있는 사람들에게는 그모든 저주와 고통과 아픔이 순식간에 복으로 승화합니다. 우리의생애가 복인 줄 믿습니다. 우리가 겪는 고난이 복이 될 줄 믿습니다. 우리의 미래는 하나님의 찬란한 복으로 가득 찰 줄 믿습니다.

드디어 요셉은 생각지도 못한 하나님의 특별한 은혜로 가나안땅에 사는 형들을 만나게 되었습니다. 이것은 상식과 순리에 맞지않는 일이었습니다. 가끔 하나님은 우리가 전혀 상상하지도 못한방식으로 역사하십니다. 이 사실을 깨달으면 고백하게 되는 찬송이 있습니다. "아 하나님의 은혜로 이 쓸데없는 자 왜 구속하여 주는지 난 알 수 없도다"(새찬송가 310장). 누군가 나에게 침을 뱉고,뺨을 쳐도, 심지어 내 인생을 꺾어 버린다 해도 내 안에 있는 하나님의 비밀, 하나님의 큰 은혜로 인한 기쁨은 아무도 빼앗을 수 없다는 의미입니다.

성령이 역사하시면 고난의 의미가 드러난다

흉년과 기근은 좋지 않은 것이요, 저주입니다. 그러나 가만히 들여다보면 거기에 하나님의 놀라운 축복의 역사가 들어 있습니다. 흉년과 기근 때문에 가나안에 있는 형들이 요셉을 찾아오게 되었습니다.

> 때에 요셉이 나라의 총리로서 그 땅 모든 백성에게 곡식을 팔더니 요셉의 형들이 와서 그 앞에서 땅에 엎드려 절하매(창 42:6).

요셉의 형들이 요셉 앞에 왔습니다. 요셉을 보자마자 그들은 땅에 엎드려 절했습니다. 별 생각 없이 이 말씀을 읽으면 '애굽 총리에게 왔으니 절했겠지' 하고 생각하게 됩니다. 그러나 영적인 통찰력으로 보면 꿈이 성취된 것임을 알게 됩니다. 즉 요셉이 17세 나이에 꾸었던 꿈이 실현된 현장인 것입니다. 그 꿈에 형들의 곡식단이 요셉의 곡식 단을 향해 절을 했습니다. 별들이 요셉에게 절을 했습니다. 그런데 이제 그 꿈이 요셉의 눈앞에서 실현된 것입니다. 할렐루야! 이것이 믿음의 현장입니다. 상상할 수 없는 일이 일어났습니다.

요셉은 형들을 알아보았습니다. 그러나 형들은 요셉을 알아보지 못했습니다. 하나님은 우리를 알아보시지만 우리는 하나님을 알아보지 못하는 경우가 많습니다. 예수님과 성령님이 우리와 함께 계시는데도 알아보지 못할 때가 많습니다. 우리가 성령의 역사하심을 볼 수 있기를 바랍니다. 성령이 우리에게 말씀하시고 우리의 마음을 만지실 때 들을 수 있는 귀와 느낄 수 있는 영적인 민감

함이 우리에게 있기를 바랍니다.

요셉은 자신을 알아보지 못하는 형들에게 모른 척하며 어디서 왔느냐고 물어보았습니다. 그러면서 무슨 생각을 했습니까?

> 요셉이 그들에게 대하여 꾼 꿈을 생각하고 그들에게 이르되 너희는 정탐꾼들이라 이 나라의 틈을 엿보려고 왔느니라(창 42:9).

요셉은 자신이 꾼 꿈을 잊지 않았습니다. 고난과 어려움이 닥쳐올 때도 꿈을 잊지 않고 간직했습니다. 형들을 만날 확률이 거의 없는데도 그 꿈을 포기하지 않고 있었습니다. 요셉은 자신 앞에 무릎 꿇고 절하는 형들을 보며 무엇을 느꼈을까요? 아마도 하나님의 주권과 섭리를 생각했을 것입니다. '형님들이 내게 절을 하다니, 내가 이겼다' 하며 통쾌해한 것이 아니라 하나님의 약속이 성취된 광경을 보면서 매우 기뻐했을 것입니다. 하나님의 위대하심을, 하나님의 영광을 보았을 것입니다.

요셉은 꿈을 기억하면서 형들을 정탐꾼으로 몰아붙였습니다. 그래서 창세기 42장 9, 12, 14, 16절에서 4회에 걸쳐 집요하게 형들을 밀어붙였습니다. 형들은 곤란한 지경에 빠졌습니다. 말을 하면 할수록 더욱더 딜레마에 빠져들었던 것입니다.

요셉은 형들에게 말했습니다. "너희의 막내아우를 데려온다면 너희가 정탐꾼이 아니라는 것을 증명할 수 있다." 그러자 형들은 진땀을 빼며 난처해했습니다. 이 요구는 간단한 것 같지만 실은 진 땀을 빼게 하는 말이었습니다. 왜냐하면 형들은 절대로 그 말을 아 버지에게 할 수 없었기 때문입니다. 더구나 자신들의 상황을 요셉 에게 설명할 수도 없었습니다. 그것은 그들 가족 내부의 문제였기 때문입니다. 요셉은 이처럼 정확하고도 결정적인, 그리고 정곡을 찌르는 문제를 던졌습니다.

요셉은 한 명이 가서 막내아우를 데려오면 믿어 주겠다고 해 놓 고는 사흘 동안 형들을 모두 감옥에 가둬 두었습니다. 그리고 사흘 만에 생각을 바꾸었습니다.

> 사흘 만에 요셉이 그들에게 이르되 나는 하나님을 경외하노니 너희 는 이같이 하여 생명을 보전하라 너희가 확실한 자들이면 너희 형 제 중 한 사람만 그 옥에 갇히게 하고 너희는 곡식을 가지고 가서 너 희 집안의 굶주림을 구하고 너희 막내아우를 내게로 데리고 오라 그러면 너희 말이 진실함이 되고 너희가 죽지 아니하리라 하니 그 들이 그대로 하니라(창 42:18-20).

나머지는 감옥에 가두고 한 명만 보내려던 생각을 바꿔서 한 명 만 가두고 나머지는 보내겠다고 결정했습니다. 그러면서 요셉은 "너희들은 곡식을 가지고 가라. 일단 고향에 돌아가서 집 식구들 끼니는 이어야 하지 않겠느냐"라고 말하고는 약속대로 막내아우를 데리고 오면 그들의 진실함을 믿고 무역도 하겠다고 말했습니다.

> 그들이 서로 말하되 우리가 아우의 일로 말미암아 범죄하였도다 그
> 가 우리에게 애걸할 때에 그 마음의 괴로움을 보고도 듣지 아니하
> 였으므로 이 괴로움이 우리에게 임하도다(창 42:21).

드디어 여기서부터 성령의 역사하심이 드러납니다. 고난의 의
미가 나타나기 시작합니다. 형들은 스스로 말했습니다. "아우의
일로 말미암아 우리가 범죄했구나. 동생이 그 구덩이에서 살려 달
라고 애원할 때 우리가 외면하지 않았는가?" 지금 사건과 그 당시
사건은 아무 상관이 없습니다. 그러나 그들이 딜레마에 빠지면 빠
질수록 전혀 생각하지 못했던 내면의 숨은 죄가 하나씩 드러나기
시작했던 것입니다. 이것이 하나님의 목적입니다. 이것이 고난의
의미입니다.

우리는 "하나님, 이 정도면 되지 않았습니까?" 합니다. 그런데
이해할 수 없는 고난, 진땀 나는 일들이 계속 생깁니다. 그 이유는
무엇입니까? 숨어 있는 죄가 드러나야 하기 때문입니다. 요셉의
형들을 보십시오. 자꾸만 계속되는 고난이 오래전의 죄를 떠올리
게 하는 계기가 되었습니다. 우리에게도 이런 계기가 있기를 바랍
니다. 우리는 잊어버리거나, 무시하거나, 적당히 생각했지만 하나
님께는 중요하고 의미 있는 일들을 하나님 앞에서 해결받기를 바

랍니다. 미움, 분노, 한이 깨어져야 합니다. 그렇게 될 때 하나님의 복이 강줄기를 타고 물 흐르듯 흘러넘칠 것입니다. 우리가 상상하지도 못한 복이 흘러넘쳐 열매를 맺게 될 것입니다.

우리는 여기서 3가지를 생각할 수 있습니다.

첫째, 요셉의 형들은 요셉 사건을 잊지 않고 있었습니다. 만일 그들에게 고난이 없었다면 요셉 사건은 영원히 사장되었을 것입니다. 그 사건이 드러나지만 않는다면 그들은 절대 끄집어내지 않았을 것입니다. 그러면 그들과 하나님의 만남은 깊어지지 못하고 피상적으로 끝나고 말았을 것입니다.

둘째, 요셉의 형들은 자신들이 요셉에게 행한 것이 '범죄'라고 고백했습니다. 죄를 고백하는 것이 복의 시작입니다. 죄를 인정하지 않는 것은 심판의 시작입니다. 요셉의 형제들은 고난을 겪으면서 오래전에 동생 요셉에게 저지른 잘못을 자기들끼리 스스로 이야기하며 회개하기 시작했습니다.

셋째, 요셉의 형들은 현재 자신들이 받는 고통이 과거에 요셉이 당한 고통의 보상이라는 것을 알게 되었습니다. 그들은 고통의 의미를 깨달았습니다. 우리가 겪는 고통의 의미를 깨닫게 되기를 원합니다. '왜 일이 막힐까? 왜 일이 잘 안될까?' 하는 의문이 드는 일에는 영적인 이유가 있다는 사실을 배우기 바랍니다.

혹시 과거에 다른 사람에게 고통을 준 일은 없습니까? 사람들은 자신이 남에게 준 고통이나 상처는 잘 잊어버립니다. 그러나 상처를 받은 사람은 잘 기억합니다. 그때의 상황을 상세히 기억합니다. 이것이 상처를 준 사람과 상처를 받은 사람의 차이입니다. 우리는 자신이 받은 상처만 기억합니다. 다른 사람을 무시하고, 모욕하고, 상처를 준 일들이 자신에게는 아무것도 아닌 일이었을 수도 있습니다. 그러나 당한 사람의 입장에서는 인생을 일그러뜨린 문제로 남아 있을지도 모릅니다. 이 문제가 해결되어야 합니다. 그래야 마음에 평화가 옵니다. 만약 우리에게 이런 문제가 있다면 성령이 해결해 주시기를 바랍니다.

이것이 요셉의 형들이 받은 고난의 이유였습니다. 기근이 있고, 정탐꾼으로 몰리고, 감옥에 사흘 동안 갇히고, 막내아우 베냐민을 데려와야 하는 난제를 안음으로써 요셉의 형들이 받은 복이 무엇입니까? 참회의 복입니다. 회개의 복입니다. 만일 그때 요셉이 형들을 아는 척했다면 이 문제는 땅속에 묻히고 말았을 것입니다. 피상적인 해결로 끝나 버렸을 것입니다.

오늘날 기독교의 최대 위기가 바로 이 피상성입니다. "아멘, 할렐루야! 나는 하나님의 자녀가 되었습니다. 나는 죄를 용서받았습니다. 이상 끝!" 하며 적당히 예수님을 믿는 것, 감상적이고 낭만적인 신앙을 갖는 것을 의미합니다. 그러나 그 사람은 또 죄를 짓게 됩니다. 그래서 그 사람의 신앙은 깊이가 없어 얄팍하고, 감정적이고, 신뢰성이 없습니다.

회개의 깊이는 신앙의 깊이입니다. 마음 깊은 곳에 숨어 있는,

뼈와 살 속에 박혀 있는 무서운 죄악들을 하나씩 끄집어내지 않고 단지 몇 마디로 끝내 버리는 데서 그쳤기 때문에 깊은 복이 그 사람에게 오지 않습니다. 그리고 그 결과로 고난과 역경이 오면 견뎌 낼 힘이 없습니다. 불평하고 쉽게 하나님을 원망하게 됩니다. 참회의 깊이, 신앙의 깊이가 없기 때문입니다.

다윗은 하나님의 사람이지만 큰 죄를 지었습니다. 그 일에 대한 다윗의 참회가 담긴 시편을 읽어 보면, 다윗은 그냥 회개한 것이 아니었습니다. 다윗이 자신의 죄에 대해 얼마나 고민하고 괴로워 했는지는 시편 32편 1-4절에 잘 나타나 있습니다.

> 허물의 사함을 받고 자신의 죄가 가려진 자는 복이 있도다 마음에 간사함이 없고 여호와께 정죄를 당하지 아니하는 자는 복이 있도다 내가 입을 열지 아니할 때에 종일 신음하므로 내 뼈가 쇠하였도다 주의 손이 주야로 나를 누르시오니 내 진액이 빠져서 여름 가뭄에 마름같이 되었나이다 (셀라) (시 32:1-4).

이 세상에서 행복한 사람이 누구입니까? 허물의 사함을 받고 죄가 가려진 사람만큼 행복한 사람은 없다고 다윗은 이야기했습니다. 돈이 많은 사람이나, 건강한 사람이나, 자식이 많은 사람이 복이 있다고 말하지 않았습니다. 그런 것은 행복 축에도 못 낍니다. 또 마음에 간사함이 없고 여호와께 정죄를 당하지 않는 사람이 복이 있다고 했습니다.

다윗은 "내 뼈가 쇠하였도다"라고 말했습니다. 뼈가 녹는 경험을 했던 것입니다. 뼛속 깊이 아픈 고통을 겪었습니다. 그러면서 "주의 손이 주야로 나를 누르시오니"라고 고백했습니다. 자신이 죄를 지었을 때 하나님의 손이 자기를 누르시고 있는 것을 본 것입니다. 주의 손이 밤낮으로 누르시니 진액이, 혈액과 수액이 빠져서 여름 가뭄에 마름같이 되었다고 했습니다.

이처럼 다윗은 적당히 회개하지 않았습니다. 뼈가 쇠하도록, 피가 마르도록 회개했습니다. 이것이 신앙의 깊이입니다. 우리의 신앙은 너무나 감상적이고 능력이 없습니다. 깊이가 없기 때문입니다. 시편 51편 1-3절에서 다윗은 범죄하고 나서 이렇게 고백했습니다.

하나님이여 주의 인자를 따라 내게 은혜를 베푸시며 주의 많은 긍휼을 따라 내 죄악을 지워 주소서 나의 죄악을 말갛게 씻으시며 나의 죄를 깨끗이 제하소서 무릇 나는 내 죄과를 아오니 내 죄가 항상 내 앞에 있나이다(시 51:1-3).

그리고 5절에서는 "내가 죄악 중에서 출생하였음이여 어머니가 죄 중에서 나를 잉태하였나이다"라고 이야기했습니다. 죄를 깊이 묵상하다 보니까 자신이 태어날 때부터 이미 죄 가운데 있었음을 깨달았던 것입니다. 죄의 본질을 본 것입니다. 죄의 뿌리를 알게 된 것입니다. 이것이 진정한 회개입니다. 현대 그리스도인들의 신앙의 피상성, 냄비처럼 빨리 뜨거워졌다가 빨리 식는 믿음은 바로 깊이 있는 회개가 없기 때문에 비롯된 것입니다.

> 르우벤이 그들에게 대답하여 이르되 내가 너희에게 그 아이에 대하여 죄를 짓지 말라고 하지 아니하였더냐 그래도 너희가 듣지 아니하였느니라 그러므로 그의 피 값을 치르게 되었도다 하니(창 42:22).

'피 값'이라는 말이 나옵니다. 진짜 피 값을 치르신 분이 계십니다. 예수 그리스도이십니다. 예수님은 죄가 없으시면서 우리의 죗값을 치르셨습니다. 르우벤은 "지금 우리가 당하는 고난은 그때 너희가 내 말을 듣지 않고 요셉을 사지로 몰아냈던 죄의 대가를 치르는 것이 아니냐!"라고 말했습니다. 성령이 역사하시자 형들은 자신들의 죄를 깨닫게 되었습니다.

고난 속에서도 하나님 사랑의 손길이 발견된다

> 그들 사이에 통역을 세웠으므로 그들은 요셉이 듣는 줄을 알지 못하였더라(창 42:23).

형들은 요셉이 자기들의 말을 알아들으리라고는 전혀 상상하지 못했습니다. 요셉은 애굽의 총리이고 자신들은 이스라엘 사람들이었기 때문입니다. 그리고 언제나 그들 사이에 통역관을 세워서 대화했기 때문입니다. 이와 같이 우리는 내가 하는 말을 하나님이 못 알아들으실 것이라고 생각합니다. 하나님이 모르신다고 생각하기 때문에 죄를 짓습니다. 우리가 생각하는 것을 하나님이 이미 다 아시고, 우리가 말하는 것을 하나님이 다 들으신다는 사실을 믿기 바랍니다.

> 요셉이 그들을 떠나가서 울고 다시 돌아와서 그들과 말하다가 그들 중에서 시므온을 끌어내어 그들의 눈앞에서 결박하고 명하여 곡물을 그 그릇에 채우게 하고 각 사람의 돈은 그의 자루에 도로 넣게 하고 또 길 양식을 그들에게 주게 하니 그대로 행하였더라(창 42:24-25).

요셉의 형들은 곡식을 나귀에 싣고 길을 떠났습니다. 요셉이 형들을 얼마나 사랑하고 있었습니까? 요셉이 형들을 얼마나 그리워하고 있었습니까? 그는 이미 형들의 허물을 용서했습니다. 그래서 형들 앞에서는 울지 못하고 그들이 없는 곳에서 울었습니다. 그러면서도 겉으로는 형들을 아주 엄하게 대했습니다. 요셉이 위선자입니까? 이중인격자입니까? 앞에서는 무섭게 하고 돌아서서는 우는 것, 이것은 어머니의 모습과 같습니다. 어머니는 아이들을 혼낸

후에 돌아서서 괴로워 웁니다. 미워서 혼내는 것이 아닙니다. 사랑하기 때문에 혼내는 것입니다.

하나님의 모습도 이와 같습니다. 우리가 미워서 혼내시는 것이 아닙니다. 하나님의 자녀가 고통당하는 것을 아시면서도 손을 쓰시지 않습니다. 우리가 깊은 참회를 경험하게 하시기 위함입니다. 피상적인 신앙 상태로 살아가도록 내버려 두시지 않기 위함입니다. 우리의 신앙과 인격을 성장시키시기 위함입니다. 그러면서 뒤로 돌아서서는 우십니다.

요셉의 형들이 요셉의 눈물을 어떻게 알겠습니까? 요셉의 형들에게 비친 요셉은 무서운 사람이었을 뿐입니다. 요셉은 자신의 진심과는 달리 시므온을 감옥에 넣었습니다. 그러면서도 형들에게는 곡식을 잔뜩 주었습니다. 길 가다가 먹을 음식까지 주었습니다. 형들이 이해할 수 없는 행동이었습니다.

우리도 고난을 겪으면서 이해할 수 없는 일을 만납니다. 고난 속에서도 하나님의 사랑의 손길이 문득문득 나타나는 것입니다. 우리가 이러한 하나님의 마음을 좀 알면 좋겠습니다. 하나님이 우리를 얼마나 사랑하시면 독생자이신 예수님을 주셨겠습니까? 사도 바울은 로마서 8장 32절에서 "자기 아들을 아끼지 아니하시고 우리 모든 사람을 위하여 내주신 이가 어찌 그 아들과 함께 모든 것을 우리에게 주시지 아니하겠느냐"라고 말했습니다.

그들이 곡식을 나귀에 싣고 그곳을 떠났더니 한 사람이 여관에서 나귀에게 먹이를 주려고 자루를 풀고 본즉 그 돈이 자루 아귀에 있는지라 그가 그 형제에게 말하되 내 돈을 도로 넣었도다 보라 자루 속에 있도다 이에 그들이 혼이 나서 떨며 서로 돌아보며 말하되 하나님이 어찌하여 이런 일을 우리에게 행하셨는가 하고(창 42:26-28).

요셉은 형들의 곡식 자루 속에 그들이 지불한 돈을 몰래 넣어 두었습니다. 형들은 집으로 돌아가는 길에 여관에서 나귀에게 먹이를 주다가 자루를 열어 보고는 혼비백산했습니다. 그들이 한 말을 들어 보십시오. "하나님이 어찌하여 이런 일을 우리에게 행하셨는가?" 요셉의 형들이 점점 본궤도로 돌아오고 있었습니다. 벌어지는 일들을 계속해서 하나님과 연관 지어서 생각하고 해석해 보려고 했습니다. 그러나 이 일은 아무래도 이해할 수 없고 풀리지 않는 사건이었습니다.

그들이 가나안 땅에 돌아와 그들의 아버지 야곱에게 이르러 그들이 당한 일을 자세히 알리어 아뢰되 그 땅의 주인인 그 사람이 엄하게 우리에게 말씀하고 우리를 그 땅에 대한 정탐꾼으로 여기기로 우리가 그에게 이르되 우리는 확실한 자들이요 정탐꾼이 아니니이다 우리는 한 아버지의 아들 열두 형제로서 하나는 없어지고 막내는 오늘 우리 아버지와 함께 가나안 땅에 있나이다 하였더니(창 42:29-32).

요셉의 형들은 아버지 야곱에게 돌아와서 지금까지 일어난 일들의 자초지종을 이야기했습니다.

> 그 땅의 주인인 그 사람이 우리에게 이르되 내가 이같이 하여 너희가 확실한 자들임을 알리니 너희 형제 중의 하나를 내게 두고 양식을 가지고 가서 너희 집안의 굶주림을 구하고 너희 막내아우를 내게로 데려오라 그러면 너희가 정탐꾼이 아니요 확실한 자들임을 내가 알고 너희 형제를 너희에게 돌리리니 너희가 이 나라에서 무역하리라 하더이다 하고(창 42:33-34).

야곱이 아들들이 하는 이야기를 들어 보니 황당한 일이 일어났고, 막내아들 베냐민을 데려가야 하는 상황이었습니다. 시므온이 인질로 잡혀 있었기 때문입니다. 이야기를 들은 야곱이 어떤 반응을 보였습니까?

> 각기 자루를 쏟고 본즉 각 사람의 돈뭉치가 그 자루 속에 있는지라 그들과 그들의 아버지가 돈뭉치를 보고 다 두려워하더니(창 42:35).

야곱은 지금 기막힌 사건을 목격했습니다. 야곱은 아들들의 말을 듣고 놀랐고, 자루에 든 돈뭉치를 보고 놀랐습니다. 야곱의 공포와 두려움은 극에 달했습니다.

그들의 아버지 야곱이 그들에게 이르되 너희가 나에게 내 자식들을 잃게 하도다 요셉도 없어졌고 시므온도 없어졌거늘 베냐민을 또 빼앗아 가고자 하니 이는 다 나를 해롭게 함이로다 르우벤이 그의 아버지에게 말하여 이르되 내가 그를 아버지께로 데리고 오지 아니하거든 내 두 아들을 죽이소서 그를 내 손에 맡기소서 내가 그를 아버지께로 데리고 돌아오리이다 야곱이 이르되 내 아들은 너희와 함께 내려가지 못하리니 그의 형은 죽고 그만 남았음이라 만일 너희가 가는 길에서 재난이 그에게 미치면 너희가 내 흰머리를 슬퍼하며 스올로 내려가게 함이 되리라(창 42:36-38).

우리는 야곱을 가리켜 '믿음의 조상'이라고 말하지만, 여기서 야곱은 영적인 안목이 전혀 없는 보통 사람이라는 것을 발견하게 됩니다. 야곱은 하나님의 섭리, 하나님의 계획을 생각하지도, 보지도 못했습니다. 단지 자기 아들을 잃은 것을 생각하고, 또 다른 아들을 빼앗길까 봐 걱정했습니다. 그래서 모든 상황이 자신을 해롭게 하는 사건이라고 해석했습니다.

그러나 이것이 야곱을 해롭게 하는 사건입니까? 아닙니다. 야곱에게 영광을 주는 사건, 아들을 만나게 하는 사건입니다. 하나님의 놀라운 섭리와 계획입니다. 그러나 야곱은 하나님의 관점에서 보지 않고 자신의 관점, 아들들의 관점에서 보았기 때문에 이 일을 복된 사건으로 보지 못했습니다.

우리는 우리에게 일어나는 많은 사건에 하나님의 섭리가 있음을 믿어야 합니다. 인간적인 관점에서 보지 마십시오. 현재의 관점에서 바라보지 마십시오. 자신이 예수 그리스도를 믿고 구원받은 하나님의 자녀라는 사실을 확신한다면 우리에게 일어나는 모든 사건은 하나님의 복된 사건입니다. 지금 자신이 당하고 있는 억울함과 누명을 하나님의 관점에서 보십시오. 그러면 그 사건이 야곱과 요셉의 경우처럼 복으로 변합니다.

그러나 지금 야곱은 두려움에 사로잡혔습니다. 그래서 모든 사건을 고통으로 해석하고 있고, 막내아들 베냐민마저 빼앗길지 모른다는 인간적인 공포로 가득 차 있었습니다. 그러나 하나님이 베냐민을 애굽으로 데려가시는 것은 베냐민을 없애시기 위함이 아니었습니다. 베냐민을 통해 야곱의 가정을 회복시키시고, 야곱이 요셉과 재회하게 하시고, 그들을 영광의 자리에 세우시려는 하나님의 섭리가 있었던 것입니다.

우리도 이 세상을 살아가다 보면 야곱과 같은 위기를 겪을 때가 있습니다. 그럴 때마다 하나님의 깊은 은혜를 기억하십시오. 우리는 우연히 세상에 온 것이 아닙니다. 그리스도인에게 우연은 없습니다. 모든 것은 하나님의 섭리와 계획 안에 있습니다.

12

절대 포기할 수 없지만, 포기합니다

창세기 43:1-17

진퇴양난인 인생에서 유일한 탈출구는 하나님이시다

요셉의 형제들이 애굽에서 돌아온 후 시간이 많이 지났습니다. 2년째 기근을 맞고 있었는데 기근이 너무 심해 가져온 양식이 바닥나고 말았습니다. 이런 기근을 5년 더 겪어야 했습니다. 엄청난 인내와 고통만 남았습니다. 이 지경에서 예측 가능한 상황은 가축들이 이미 수없이 죽었으리라는 것입니다. 야곱은 가축 등 재산이 많았습니다. 큰 집안이었습니다. 큰 집안이 한번 잘못되면 무섭게 무너집니다. 이 경우 감당하기 어렵고 회복하기도 힘듭니다.

야곱과 그의 아들들은 더는 견뎌 낼 수가 없었습니다. 아들들이 다시 애굽으로 가서 양식을 구해 와야 했습니다. 그러나 그들은 침묵했습니다. 누구 하나 애굽으로 가서 양식을 구해 오자는 말을 감히 꺼내지 못했습니다.

> 그 땅에 기근이 심하고 그들이 애굽에서 가져온 곡식을 다 먹으매 그 아버지가 그들에게 이르되 다시 가서 우리를 위하여 양식을 조금 사 오라(창 43:1-2).

먼저 말을 꺼낸 사람은 아버지 야곱이었습니다. 침묵하는 아들들을 보다 못한 아버지가 애굽에 다시 가서 양식을 사 오라고 말했습니다. 아버지의 명령이 옳은 줄 알면서도 그들은 즉각 움직이지 않았습니다. 마음이 무겁기만 했습니다. 그 이유는 막냇동생 베냐민을 데려가야 했기 때문입니다. 애굽의 총리가 "너희 아우 베냐민을 데려오지 않으면 너희는 다시 내 얼굴을 보지 못할 것이다!"라고 너무나 엄하게 말했기 때문에, 그들에게는 베냐민을 데려가지 않으면 죽을지도 모른다는 두려움이 있었습니다.

> 유다가 아버지에게 말하여 이르되 그 사람이 우리에게 엄히 경고하여 이르되 너희 아우가 너희와 함께 오지 아니하면 너희가 내 얼굴을 보지 못하리라 하였으니 아버지께서 우리 아우를 우리와 함께 보내시면 우리가 내려가서 아버지를 위하여 양식을 사려니와 아버지께서 만일 그를 보내지 아니하시면 우리는 내려가지 아니하리니 그 사람이 우리에게 말하기를 너희의 아우가 너희와 함께 오지 아니하면 너희가 내 얼굴을 보지 못하리라 하였음이니이다(창 43:3-5).

유다가 형제들을 대표해서 용기를 내어 아버지에게 말했습니다. "저희가 가고 싶지 않아서 안 가는 것이 아닙니다. 아버지께서 베냐민이 저희와 함께 가도록 허락하시지 않으면 저희는 갈 수 없습니다." 그러면서 베냐민과 함께 오지 않으면 자신을 보지 못할 것이라고 했던 애굽의 총리 요셉의 말을 반복해서 언급했습니다.

여기서 두 가지를 발견할 수 있습니다.

첫째, 요셉의 형들은 애굽의 총리를 몹시 두려워하고 있었다는 것입니다. 물론 그들은 아직 그가 요셉인지 몰랐습니다. 그들은 애굽 총리, 즉 권력과 힘이 있는 사람을 몹시 두려워했습니다. 이는 마치 하나님의 백성이, 구원받은 그리스도인들이 세상에서 기가 죽고 겁을 먹은 모습과 비슷합니다. 거대한 이 세상의 힘과 권력과 재력 앞에 겁을 먹고 두려워하는 그리스도인들이 많습니다. 교회에 와서는 "아멘, 할렐루야!" 하지만 교회에서 나가면 기가 죽어 얼굴색이 변합니다. 예수님을 믿지 않는 세상 사람들과 똑같이 삽니다. 그들과 같은 색깔로 살아갑니다.

둘째, 야곱의 아들들에게는 문제를 해결할 능력이 없다는 것입니다. 그들의 문제점이 무엇입니까? 진퇴양난이라는 것입니다. 앞으로도, 뒤로도 갈 수 없었습니다. 그냥 있으면 굶어 죽을 것이고, 베냐민을 데려가지 않고 애굽에 가면 죽을 것이 뻔했습니다.

이것은 우리 인생의 본질을 보여 주는 메시지입니다. 이 거대한 세상의 물결 앞에서 도대체 어떻게 살아야 할지, 두려울 때가 참 많습니다. 어쩔 수 없이 살아가고, 이러지도 저러지도 못하며 무기력한 채 살아가는 우리 인생의 본질은 진퇴양난입니다. 우리 인생이 일사천리입니까? 만사형통입니까? 아닙니다. 엄격하게 말하면 진퇴양난인 것이 현실입니다. 그런 상황에서 우리는 너무 힘들어서 죽고만 싶을 때도 있습니다.

여기서 인생이 선택할 길은 하나밖에 없습니다. 하나님이십니다. 하나님은 우리의 구원자이시요, 목자이시요, 우리의 길과 진리와 생명이십니다. 진퇴양난의 상황 속에서 절망할 수밖에 없는 인간, 혼자 힘으로 빠져나갈 방법이 전혀 없는 인간에게 유일한 출구는 예수 그리스도이십니다.

생각지도 못한 일의 배후에는 하나님의 섭리가 있다

이스라엘이 이르되 너희가 어찌하여 너희에게 또 다른 아우가 있다고 그 사람에게 말하여 나를 괴롭게 하였느냐(창 43:6).

야곱의 모습을 보십시오. 야곱은 너무나 인간적이어서 미워할 수 없는 사람입니다. 우리와 똑같은 사람입니다. 아버지가 아들들에게 하는 말을 들어 보십시오. "왜 진실을 말해서 나를 괴롭게 하느냐?"라고 원망했습니다. 우리는 무슨 문제가 생기면 문제의 본질에 들어가지 않고 핵심을 피하려 합니다. 중요하지 않은 부분을 놓고 원망하고, 불평하고, 시비하는 경우가 참 많습니다. 문제의 본질에 들어가야 쉽게 끝납니다. 왜 정직하게 말했냐는 것은 문제의 본질을 가지고 따지는 것이 아닙니다.

가만히 보면, 야곱은 엉뚱하게도 책임을 자식들에게 전가했습니다. 못난 아버지입니다. 야곱의 말과 태도를 보면 아무리 잘 봐 주려고 해도 좋게 보기가 어렵습니다. 자식을 편애하고, 압력을 넣고, 자기가 하고 싶은 대로 다 하는 이기적인 아버지의 모습입니다. 우리는 어떤 경우에도 자식을 원망하지 않아야 합니다. 본질적인 문제가 아닌 것으로 남을 괴롭혀서는 안 됩니다.

야곱의 아들들은 듣다못해 항변했습니다.

그들이 이르되 그 사람이 우리와 우리의 친족에 대하여 자세히 질문하여 이르기를 너희 아버지가 아직 살아 계시느냐 너희에게 아우가 있느냐 하기로 그 묻는 말에 따라 그에게 대답한 것이니 그가 너희의 아우를 데리고 내려오라 할 줄을 우리가 어찌 알았으리이까(창 43:7).

"우리가 속이고 싶어서 속이고, 진실을 말하고 싶어서 진실을 말한 것이 아닙니다. 애굽 총리의 마음을 미리 알았다면 그렇게 말하지 않았을 것입니다. 애굽 총리가 아버지가 있냐고 해서 있다고 말했고, 동생이 있냐고 해서 있다고 말했는데 그 동생을 데려오라고 할 줄 누가 알았겠습니까?"라는 뜻입니다. 어쩔 수 없는 사건이 일어났다는 것입니다. 그렇지 않습니까? 그들이 잘못한 것이 아닙니다. 전혀 예기치 못한 상황에 말려들었을 뿐입니다.

여기서 인생의 또 한 가지 현실을 발견합니다. 우리가 만들지 않은 사건에 말려든다는 것입니다. 우리가 의도하지 않은 일이 자꾸 일어나는 것을 어떻게 하겠습니까? 내가 하고 싶어서 한 일도 아니고, 내가 가고 싶어서 간 것도 아니고, 가다 보니까 자꾸 그런 일들이 일어나서 끼어들게 되고 말려들어 피할 수 없게 되는 것을 어떻게 합니까? 이럴 때 우리는 어떻게 해야 할까요?

여기에 아주 중요한 메시지가 있습니다. 우리가 의도하지 않은 일이 일어나고, 끼어들고 싶지 않은 일에 끼어들게 되고, 전혀 생각지 못한 일이 생기면 그 일에 하나님의 섭리가 있음을 알아야 한다는 것입니다. 원망하거나 불평하지 마십시오. 거기에 하나님의 어떤 비밀이 숨겨져 있는지를 유심히 살펴봐야 합니다. 그것은 우리 자신이 의도한 사건이 아니기 때문입니다.

야곱과 그의 아들들의 경우도 마찬가지입니다. 베냐민을 데리고 가야 하는 일은 야곱에게나 그의 아들들에게나 고통스러운 일이었지만, 결과적으로 볼 때 모든 가족이 다시 만나고 복을 받게 되지 않았습니까? 얼마나 놀랍고 신비합니까? 우리가 알지 못하는 사건, 정말 의도하지 않은 사건이 일어나면 먼저 감사하십시오. 그리고 그 사건을 긍정적으로 받아들이십시오. 거기에 하나님의 사랑의 섭리와 손길이 있습니다.

로마서 8장 28절은 "우리가 알거니와 하나님을 사랑하는 자 곧 그의 뜻대로 부르심을 입은 자들에게는 모든 것이 합력하여 선을 이루느니라"라고 말합니다. 이 말씀을 달리 해석하면 이렇습니다. "그리스도인에게 우연히 일어나는 사건이란 없다. 해석이 안 되는 사건이 있을 뿐이다. 그것은 하나님이 만드신 필연이고, 하나님의 섭리이며, 하나님이 복 주시는 사건이다." 이렇게 긍정적으로 접근해 보십시오. 그때 비밀이 보이기 시작하고, 희망이 보이기 시작하고, 복이 보이기 시작합니다.

저는 몸이 약하지만 그 덕분에 영적으로 얼마나 큰 은혜와 복을 누리는지 모릅니다. 이것은 역설이며 이해할 수 없는 일입니다. 그러나 제게는 비밀이고 복입니다. 육신의 가시 때문에 힘들어했던 사도 바울도 감격해서 이렇게 고백했습니다. "하나님은 팔삭둥이 같은 나를 사랑하시고 은혜를 주셨다. 내가 나 된 것은 하나님의 은혜다"(고전 15:8-10 참조).

유다가 그의 아버지 이스라엘에게 이르되 저 아이를 나와 함께 보내시면 우리가 곧 가리니 그러면 우리와 아버지와 우리 어린 아이들이 다 살고 죽지 아니하리이다(창 43:8).

아들이 아버지보다 훨씬 낫습니다. 아들은 이런 어려운 위기에 처했을 때 결단을 했습니다. 그런데 아버지는 회피했고 다른 사람을 원망했습니다. 그때 아들이 이 문제를 박차고 나왔습니다. 유다의 주장은 이러했습니다. "아버지, 지금 이렇게 고민하고, 방황하고, 누구를 원망할 때가 아닙니다." 이 말을 아버지가 먼저 해야 되는데 거꾸로 되었습니다. 그러면서 유다는 이어서 "막냇동생을 저와 함께 보내십시오. 그래야 우리 가족이 모두 삽니다"라고 말했습니다. 그리고 아주 놀라운 말을 덧붙였습니다.

> 내가 그를 위하여 담보가 되오리니 아버지께서 내 손에서 그를 찾으소서 내가 만일 그를 아버지께 데려다가 아버지 앞에 두지 아니하면 내가 영원히 죄를 지리이다 우리가 지체하지 아니하였더라면 벌써 두 번 갔다 왔으리이다(창 43:9-10).

우리는 여기서 유다의 리더십을 발견할 수 있습니다. 지도자의 아름다운 모습입니다. 지도자의 특징은 일을 하는 것이 아니라 책임을 지는 것입니다. 우리는 좋은 일은 다 하려고 하지만 책임은 안 지려고 합니다. 그것은 참다운 지도자의 모습이 아닙니다. 우리는 유다에게서 올바른 리더십의 모범을 배웁니다. 그는 "제 생명을 걸겠습니다. 일이 잘못되면 제가 책임을 지겠습니다" 하며 아버지를 설득했습니다. 생명을 걸면 못할 일이 없습니다. 지도력이라는 것은 별것 아닙니다. 책임을 지고 대가를 치르겠다는 결심입니다. 유다가 그렇게 했습니다.

그런데 유다는 원래 책임감 있는 사람이 아니었습니다. 유다는 이중적인 사람이었습니다. 형들이 요셉을 죽이려고 깊은 구덩이에 집어넣었을 때 유다는 "같은 혈육인데 죽일 필요까지 있습니까?" 하며 형들을 설득했습니다. 이 말을 들으면 얼핏 유다에게 동정심이 있었던 것처럼 느껴집니다. 그런데 그는 동정심을 끝까지 발휘하지 못했습니다. 애굽으로 가는 상인들이 지나가자 "요셉을 죽이지 말고 팔아 버립시다"라고 말했고, 결국 요셉을 애굽으로 팔아넘기는 일에 결정적인 역할을 했습니다. 병 주고 약 준 사람이 유다입니다. 요셉을 죽음에서 건진 사람도 유다이고, 애굽으로 팔아넘긴 사람도 유다입니다. 아주 모질지도 않고, 그렇다고 착하지도 않은 유형의 사람입니다.

그 후에 유다는 굉장히 심한 죄책감에 사로잡혔던 것 같습니다. 자기 아우가 울며 소리 지르던 음성을 아마 잊지 못했을 것입니다. 긴 세월이 흐른 지금 유다가 이렇게 책임감 있는 사람으로 변한 것은 놀라운 일입니다. 우리가 과거에 어떤 사람이었든지 이제는 좋게 변하는 사람이 되기를 원합니다. 아내에 대해서, 자식에 대해서, 가정에 대해서 책임지는 사람이 진정한 남편이요, 가장입니다. 모든 책임을 아내와 자식에게 돌리는 사람은 남편이 아니라 '남의 편'입니다. 책임지는 사람이 되어야 합니다. 배우자의 방황에 대해서도, 자식의 실수에 대해서도 책임을 져야 합니다. "제가 책임지겠습니다. 제 목숨을 걸겠습니다"하며 용기 있게 나선 유다는 메시아가 탄생하신 족보에 이름이 오르는 복을 받았습니다.

야곱은 소극적이고 상황에 따라 처신을 아주 잘하는 사람이었습니다. 그는 아들의 적극성에 밀렸습니다. 이제는 원하지는 않지만 할 수 없이 막내아들을 내어 주어야 했습니다. 우리도 우리에게 아주 소중한 것을 기쁘게 내어 줄 수 있기를 바랍니다. 돈 뺏기고, 건강까지 뺏긴 후에야 내어 주는 사람이 되지 않기를 바랍니다.

포기하기 어려운 것을 포기하면 하나님이 일하신다

그러나 야곱은 포기를 해도 수동적으로 포기했습니다. 그러고는 인간적인 방법을 택했습니다.

> 그들의 아버지 이스라엘이 그들에게 이르되 그러할진대 이렇게 하라 너희는 이 땅의 아름다운 소산을 그릇에 담아가지고 내려가서 그 사람에게 예물로 드릴지니 곧 유향 조금과 꿀 조금과 향품과 몰약과 유향나무 열매와 감복숭아이니라(창 43:11).

야곱이 드디어 '할 수 없다' 생각해 마음을 바꾸기 시작했습니다. 그러면서 뇌물을 좀 가져가라고 했습니다. 이것은 야곱의 주특기입니다. 문제가 있으면 뇌물을 싸들고 가는 것입니다. 형 에서를 만날 때도 그 방법을 썼습니다. 형을 만나는 일이 너무 힘들고 부담스러우니까 제일 먼저 소유물을 보냈습니다. 암염소 200마리, 숫염소 20마리, 암양 200마리, 숫양 20마리, 젖 나는 낙타 30마리와 그 새끼, 암소 40마리, 황소 10마리, 암나귀 20마리, 새끼 나귀 10마리나 되는 재산을 앞서 보냈습니다. 지금도 그는 처세술을 발휘해서 애굽 총리에게 뇌물을 가지고 가게 했습니다.

> 너희 손에 갑절의 돈을 가지고 너희 자루 아귀에 도로 넣어져 있던
> 그 돈을 다시 가지고 가라 혹 잘못이 있었을까 두렵도다(창 43:12).

야곱은 애굽의 총리인 요셉이 형들의 자루에 도로 넣어 둔 돈도 다시 가져가라고 했습니다. 이 일로 문제 삼을지 모른다면서 아예 두 배로 가져가라고 했습니다. 이것이 야곱의 방법론입니다. 물건으로 사람의 마음을 사로잡고, 돈으로 사람의 마음을 구워삶으려는 처세술을 쓰는 사람이 야곱이었습니다.

그런데 야곱은 하나님 이야기는 한 번도 하지 않았습니다. 우리가 교회를 다니면서도 세상에 나가면 세상의 처세술을 따르는 것과 비슷합니다. 여기서 우리가 발견할 수 있는 것은 두려움입니다. 야곱은 두려움에 사로잡혔습니다. 하나님을 신뢰하지 않으면 두려움에 사로잡힙니다. 인간은 두려움에 사로잡히면 물질로 향하게 되어 있습니다. 돈을 쥐고 있어야, 권력을 잡고 있어야 안심합니다. 멀리 계신 하나님보다는 가까이 있는 돈이 자신을 구원할 것 같다고 느낍니다. 이것이 인간의 본능입니다. 그러나 하나님을 만나면 마음에 자유가 있습니다. 그리고 물질의 노예가 되지 않습니다.

야곱은 드디어 베냐민을 포기했습니다.

네 아우도 데리고 떠나 다시 그 사람에게로 가라(창 43:13).

이것이야말로 야곱에게는 최대의 결단, 피눈물 나는 결정이었습니다. 그렇게 내주기를 거절하던 아들을 이제는 데리고 가라고 했습니다. 결국 이렇게 결정할 것이었다면 좀 더 일찍 내주었더라면 얼마나 좋았을까요? 이것이 우리의 모습입니다. 우리 역시 진퇴양난의 상황에서 죽을 때까지 안 내놓겠다고 아등바등하다가 마지막 죽을 때가 되어서야 다 내놓고 갑니다. 우리가 야곱을 비난할 수 없습니다.

이처럼 포기해야 구원이 있습니다. 우리의 구원이 희미하고 불확실한 이유가 무엇입니까? 교회를 다니고 예수님을 믿으면서도 어딘가 불안하고 자신감이 없는 까닭이 무엇입니까? 우리의 포기가 불확실하고 희미하기 때문입니다. 우리는 하나님과 세상을 모두 가지고 싶어 합니다. 그러니까 안 되는 것입니다. 하나를 포기해야 합니다. 예수님은 마태복음 16장 24절에서 "누구든지 나를 따라오려거든 자기를 부인하고 자기 십자가를 지고 나를 따를 것이니라"라고 말씀하셨습니다. 그런데 우리는 하나님을 믿는 것은 좋은데 자신을 포기하지는 못합니다. 자신이 지금까지 살아온 삶의 방식과 성취해 놓은 모든 것을 포기하지 못합니다. 자식을 포기하지 못합니다.

우리는 우리가 지금까지 얻은 복을 지켜 주시는 분으로, 우리가 지금까지 추구한 것을 완성시키시는 분으로 하나님을 생각합니다. 자기 것을 포기하고 하나님이 새롭게 주시는 것을 받아들이기가 어렵다는 뜻입니다. 그러나 결국 일찍 포기하느냐, 늦게 포기하느냐의 문제일 뿐 어차피 포기해야 합니다. 억지로 뺏기느냐, 자진해서 주느냐의 차이일 뿐입니다.

비우면 채움이 있습니다. 비우기를 거부하면 채워지는 것도 없습니다. 은혜라는 것은, 복이라는 것은 그릇을 만들어야 담길 수 있는 것입니다. 하나님이 우리에게 "놀라운 복을 부어 줄 테니 그릇을 깨끗이 비워 복 받을 준비를 하라"고 하시는데 "하나님, 그릇을 비우는 일만은 안 됩니다. 그냥 복만 주십시오" 하는 것은 헌 옷을 벗지 않고 헌 옷 위에 새 옷을 입겠다는 것과 같습니다. 그래서 어떤 때는 복이 오히려 고통이 되는 것입니다. 포기해야 하는 것을 억지로라도 포기하면 자유로워집니다. 하나님이 복 주실 때 우리를 때리고 병 주실 필요 없이 쉽고 멋있게 주실 수 있도록 빨리 포기하고 내놓기를 바랍니다.

야곱은 억지로라도 막내아들을 포기하니 마음이 후련해졌습니다. 포기하고 나니까 하나님이 보이고 기도가 되었습니다.

전능하신 하나님께서 그 사람 앞에서 너희에게 은혜를 베푸사 그 사람으로 너희 다른 형제와 베냐민을 돌려보내게 하시기를 원하노라 내가 자식을 잃게 되면 잃으리로다 그 형제들이 예물을 마련하고 갑절의 돈을 자기들의 손에 가지고 베냐민을 데리고 애굽에 내려가서 요셉 앞에 서니라 (창 43:14-15).

야곱이 포기한 후에 두 가지 사건이 일어났습니다.

첫째, 야곱이 드디어 하나님을 생각하고 입으로 그것을 고백했습니다. "전능하신 하나님이 너희들에게 은혜를 베풀어 주시기를 원하노라." 얼마나 멋있습니까! 얼마나 능력 있는 기도입니까! 이것이 겸손이요, 하나님께 항복한 모습입니다. 야곱은 기도를 다시 배우기 시작했습니다. 다시 전능하신 하나님을 바라보기 시작한 것입니다.

둘째, 야곱이 상상할 수 없는 말을 했습니다. "내가 자식을 잃게 되면 잃으리로다." 그전까지는 절대로 포기할 수 없다고 했는데, 이제는 잃으면 잃으리라고 했습니다. 자식을 포기해야 하나님이 보인다는 사실을 알고 있습니까? 하나님이 안 보이는 이유는 자식을 포기하지 않기 때문입니다. 자식은 하나님의 것입니다. 우리는 관리인에 불과합니다. 그런데 항상 자식을 끼고 다니면서 내 것이라고 생각합니다. 야곱처럼 "잃으면 잃으리라" 하면서 하나님 앞에 자식을 내놓으십시오. 하나님이 우리 자녀를 책임져 주신다는 사실을 믿으십시오. 그래야 자녀가 변합니다. 대개 내가 키우면 나 정도밖에 안 됩니다. 양육권을 하나님께 드리십시오. 포기는 자유를 낳습니다. 포기함으로 하나님을 발견하게 됩니다. 포기는 자녀를 생동감 있게 만듭니다.

아버지가 허락하자 야곱의 아들들은 돈도 배로 가져가고, 물건도 가져가고, 베냐민까지 데려갔습니다. 이제 일이 시작되는 것입니다. 복의 길목을 막는 것은 우리입니다. 우리가 막고 있던 길목에서 비켜서면 복이 들어옵니다.

> 요셉은 베냐민이 그들과 함께 있음을 보고 자기의 청지기에게 이르되 이 사람들을 집으로 인도해 들이고 짐승을 잡고 준비하라 이 사람들이 정오에 나와 함께 먹을 것이니라 청지기가 요셉의 명대로 하여 그 사람들을 요셉의 집으로 인도하니(창 43:16-17).

요셉이 무엇을 합니까? 형들과 베냐민이 함께 오자 만찬을 준비했습니다. 하나님은 우리를 위해 만찬을 준비하십니다. 만약 형들이 왔는데 베냐민이 없었다면 요셉이 잔치를 준비했을까요? 준비하지 않았을 것입니다. 형들이 올 때 요셉이 가장 먼저 누구를 봤습니까? 베냐민을 보았습니다. 베냐민은 야곱이 놓기 싫어한 존재요, 포기하기가 어렵던 존재입니다. 그러나 포기하기 어려운 것을 포기하면 하나님이 우리를 위해 잔치를 베풀어 주십니다. 우리가 포기할 수 없는 것을 포기하면 하나님의 얼굴이 웃음으로 가득 차고, 포기한 것과 비교할 수 없는 축복의 향연, 큰 잔치를 베풀어 주십니다.

13

나를 특별히 사랑하시는 하나님,
나도 사랑합니다

창세기 43:18-34

포기할 때에만 누릴 수 있는 복이 있다

헌신으로 인한 복은 기쁨입니다. 헌신은 헌신의 대상이신 하나님의 기쁨을 누리는 복을 받게 해 줍니다. 기쁨은 대가를 치르는 사람에게만 옵니다. 고생을 하고 손해를 보더라도 대가를 치를 때 하나님이 헌신의 기쁨과 보람을 안겨 주십니다. 주변에 하나님께 헌신한 사람들을 보십시오. 그들의 마음속에 하나님의 기쁨이 충만한 모습을 발견할 수 있을 것입니다.

헌신하는 사람이 없다면 헌신은 불가능합니다. 헌신에는 언제나 자신이 포함되어야 합니다. 남의 헌신이 내 헌신이 될 수는 없습니다. 또한 시간이나 돈이나 재능을 바치지 않고 생각과 마음만으로는 헌신이 이루어질 수 없습니다. 이익을 보려고 헌신하는 것이 아닙니다. 오히려 손해를 볼 뿐입니다. 손해 보지 않는 헌신은 없습니다. 그러나 그런 손해가 기쁨과 보람으로 보상됩니다. 손해가 크면 기쁨도 큽니다. 고난이 크면 복도 큽니다.

야곱이 포기할 수 없던 것은 막내아들 베냐민이었습니다. 요셉을 잃었는데 베냐민까지 잃을 수는 없다고 생각했습니다. 그러나 야곱은 막판에 할 수 없이 베냐민을 포기하게 되었습니다. 베냐민을 포기하지 않으면 시므온이 돌아올 수 없고 양식도 구할 수 없었기 때문입니다.

우리는 야곱처럼 막다른 길목에 서야 포기하는 사람이 되지 않기를 바랍니다. 포기할 것은 미리미리 포기하십시오. 포기하는 것도 연습이 필요합니다. 남에게 돈을 자꾸만 줘 보십시오. 가난한 사람에게 돈을 나누어 주고, 장학금도 주고, 선교 후원금도 보내 보십시오. 좋은 일에 자꾸 내어 주면 어느새 자신이 소중해졌음을 느낄 수 있습니다. 그러면 곧 설명할 수 없는 기쁨이 자신을 감싸게 될 것입니다.

사람들 대부분은 시시하고 별로 중요하지 않은 것은 잘 내어 줍니다. 그러나 결정적으로 중요한 것은 안 내놓습니다. 교회도 올 만하니까 오는 사람이 많지, 포기하고 오는 사람은 그리 많지 않을 것입니다. 만약 교회에서 예배드리는 동안 몇백만 원 손해를 본다면 손해를 감수하면서까지 포기하고 오는 사람이 얼마나 되겠습니까? 자신에게 있는 것 중에서 제일 좋은 것, 가장 중요한 것을 한번 포기해 보십시오. 무척 어려운 일일 것입니다. 그러나 포기는 무척 중요합니다. 포기는 우리에게 자유를 주고, 모든 억압에서 우리를 해방시켜 줍니다.

야곱은 베냐민을 포기할 수가 없었지만, 결국 포기하자 복이 임하기 시작했습니다. 그제야 기도를 배우고 하나님을 생각하기 시작했습니다. 우리도 그렇습니다. 아들을 군대에 보내야 새벽 기도회에 나옵니다. 자녀를 시집보내고 장가보내야 기도하기 시작합니다. 포기하면 하나님을 만나고 자유가 시작됩니다. 포기하면 마음이 순수해집니다. 반대로 욕심 때문에 포기하지 않는 순간부터 욕망의 종이 됩니다.

포기는 자연스럽게 할 수 있는 것이 아닙니다. 우리의 결단이 필요합니다. 포기하기 위해서 밤잠을 설치며 고민해야 할 때도 있습니다. 예수님을 믿는 것은 자연스러운 현상이 아니라 결단을 요구합니다. 포기하는 데도 결단이 필요합니다. 야곱이 베냐민을 포기했기 때문에 요셉의 형들이 다시 애굽에 갈 수 있었습니다. 이는 한 사람의 포기가 다른 사람에게 복을 주고, 좋은 영향력을 미친다는 뜻입니다. 내가 포기하는 것이 다른 사람에게 은혜를 베푸는 일이 될 수 있습니다.

요셉의 형들은 아버지가 포기한 베냐민을 데리고 가기 때문에 발걸음이 가벼웠습니다. 그렇습니다. 우리는 헌신한 사람으로 인해 기쁨을 누리게 됩니다. 사람들은 누군가 교회를 위해서든, 나라를 위해서든, 그 어떤 분야를 위해서든 헌신한 모습을 보거나 듣기만 해도 큰 위로와 격려를 얻습니다. "저 사람은 손해를 보면서도 좋은 일을 했다더라"라는 말을 들으면 사람들의 마음이 따뜻해집니다. 세상을 변화시키는 방법은 간단합니다. 나 자신의 유익과 만족을 포기하고 헌신하는 것입니다.

요셉은 베냐민을 본 순간 기쁨을 이기지 못했습니다. 하나님도 우리가 헌신한 모습을 보고 기쁨을 이기지 못하십니다. 예수님이 자신을 포기하고 온 인류를 위해 십자가를 지기로 헌신하셨을 때 하나님은 이렇게 표현하셨습니다. "이는 내 사랑하는 아들이요 내 기뻐하는 자니"(마 17:5). 우리가 헌신하고 포기하면 하나님은 우리를 향해서도 "이는 내 사랑하는 아들이요 내 기뻐하는 자니"라고 말씀하실 것입니다.

바꿔서 한번 생각해 보십시오. 만일 요셉의 형들이 베냐민을 데리고 오지 않았더라면 어떤 일이 생겼을까요? 요셉은 기뻐하기는 커녕 실망하고 화가 났을 것이며, 요셉의 형들은 더욱더 큰 어려움에 빠졌을 것입니다.

시련은 우리를 구원으로 인도하는 도구가 된다

이제 다른 편에서 이 말씀을 살펴보겠습니다. 요셉은 형들과 동생을 보자 심히 좋아서 큰 잔치를 베풀고 그들을 초청했습니다. 그런데 참 이상합니다. 요셉은 기뻐서 초청했는데 초대받은 요셉의 형제들은 긴장하고, 불안해하고, 두려워했습니다.

청지기가 요셉의 명대로 하여 그 사람들을 요셉의 집으로 인도하니 그 사람들이 요셉의 집으로 인도되매 두려워하여 이르되 전번에 우리 자루에 들어 있던 돈의 일로 우리가 끌려드는도다 이는 우리를 억류하고 달려들어 우리를 잡아 노예로 삼고 우리의 나귀를 빼앗으려 함이로다 하고(창 43:17-18).

죄지은 사람은 무슨 일을 만나든지 우선 긴장과 두려움으로 반응합니다. 좋은 일을 만나도, 나쁜 일을 만나도 겁부터 냅니다. 왜 그럴까요? 자신의 죄를 들켰을지 모른다는 두려움 때문입니다. 어떤 사람이 나를 부르기라도 하면 내 죄를 알고 부르는 것 같아서 두렵습니다. 반면 죄가 없는 사람은 무슨 일을 만나도 떳떳합니다. 우리는 떳떳한 사람이 되기를 바랍니다. 무슨 일을 만나든 불안한 마음, 쫓기는 마음, 두려운 마음이 아니라 자유로운 마음이 되기를 원합니다.

형들은 요셉이 애굽의 총리가 되었다는 사실을 아직 몰랐습니다. 그들이 돈을 훔치지 않은 것은 사실이었습니다. 자루를 열어 보니 자신들도 모르는 돈이 들어 있었을 뿐입니다. 그러면 죄가 없으니 떳떳해야 하는데 왜 그들은 불안해했을까요? 과거에 지은 죄 때문이었습니다. 죄의 뿌리가 있었기 때문입니다. 인간의 본질은 두려움이요, 불안입니다. 죽음에 대한 불안, 미래에 대한 불안 등 온갖 불안이 인간을 사로잡습니다. 인간 안에 죄의 뿌리가 있기 때문입니다.

죄가 있고 하나님을 신뢰하지 않으면 불안이 찾아옵니다. 불안하면 불길한 상상을 하게 됩니다. 초대받는 것은 즐거운 일이며, 만찬에 참여하는 것은 영광스러운 일입니다. 그러나 요셉의 형들에게 그 초대는 불안한 것이었습니다. 형들은 두려워하는 반응을 보였습니다. 그러고는 "우리 자루에 들어 있던 돈의 일로 우리가 끌려드는도다"라고 부정적인 해석을 했습니다. 한 걸음 더 나아가 형들은 상상력을 극대화했습니다. "우리를 붙잡아 억류할 것이다." 여기서 그치지 않았습니다. "우리를 노예로 만들 것이다." 그리고 더 나아갑니다. "우리가 가져온 나귀를 빼앗아 갈 것이다." 정말로 이런 일이 일어났습니까? 아닙니다. 이것은 사실이 아니라 상상이었을 뿐입니다.

불행은 누가 만들어 주는 것이 아니라 우리가 만듭니다. 우리가 자꾸 불길한 상상을 합니다. 부정적인 생각을 합니다. 그래서 자신의 미래를 막아 버립니다. 암에 걸리지도 않았는데 '나는 암에 걸려 죽을 거야'라는 생각이 머릿속에 가득합니다. 자기 안에 있는 아름다운 복과 예비된 복을 부정적인 생각과 잘못된 상상으로 다 막아 버립니다. 그래서 잠을 못 이루고 불행한 세월을 보냅니다.

불길하고 나쁜 상상을 버리십시오. 그것은 실제가 아니며, 단지 우리가 하나님을 신뢰하지 않아 생긴 현상일 뿐입니다. 하나님을 신뢰하십시오. 그러면 미래가 밝아질 것입니다. 우리의 상상 속에 긍정적이고 복된 미래가 존재하게 될 것입니다.

요셉의 형들은 지레 겁을 먹고 요셉의 청지기에게 고백했습니다. 전에 집으로 돌아갈 때 자신들의 자루에 들어 있던 돈은 훔친 것이 아니라고 열변을 토했습니다.

그들이 요셉의 집 청지기에게 가까이 나아가 그 집 문 앞에서 그에게 말하여 이르되 내 주여 우리가 전번에 내려와서 양식을 사가지고 여관에 이르러 자루를 풀어 본즉 각 사람의 돈이 전액 그대로 자루 아귀에 있기로 우리가 도로 가져왔고 양식 살 다른 돈도 우리가 가지고 내려왔나이다 우리의 돈을 우리 자루에 넣은 자는 누구인지 우리가 알지 못하나이다(창 43:19-22).

고난을 당하면 인간은 진실해집니다. 역경에 부딪히면 사람들은 순수해집니다. 요셉의 형들은 예전에는 이렇지 않았습니다. 살인하고, 아버지의 첩을 범하고, 형제들끼리 거짓말하고 다투던 사람들이었습니다. 그런데 자신들이 죽을 형편에 이르자 요셉의 청지기에게까지 진실을 고백했습니다. 그들이 한 말이 사실입니까, 거짓말입니까? 100% 진실입니다.

우리는 일이 잘되고, 아무 문제가 없고, 평안할 때 반성하거나 회개합니까? 안 합니다. 병들고, 모함을 당하고, 자신의 힘으로 해결할 수 없는 일에 봉착했을 때 우리는 진실해지고 자신의 약점과 허물을 보게 됩니다. 하나님께 회개하게 됩니다. 이것이 시련의 의미요, 고난의 의미입니다.

하나님도 우리에게 병 주고 약 주시려니 참 고민이 많으실 것 같습니다. 하나님은 우리를 정직하고, 의롭고, 순결한 사람으로 만드시고 싶은데 인간의 본성이 악하기 때문에 아무 고난 없이 그냥 놔

두실 수가 없습니다. 그래서 시련을 통해 우리를 연단시키십니다. 고난의 파도와 시련의 풍랑 속으로 우리를 집어넣어 다루십니다. 그럴 때 인간은 자신도 모르는 사이에 정직하고 진실한 말을 하게 됩니다. 어떤 때는 눈물을 흘리고 한숨을 내쉬지만, 그러면서 점점 성화되어 가는 자신을 발견하게 됩니다.

요셉의 형들은 고난에 부딪혀 진실하게 말했습니다. 자신들의 과거까지 모두 솔직하게 드러냈습니다. 만약 요셉이 형들을 만나자마자 매우 반가워서 "형님들, 저는 요셉이에요. 제가 애굽의 총리가 되었습니다!" 하며 자신을 밝혔다면 형들의 생각과 반응은 달랐을 것입니다. 오히려 총리인 요셉을 이용해 한자리 얻어 낼 생각부터 했을 것입니다. 바로 이것이 인간의 본질입니다. 이 같은 인간의 본질을 바로 인식할 때 우리는 구원에 눈뜨기 시작합니다.

하나님이 인간의 죄를 십자가에서 다 용서해 주셨지만, 인간이 다시 똑같은 죄를 짓는 이유는 무엇입니까? 회개가 깊지 않기 때문입니다. 오늘날 기독교의 위기는 피상성입니다. 즉 가볍게 예수님을 믿고, 가볍게 구원받고, 가볍게 교회에 나오며, 자신의 욕망대로 살아가는 것입니다. 신앙생활을 고상하게 하지 않고 천박하게 합니다. 신앙의 깊은 곳, 깊은 은혜에 들어가기가 참으로 어렵습니다. 예수님이 우리를 위해 십자가에서 피 흘려 돌아가신 사실은 엄청나고 심오한 사건이건만 우리는 그 일을 너무 가볍게 여깁니다.

우리의 한계와 시련은 우리가 그리스도의 영원한 진리 가운데로 들어가도록 돕는 도구가 된다는 사실을 기억하십시오. 진실하고 깊은 회개를 하고 마음을 겸허히 하는 것이 중요합니다. 그래서 예수님은 "심령이 가난한 자는 복이 있나니 … 애통하는 자는 복이 있나니 … 온유한 자는 복이 있나니"(마 5:3-5)라고 말씀하셨습니다. 우리의 신앙도 십자가만큼 깊이가 있기를 바랍니다.

왜 이스라엘 백성이 광야에서 고난을 받았을까요? 왜 하나님이 이스라엘 백성 60만 명을 젖과 꿀이 흐르는 가나안 땅으로 곧장 보내시지 않고 40년 동안이나 광야에서 살게 하셨을까요? 그것도 낮에는 뜨겁고, 밤에는 춥고, 먹을 것도 마실 것도 없는 곳에서 말입니다. 신명기 8장 2절에 그 이유가 기록되어 있습니다.

> 네 하나님 여호와께서 이 사십 년 동안에 네게 광야 길을 걷게 하신 것을 기억하라 이는 너를 낮추시며 너를 시험하사 네 마음이 어떠한지 그 명령을 지키는지 지키지 않는지 알려 하심이라(신 8:2).

그 이유는 첫째, 고난을 통해 이스라엘 백성을 낮추시기 위함이었습니다. 하나님의 자녀들이 오만한 생각을 버리고 하나님 앞에서 겸손하도록 하시려는 것이 하나님의 목적입니다. 세상 교육의 목적은 인간 자신을 끝없이 높이고 영웅을 만드는 것입니다. 그러나 하나님의 목적은 하나님과 교제할 수 있고, 그분을 경배하며 찬양할 수 있는 겸허한 인간을 만드시는 것입니다.

둘째, 이스라엘 백성으로 하여금 순종을 배우게 하시기 위함이었습니다. 그들의 마음이 어떠한지, 하나님의 명령을 지키는지 지키지 않는지를 알려 하신 것입니다. 하나님의 시험은 유혹(temptation)이 아니라 테스트(test)입니다. 하나님은 우리를 테스트하십니다. 테스트는 나쁜 것이 아닙니다. 공부를 하고 테스트를 받아야 다음 단계로 넘어갈 수 있습니다. 테스트를 치른 후 결과에 따라 한 단계 올라가든지 내려갑니다. 하나님은 우리의 신앙을 한 단계 높이기 위해서 시시때때로 우리를 테스트하십니다. 그 목표는 '순종'과 '겸손'입니다. 겸손할 때까지, 순종할 때까지 하나님은 우리를 테스트하십니다.

하나님께서는 우리를 건강하고 부유하게 하시는 것쯤은 아주 간단한 일입니다. 하나님이 능력이 없으셔서 그렇게 하시지 않는 것이 아닙니다. 하나님께서는 우리를 겸손과 순종의 사람으로 만드시려는 목적이 있기 때문에 우리에게 시험을 허락하시는 것입니다.

그가 이르되 너희는 안심하라 두려워하지 말라 너희 하나님, 너희 아버지의 하나님이 재물을 너희 자루에 넣어 너희에게 주신 것이니라 너희 돈은 내가 이미 받았느니라 하고 시므온을 그들에게로 이끌어 내고 그들을 요셉의 집으로 인도하고 물을 주어 발을 씻게 하며 그들의 나귀에게 먹이를 주더라(창 43:23-24).

이것이 겸손과 순종의 복입니다. 어떤 상황에서든 정직하고 겸손하면 하나님이 이런 대가를 주십니다. 청지기는 그들에게 "너희는 안심하라 두려워하지 말라 너희 하나님, 너희 아버지의 하나님이 재물을 너희 자루에 넣어 너희에게 주신 것이니라"라고 말했습니다. 하나님은 요셉을 통해 요셉의 형들에게 돈을 주시고 시므온을 돌려주셨습니다. 그리고 그들을 요셉의 집으로 데려가 물을 주어 발을 씻게 하시며 그들의 나귀까지 먹이는 은혜를 주셨습니다.

하나님은 우리를 훨씬 더 많이 사랑하신다

그들이 거기서 음식을 먹겠다 함을 들었으므로 예물을 정돈하고 요셉이 정오에 오기를 기다리더니 요셉이 집으로 오매 그들이 집으로 들어가서 예물을 그에게 드리고 땅에 엎드려 절하니(창 43:25-26).

요셉이 약속 시간에 나타났고, 형제들과 기막힌 해후를 했습니다. 하나님과 우리의 만남은 기막힌 만남입니다. 우리가 세례를 받을 때 기막힌 감동이 있기를 바랍니다. 우리 자신이 하나님을 믿고 하나님을 만나는 순간인데 어떻게 아무렇지 않을 수 있겠습니까? 하나님을 만나는 것은 우리 인생이 BC(주전)에서 AD(주후)로 바뀌는 놀라운 일입니다.

요셉이 그들의 안부를 물으며 이르되 너희 아버지 너희가 말하던 그 노인이 안녕하시냐 아직도 생존해 계시느냐 그들이 대답하되 주의 종 우리 아버지가 평안하고 지금까지 생존하였나이다 하고 머리 숙여 절하더라(창 43:27-28).

요셉의 마음과 그 형들의 마음은 하늘과 땅만큼 차이가 났습니다. 형들은 두렵고 불안했지만 요셉은 감사와 즐거움으로 가득 차 있었습니다. 저는 여기서 하나님과 죄인의 만남의 모델을 봅니다.

요셉이 눈을 들어 자기 어머니의 아들 자기 동생 베냐민을 보고 이르되 너희가 내게 말하던 너희 작은 동생이 이 아이냐 그가 또 이르되 소자여 하나님이 네게 은혜 베푸시기를 원하노라 요셉이 아우를 사랑하는 마음이 복받쳐 급히 울 곳을 찾아 안방으로 들어가서 울고 얼굴을 씻고 나와서 그 정을 억제하고 음식을 차리라 하매(창 43:29-31).

요셉은 하나님의 마음을 가진 사람이었습니다. 그는 자신의 하나뿐인 혈육 베냐민을 본 순간 불타는 마음을 억제할 길이 없었습니다. 울음을 참을 수 없던 요셉은 안방으로 뛰어들어가 실컷 울고는 안 그런 척하고 나왔습니다. 여기서 재미있는 표현을 하나 발견할 수 있습니다. '자기 어머니의 아들 자기 동생 베냐민'이라는 말입니다. 요셉은 형들을 사랑했습니다. 그러나 베냐민에 대한 사랑과는 질이 다르다는 의미입니다. 형들을 보고는 대성통곡하지 않았지만, 베냐민을 보자 대성통곡했습니다. 그 정과 불타는 마음을 억제할 수가 없었습니다. 우리는 이와 비슷한 장면을 남북 이산가족 상봉 장면에서 볼 수 있습니다. 그들은 혈육을 만났을 때 서로 부둥켜안고 웁니다. 전혀 표정 관리가 안 됩니다. 부끄러운 줄도 모르고 엉엉 웁니다. 피붙이이기 때문입니다.

언젠가 수학여행에서 돌아오던 학생 18명이 참사를 당한 사건이 있었습니다. 그 부모들이 자녀의 사망 소식에 땅을 치고 통곡하고 실신까지 하는 모습을 보았습니다. 그때 그 모습을 보고 있던 모든 사람의 마음도 무척 아팠습니다. 그러나 우리 가슴이 아픈 것과 그 부모의 가슴이 아픈 것은 질적으로 다릅니다. 이것이 부모의 사랑이고 하나님의 사랑입니다.

하나님이 우리를 사랑하시는 마음은 부모가 자녀를 사랑하는 마음과 같습니다. 남의 자식은 잘하면 축복해 주고, 잘못하면 벌을 줍니다. 그러나 자기 자녀는 잘하면 칭찬하고 잘못하면 사랑으로 벌을 주고 감싸 주는 것이 부모입니다. 내 피붙이이기 때문입니다. 자녀를 바라보면 자신이 그 안에 있는 것을 느낄 수 있습니다. 그래서 자녀에게 무한히 끌리는 것입니다. 잘하건 못하건 중요하지 않습니다. 사랑 앞에서는 실수가 중요하지 않습니다. 용서하고 또 용서하고, 무조건 손해 보며 감싸 줍니다.

하나님의 사랑이 느껴지지 않습니까? 하나님은 독생자를 죽게 하시기까지 우리를 사랑하십니다. 하나님은 최고의 것을 포기하셨습니다. 얼마나 포기하는지를 보면 얼마나 사랑하는지를 알 수 있습니다. 아내를 위해 얼마나 포기하는지를 보면 아내를 얼마나 사랑하는지 알 수 있습니다. 얼마나 희생하느냐는 것입니다. 남편을 위해서 자존심, 인격, 가진 것을 얼마나 포기했습니까? 부부 사이에는 잘 안 되는 경우가 있긴 하지만, 부모와 자녀 사이에서는 가능합니다. 부모는 자녀를 위해서는 무조건 포기합니다. 돈, 명예, 자존심 등 다 포기할 수 있습니다.

하나님은 자신의 호흡, 자신의 생명으로 우리를 지으셨기 때문에 우리를 사랑하십니다. 하나님의 DNA가 우리 속에 있습니다. 하나님의 성품, 하나님의 형상이 우리 몸 안에 있습니다. 그렇기 때문에 하나님은 우리가 잘하면 복을 주시고 잘못하면 벌을 내리시지 않습니다. 이방 신이나 그렇게 합니다. 우리 하나님은 우리가 죄를 짓고, 실수하고, 타락해서 하나님을 멀리 떠났다 할지라도 우리를 포기하시지 않습니다. 우리를 부둥켜안고 눈물을 흘리십니다. 이것이 우리를 사랑하시는 하나님의 사랑입니다. 요셉이 설명할 수 없는 특별한 사랑으로 베냐민을 사랑하는 것처럼, 하나님은 우리를 사랑하십니다.

드디어 12명의 형제들이 식사를 시작했습니다.

그들이 요셉에게 따로 차리고 그 형제들에게 따로 차리고 그와 함께 먹는 애굽 사람에게도 따로 차리니 애굽 사람은 히브리 사람과 같이 먹으면 부정을 입음이었더라 그들이 요셉 앞에 앉되 그들의 나이에 따라 앉히게 되니 그들이 서로 이상히 여겼더라(창 43:32-33).

애굽의 문화적 관습에 따라 음식을 분리해서 먹는데, 이상한 일이 일어났습니다. 요셉의 형제들이 앉는 자리가 장유의 순서대로 정확하게 정해져 있었던 것입니다. 그래서 그들은 서로 이상하게 생각하면서 놀랐습니다. 이처럼 우리가 평소 이상하게 여기는 일에는 하나님의 섭리와 계획이 있습니다.

요셉이 자기 음식을 그들에게 주되 베냐민에게는 다른 사람보다 다섯 배나 주매 그들이 마시며 요셉과 함께 즐거워하였더라(창 43:34).

베냐민의 식탁 앞에는 다른 형제들보다 음식이 5배나 많았습니다. 하나님은 우리를 보통 사람보다 훨씬 더 많이 사랑하십니다. 그 사실을 믿으십시오.

14

우리 가정도
하나 되게 하소서

창세기 44:1-17

조건 있는 사랑 아닌 조건 없는 사랑을 하라

앞서 제1부에서는 꿈과 믿음의 사람 요셉의 면모에 대해 살펴보았습니다. 제2부의 주제는 "사랑과 용서의 사람 요셉"입니다. 꿈의 사람, 믿음의 사람은 요셉의 외형적인 모습입니다. 그는 꿈을 가진 사람이었습니다. 하나님의 꿈을 꾸는 사람이었습니다. 그의 형들이 요셉을 보면서 "꿈꾸는 자가 오는도다" 하고 빈정대기도 했습니다.

요셉은 꿈을 꾸었고, 꿈을 해석할 줄 알았고, 꿈대로 살 줄 알았던 사람입니다. 꿈이 있는 사람에게는 희망이 있고 미래가 있습니다. 꿈을 가진 사람의 특징은 절망하지 않는다는 것입니다. 현실에서 어떤 고통과 고난과 역경을 만나도 개의치 않고 꿈을 향해 갑니다. 이것이 꿈입니다. 우리 모두가 하나님의 꿈을 꾸는 사람들이 되기를 바랍니다. 내 꿈이 아니라 하나님의 꿈, 땅의 꿈이 아니라 하늘의 꿈, 순간적인 꿈이 아니라 영원한 꿈을 꾸기 바랍니다. 그래서 우리 눈이 반짝거리기를 바랍니다. 요셉처럼 희망에 불타는 복이 있기를 바랍니다.

요셉은 꿈의 사람이었고, 동시에 믿음의 사람이었습니다. 꿈을 이루는 원동력은 믿음입니다. 아무리 좋은 꿈을 꾸었다 하더라도 그 꿈을 이룰 믿음이 있어야 합니다. 믿음은 불가능을 가능하게 합니다. 믿음은 하나님께 이르게 합니다. 그러므로 믿음이 없으면 꿈은 백일몽에 불과합니다.

요셉은 하나님을 신뢰했습니다. 하나님이 보일 때도 신뢰했고, 보이지 않을 때도 신뢰했습니다. 환경이 좋을 때도, 나쁠 때도 하나님을 신뢰했습니다. 아버지 집에 있을 때도, 감옥에 들어갔을 때도 하나님을 신뢰했습니다. 그런 사람이 바로 믿음의 사람입니다. 우리도 믿음의 사람이 되기를 바랍니다.

꿈의 사람, 믿음의 사람은 요셉의 외형적인 모습이었습니다. 그렇다면 요셉의 내면적인 모습은 어떠했을까요? 요셉에게 있어서 가장 위대한 일은 자기를 죽이려 했고, 자기 인생을 파멸로 몰아넣은 형들을 용서한 것입니다. 용서는 인생의 클라이맥스라 할 수 있습니다. 용서할 수 있다면 인생을 완성한 사람입니다. 원수까지 사랑할 수 있다면 완전한 성숙에 이른 사람입니다. 복음의 끝은 사랑입니다. 요셉에게는 사랑이 있었습니다. 이것이 요셉의 내면적인 모습입니다. 우리도 요셉처럼 용서하고 사랑하는 사람이 되기를 원합니다.

요셉의 사랑은 어떤 종류의 사랑일까요? 그가 한 사랑은 우리가 하는 사랑과는 달리 특별한 사랑임을 알 수 있습니다. 우리도 형제들을 사랑합니다. 부모님을 사랑합니다. 조국을 사랑합니다. 그리고 사랑하고 싶어 합니다. 그러나 우리의 사랑은 갈등이 많습니다. 기분이 좋으면 사랑합니다. 나한테 잘하면 나도 잘해 줍니다. 그러나 나한테 잘하지 않으면 나도 잘하지 않습니다.

대개 부부의 사랑이 그렇습니다. 자기한테 잘해 주면 사랑하고, 자기한테 잘해 주지 않으면 이혼합니다. 이것이 요즘 부부들의 사랑입니다. 우리의 사랑에는 조건이 너무 많고 너무 상대적입니다. 그래서 우리의 사랑에는 목마름이 있고, 갈등이 있고, 한계가 있는 것입니다. 이러한 사랑은 '참는 사랑'이라고 할 수 있습니다. 화가 나는데도 애써 참습니다. 소리를 지르고 싶은데 참고 사니까 얼굴이 일그러집니다. 사랑하는데 평안이 없고 기쁨이 없습니다. 이것이 일반적으로 우리가 사랑이라고 말하는 것입니다.

그렇기 때문에 우리는 요셉의 사랑을 보면서 감동을 받고 충격을 받습니다. 요셉의 사랑은 우리의 사랑과 다릅니다. 요셉의 사랑은 어떤 사랑이었습니까? 배다른 형제들을 사랑하기란 쉽지 않습니다. 부모님 밑에서 살 때는 조용히 지내다가 결혼하고 분가해서 살게 되면 서로 경쟁하기 쉽습니다. 그래서 아예 관계를 끊기도 합니다. 더욱이 자기를 죽이려 했고, 애굽에 노예로 팔아 버린 배다른 형들을 용서하고 사랑하기는 결코 쉬운 일이 아닙니다.

그런데 요셉은 이런 사랑을 했습니다. 요셉이 형들을 사랑하는데 애쓰거나 고민한 흔적이 없습니다. 당연하고 자연스럽게 사랑했습니다. 우리는 여기서 감동을 받습니다. 사실 요셉은 형들을 사랑할 만한 처지가 아니었고, 그럴 이유가 없었습니다. 그래서 그의 사랑은 우리에게 더욱 충격을 줍니다.

우리는 요셉의 사랑을 보면서 그냥 지나쳐선 안 됩니다. 여기에 능력이 있기 때문입니다. 요셉의 사랑을 보면서 저는 이런 생각을 했습니다. '목사인 나의 사랑은 가짜로구나.' 저는 참고, 사랑하려고 애쓰기 때문입니다. 그 과정에서 어떤 때는 승리하지만 어떤 때는 승리하지 못합니다. 목사이기 때문에 겉으로는 표현하지 않습니다. 그래서 겉으로는 다 승리한 것처럼 보입니다. 그러나 실제는 그렇지 않을 때가 많습니다. 이것이 인간의 사랑입니다.

그러나 하나님의 사랑은 다릅니다. 요셉의 사랑은 하나님의 사랑을 닮았습니다. 요셉의 사랑이 우리에게 왜 그렇게 충격적일까요? 조건 없는 사랑이기 때문입니다. 형들이 요셉에게 잘해 줘서 그들을 사랑한 것이 아니었습니다. 상황에 따라 사랑한 것도 아니었습니다. 성경을 보면, 요셉은 아버지 집에 있을 때부터 형들을 무조건 좋아했다는 것을 알 수 있습니다.

그러나 요셉은 자랄 때 배다른 형들에게 미움과 시기와 질투를 많이 받았습니다. 그 형들이 얼마나 요셉을 미워했으면 구덩이에 집어넣었겠습니까? 얼마나 미워했으면 그를 애굽에 노예로 팔았겠습니까? 형들은 그렇게 했습니다. 그러나 놀랍게도, 요셉은 형들한테 그런 감정이 없었습니다. 이것이 충격입니다.

그런 사랑을 보면 치유되기 시작합니다. 인간적인 사랑, 조건적인 사랑을 하던 내가 진정한 사랑에 눈을 뜨고, 감동하고, 충격을 받습니다. 하나님의 사랑이 그렇습니다. 사랑받을 자격도 없고, 사랑받을 만한 사람도 아닌데 하나님이 나를 조건 없이, 내가 태어나기 전부터 사랑하셨습니다. 하나님은 나를 사랑하기로 결정하셨습니다. 내가 하는 행동의 모든 동기를 선하게 보기로 작정하신 것입니다. 이것이 우리에게 충격이요, 놀라운 일입니다.

절대적이고, 무조건적이고, 의지적인 사랑을 하라

우리가 이 지상에서 경험하는 사랑은 크게 두 종류입니다. 부부 간의 사랑과 부모의 자식 사랑입니다. 부부의 사랑은 상대적입니다. 다 줄 것처럼 사랑하다가도 순식간에 이혼하고 돌아섭니다. 부부는 서로 잘할 때는 좋습니다. 그러나 상대방이 배신하면 용서하지 않습니다. 반면, 부모의 자식 사랑은 어떻습니까? 자녀가 사랑받을 만한 가치가 없어도 부모는 자녀를 사랑합니다. 죄를 지어도 사랑하고, 부모의 가슴에 못질을 해도 용서하고 사랑합니다. 우리 부부의 사랑이 부모의 자식 사랑같이 되기를 바랍니다. 어떤 실수를 하고 어떤 잘못을 해도 받아들이고, 용서하고, 처음 잘못한 것처럼 생각해 주며 사는 복이 있기를 기도합니다.

요셉은 그런 사랑을 했습니다. 요셉은 아버지 집에 있을 때부터 형들을 사랑했습니다. 형들의 잘못을 고자질한 적이 있긴 하지만, 그것은 형들을 미워하거나 경쟁하기 위해서가 아니라 그의 정직성 때문이었습니다. 요셉은 형들이 아무리 자기를 힘들게 해도 순진하게 사랑했습니다. 형들을 위해 식사를 갖다 주었고, 형들이 자기를 죽이려 할 때도 '아니, 형님들! 왜 그래요?' 하는 표정을 지었을 것입니다.

요셉의 특징이 또 하나 있습니다. 애굽에 종으로 팔려 가고 억울하게 감옥에 갇혔어도 형들을 원망하지 않았다는 것입니다. 성경을 보면, 요셉이 형들을 원망했다는 기록이 한 군데도 없습니다. 자기를 죽이려 한 형들이었지만, 요셉은 그들에게 나쁜 감정이 없었습니다. 그냥 잊은 것입니다. 요셉의 마음속에는 오래전 헤어져 얼굴을 보지 못한 형제들에 대한 그리움만 있었습니다. 총리가 된 요셉의 마음속에는 형들을 향한 그리움, 그것도 배다른 형들이자 자기를 죽이려 한 형들에 대한 목마름과 사랑이 있었던 것입니다.

그 증거가 무엇입니까? 형들이 곡식을 사러 애굽에 와서 다시 만났을 때 요셉이 방어벽을 치지 않았다는 것입니다. 그는 자신의 권위로 형들을 제압하지 않았고, 단순히 "형님들!" 하며 달려가고 싶어 했습니다. 요셉은 어떤 목적이 있어서 처음에는 자신의 신분을 밝히지 않았습니다. 그러나 때가 되어 신분을 밝힌 후 요셉의 모습을 보십시오. 가슴이 벅차서 대성통곡했습니다. 이것은 요셉이 마음속 깊이 형들을 좋아하고 사랑했다는 것을 보여 줍니다. 그래서 요셉은 사랑의 사람입니다.

이 사랑이 바로 예수님의 사랑입니다. 이 사랑이 하나님의 사랑입니다. 하나님의 사랑은 나한테 잘해 주면 나도 잘해 주는 상대적인 사랑이 아닙니다. 나를 화나게 하면 나도 화를 내는 주고받는 식의 사랑이 아닙니다. 나한테 못해 주거나, 화나게 하거나, 손해를 끼치거나, 내 인생을 파멸로 끌고 가더라도 그냥 좋아하는 것이 사랑입니다. 저는 이런 사랑을 그리워합니다. 그리고 부러워합니다. 제 안에 이런 사랑이 있기를 원합니다. 누구든지, 설령 나에게 해를 끼친 사람일지라도 순식간에 그 모든 것을 잊고 그를 위해 기도하고 사랑할 수 있다면 얼마나 좋겠습니까? 우리 모두에게 이런 축복과 기름 부으심이 흘러넘치기를 간절히 기도합니다.

언제나 예수님의 사랑을 기억하십시오. 내 사랑으로 사랑하지 마십시오. 내 감정이나 느낌으로 사랑하지 마십시오. 그러면 실패합니다. 그렇게 사랑하면 배신을 경험하게 될 것이고, 자신에게 실망하게 될 것입니다. 나의 선행, 나의 의, 나의 사랑은 절망할 수밖에 없습니다. 이제 사랑의 대상을 다른 눈으로, 하나님의 사랑으로 보십시오. 조건과 무관하게, 그 사람이 나를 어떻게 대했는지와 상관없이 그냥 그 사람을 사랑하기로 결정하십시오.

그렇게 결정한 후에 할 일이 있습니다. 상대방의 동기를 선하게 해석하는 것입니다. 우리는 수 쓰는 사람을 금방 알 수 있습니다. 그러고는 "동기가 불순하다"고 말합니다. 하지만 앞으로는 이런 말은 입 밖에도 내지 마십시오. 비록 그 사람이 불순한 동기로 내게 다가왔다 하더라도 속아 주고, 좋은 동기로 다가왔다고 믿어 주십시오. 그것이 사랑입니다. 물론 우리는 속을 것입니다. 손해를 볼 것입니다. 그래도 끝까지 믿어 주십시오. 이것이 하나님의 사랑입니다.

상대적이고, 조건적이고, 감정적인 사랑을 절대적이고, 무조건적이고, 의지적인 사랑으로 바꾸십시오. 그때 나를 괴롭히고 불편하게 할 사람은 하나도 없습니다. 우리가 사랑하기 때문입니다. 특별히 남편과 아내 사이의 사랑이 변하기를 바랍니다. 호세아의 사랑을 보십시오. 그는 아내가 자신을 배신하고 음란한 행동을 해도 끝까지 아내를 사랑했습니다. 배우자가 나를 배신했을지라도 끝까지 기다려 주는 사랑, 이것이 하나님의 사랑을 닮은 사랑입니다.

사랑은 사람을 변화시킨다

본문을 보면 한 가지 질문이 생깁니다. "요셉은 형들을 사랑하면서도 왜 형들에게 고통을 주었는가?" 하는 것입니다. 이상하지 않습니까? "내가 요셉입니다" 하고 말하면 될 일을, 병 주고 약 주는 식입니다. 요셉은 형들에게 돈 자루를 보냈습니다. 베냐민의 자루에는 은잔까지 숨겼습니다. 그리고 고향으로 돌아가는 길목에서 그들의 짐을 수색하게 했습니다. 이 음모를 꾸민 사람은 다름 아닌 요셉이었습니다. 이것을 사랑이라고 할 수 있습니까?

여기에 아주 중요한 메시지가 숨어 있습니다. 무엇이 참사랑이냐는 것입니다. 무조건 잘해 주는 것만이, 무조건 용서해 주는 것만이 사랑입니까? 물론 그렇게도 사랑할 수 있습니다. 하지만 그러면서도 그 사람을 변화시키는 것이 진정한 사랑입니다. 이 일로 인해 요셉의 형들이 어떻게 변했습니까? 과거와는 전혀 다른, 기가 막히게 성숙한 사람들로 변했습니다. 아버지에 대한 불평이 많은 아들들이었는데, 이제는 아버지를 무척 사랑하는 아들들로 거듭나고 있었습니다. 아버지에게 상처를 주지 않으려고 애를 썼습니다.

또한 전에는 배다른 형제들끼리 서로 질투하고 경쟁했지만, 고난과 어려움을 겪으면서 놀랍게도 훌륭한 팀워크를 이루어 갔습니다. 서로 보호하고, 돕고, 격려하고, 사랑하는 모습을 볼 수 있습니다. 시므온이 인질로 잡혔을 때 그들은 시므온을 구하려고 돌아왔습니다. 베냐민의 자루 속에 은잔이 들어 있는 것이 밝혀졌을 때 베냐민을 보호하는 모습도 보였습니다. 여기서 우리는 중요한 메시지를 얻을 수 있습니다. 하나님은 우리 가정이 하나 되기를 원하신다는 것입니다. 배다른 형제라도 서로 사랑하고, 보호하고, 좋은 팀워크를 이루는 것이 하나님의 뜻입니다.

요셉은 형들을 용서하는 모습을 보여 주었고, 요셉의 형들은 아버지 중심의 가족 구조를 만드는 모습을 보여 주었습니다. 이 복이 우리 가정에도 있기를 바랍니다. 우리 가정도 아버지를 중요하게 여겨야 합니다. 아버지는 가정의 머리입니다. 아버지를 중심으로 다시 모이십시오. 그리고 배다른 형제라 할지라도 형제들끼리 서로 사랑하고 격려하십시오.

15

생명을 건 중보 기도,
이제 시작합니다

창세기 44:18 - 34

세월이 흘러도 변함없어야 진정한 사랑이다

우리에게는 마음속에 알게 모르게 아픔과 상처가 있는데, 하나님이 요셉이라는 사람을 통해 그 아픔과 상처를 치유하신다고 믿습니다. 꿈의 사람, 믿음의 사람 요셉은 고난과 고통과 역경 속에서도 하나님이 주신 꿈이 있기 때문에 좌절하지 않았습니다. 그 꿈을 이룰 수 있었던 비결은 하나님을 끝까지 신뢰한 것입니다. 요셉은 하나님을 의심하거나 불신앙에 빠지거나 시험에 들지 않았습니다. "하나님, 왜 저를 이렇게 취급하십니까? 왜 저를 버리십니까?" 하고 원망하지 않았습니다. 감옥에 들어가서도 그의 마음은 요동하지 않았습니다.

요셉은 끝까지 하나님을 신뢰함으로 30세에 애굽의 총리 대신이 되었습니다. 그렇게 되기까지 하나님이 그를 키워 주셨습니다. 요셉은 그 믿음을 가지고 있었습니다. 여기서 우리는 요셉의 외형적인 모습이 '꿈의 사람, 믿음의 사람'이라는 것을 알 수 있습니다. 이러한 요셉의 모습은 삶의 현실에서 좌절하고, 찌들고, 고통당하는 우리에게 용기와 희망을 줍니다.

이제 앞 장에 이어서 요셉의 내면적인 모습을 살펴보겠습니다. 우리가 요셉의 내면적인 모습에서 배울 수 있는 점은 형들에 대한 사랑입니다. 용서할 수 없는 사람을 용서하고, 사랑할 수 없는 사람을 사랑하는 모습입니다. 끝까지 사랑하는 요셉의 모습을 보게 됩니다. 누군가 나를 사랑하면 나도 그를 사랑할 수 있습니다. 그것은 쉽습니다. 나한테 잘해 주는데 내가 잘해 주지 않을 이유가 없습니다. 나를 격려해 주고 나에게 미소를 지어 주는 사람을 어떻게 사랑하지 않을 수 있겠습니까?

그러나 참사랑은 그렇지 않습니다. 상대방의 태도나 조건에 따라 사랑하는 것이 아니라 그것과 상관없이 원수일지라도, 나한테 손해를 끼쳤을지라도 용서하고 사랑하는 것이 요셉에게서 배울 수 있는 사랑입니다. 우리는 예수님을 잘 믿습니다. 봉사도 열심히 합니다. 하나님께 헌신적입니다. 그러나 그런 것과 상관없이 이제 요셉의 삶을 통해 우리 마음속에 있는 사랑하지 못하는 갈등, 사랑하면서도 고민하며 괴로워하는 갈등, 용서하지 못하는 모든 아픔이 치유되고 회복되기를 바랍니다. 우리 내면에 거룩함이 이루어지기를 간절히 기도합니다.

요셉은 형들을 사랑하되, 조건 없이 사랑했습니다. 절대적으로 사랑했습니다. 일방적으로 사랑했습니다. 그는 형들이 어떻게 반응하는지를 보면서 사랑한 것이 아닙니다. 그래서 요셉의 사랑 속에서 예수님의 사랑을 발견하게 됩니다. 우리의 사랑 속에서도 예수님의 사랑이 보이기를 바랍니다. 감정적인 사랑, 상황적인 사랑, 인간적인 사랑이 아니고 예수님이 있는 사랑, 십자가가 있는 사랑이 우리 마음속에 새롭게 일어나기를 바랍니다.

요셉을 보면서 사랑에 대해 3가지를 알 수 있습니다.

첫째, 진정한 사랑은 대상과 상관없다는 것입니다. 대상이 누구인지를 따지면 사랑할 수 없습니다. 진정한 사랑은 대상과 무관합니다. 나의 사랑이 필요한지가 중요합니다. 둘째, 진정한 사랑은 상대방의 반응과 상관없다는 것입니다. 상대방이 어떻게 반응하느냐와 무관하게 내가 사랑하기로 결정하는 것입니다. 거절하면 또 만나고, 오른뺨을 치면 왼뺨을 돌려 대고, 겉옷을 달라고 하면 속옷까지 주고, 5리를 가자고 하면 10리를 가 주는 것입니다. 어떻게 보면 균형이 깨진 사랑입니다. 그냥 사랑하기로 결정한 것입니다. 그 사람이 하는 것은 뭐든지 다 좋습니다. 사랑은 상대방의 반응과 상관없는 것입니다. 셋째, 진정한 사랑은 세월과도 상관없다는 것입니다. 세월이 지나도 사랑은 변하지 않습니다. 20년 전이나 지금이나 똑같습니다. 결혼 전이나 결혼 후나 변함이 없습니다.

예전에 연예인 교회 목회를 하다가 이와 관련해 깨달음을 얻은 사건이 있습니다. 저는 연예인들 중에 아는 사람이 한 사람도 없었습니다. 그런데 연예인 교회를 처음 시작할 때 몇몇 연예인들을 만났습니다. 그분들이 성령 받고, 예수님을 믿고, 그분들에게서 귀신이 떠나가는 일이 일어나는 것에 제가 놀랐습니다. 그런 후 나뭇잎이 우수수 떨어지듯이 연예인들이 몰려와서 눈물을 흘리고 회개하는 모습을 보며 얼마나 충격을 받았는지 모릅니다. 그렇게 시작된 것이 연예인 교회입니다. 병이 낫고 귀신이 떠나가는 하나님의 역사가 눈에 보였습니다. 그러니 연예인들이 예수님을 믿지 않았겠습니까? 자기 눈으로 하나님의 역사를 목격하니까 많이 모인 것입니다. 교회가 참 재미있었습니다. 철야 기도를 하고 산 기도를 다녔습니다. 눈물, 콧물을 너무 많이 흘려서 연예인들은 교회에 올 때 마스카라를 다 지우고 왔습니다.

그런데 3년쯤 지나니까 제 속에서 이상한 말이 자꾸 들렸습니다. '해도 너무한다'라는 말이었습니다. 그분들은 청소하고 의자를 정리할 줄을 몰랐습니다. 그래서 제가 그 일을 계속했습니다. 목회를 한참 하다 보니까 교인들이 많아졌습니다. 그러자 제 속에서 '물이라도 좀 떠다 놓지' 하는 생각이 들기 시작했습니다. 슬슬 불평이 생겼습니다. 너무 지치고 힘이 드니까 연예인 교회를 떠나 미국으로 유학을 가야겠다는 생각이 들었습니다. 휘튼대학에 가려고 했는데 장학금을 주겠다고 한 사람이 있었습니다. 그러나 그냥 떠날 수가 없어서 하나님께 여쭈어 보려고 기도했습니다. 산에 가서 금식 기도를 했는데 아무 응답이 없었습니다. 그래서 "해도 너무하십니다. 하나님, 저 그냥 갑니다" 했더니 제 마음속에서 이런 응답이 왔습니다. "언제는 안 그랬냐?"

그렇습니다. 교인들은 변한 것이 없었습니다. 제가 변했을 뿐입니다. 처음에는 정말 좋았습니다. 그분들의 허물과 실수도 사랑스러웠습니다. 그런데 어느 날 돌아보니, 그것이 다 율법으로 변해 있었습니다. 저는 보상받고 대우받기를 원하고 있었던 것입니다. 그래서 유학 가는 것을 포기하고 다시 연예인 교회로 돌아갔습니다. 사실은 그분들이 변한 것이 아니라 제가 변했던 것입니다. 제 사랑이 식은 것입니다. 세월이 흘러도 변함이 없어야 진정한 사랑입니다. 요셉의 사랑이 그러했습니다.

자기중심의 사랑에서 그리스도 중심의 사랑으로

누가복음 10장에서 예수님은 사람들에게 이런 비유를 들려주셨습니다. 한 사람이 강도를 만나 죽게 되었는데, 레위인도 그냥 지나가고, 제사장도 그냥 지나갔지만, 어느 사마리아인이 그를 구했다는 것입니다. 예수님은 "내 이웃이 누구니이까"(눅 10:29) 하고 한 율법사가 질문하자 이 이야기를 들려주신 후 물으셨습니다. "이 세 사람 중에 누가 강도 만난 자의 이웃이 되겠느냐"(눅 10:36). 여기서 사랑의 놀라운 정의가 나옵니다. 레위인도, 제사장도 다 지나갔는데 어떻게 사마리아인은 강도 만난 사람을 돌볼 수 있었을까요?

이 비유에 사랑의 속성 3가지가 나옵니다.

첫째, 사마리아인은 강도 만난 사람이 누구인지 묻지 않았습니다. 그 사람이 강도를 만났다는 사실에만 관심이 있었지, 그 사람이 누구인지, 그 사람을 도와주면 무슨 보상이 있는지에 대해서는 생각하지 않았습니다. 이로움과 해로움을 전혀 따지지 않고 그냥 도와주었습니다. 우리는 대상에 따라 더 사랑하기도 하고, 덜 사랑하기도 합니다. 그러나 하나님은 우리 모두를 사랑하십니다. 하나님은 계산하신 후에 우리를 사랑하시지 않습니다. 마찬가지로 우리의 사랑이 계산하지 않는 사랑이기를 바랍니다. 대상에 따라 농도가 달라지는 사랑이 아니기를 바랍니다.

둘째, 사마리아인은 손익 계산을 하지 않았습니다. 그는 강도 만난 사람을 도와주면 시간이 얼마나 손해인지, 돈은 얼마나 드는지, 도와주고 난 후에 오히려 피해를 입는 것은 아닌지 등을 생각하지 않았습니다. 도움이 필요하기에 도와주었을 뿐입니다. 상대가 원수라도 필요하면 간호해 주어야 합니다.

셋째, 사마리아인은 끝까지 사랑했습니다. 그 현장에서만 도와준 것이 아닙니다. 사마리아인은 강도 만난 사람을 주막에 데려가서 "이 사람을 돌보아 주라 비용이 더 들면 내가 돌아올 때에 갚으리라"(눅 10:35)라고 말했습니다.

선한 사마리아인이 보여 준 사랑은 형들에 대한 요셉의 사랑과 같습니다. 그리고 그것은 예수님의 사랑과 같습니다. 하지만 우리의 사랑은 다릅니다. 거기에 미치지 못합니다. 우리가 하는 사랑에는 왜 갈등이 있습니까? 내가 좋아하는 사람만 좋아하고, 나한테 잘해 주는 사람에게만 잘해 주기 때문입니다. 그러다가 그 사람이 나를 배신하면 화가 나고 갈등이 생깁니다. 사랑을 포기해 버립니다. 우리가 사랑의 대상을 구분하지 않기를, 상대방의 반응에 연연하지 않기를 바랍니다.

하나님이 나에게 주신 사랑을 사람들에게 정성껏 나누어 주십시오. 정성껏 섬기고, 위로하고, 축복하십시오. 자신의 힘으로 할 수 없는 것은 못하는 것입니다. 그냥 최선을 다하십시오. 하나님은 사랑의 양보다 사랑의 질을 중요하게 여기십니다. 태도가 중요합니다. 아무것도 베풀 것이 없어도 마음으로 사랑하는 태도가 있어야 합니다. 이것은 눈으로, 얼굴로, 언어로 다 표현됩니다. 숨기지 못합니다.

조건적인 사랑에서 무조건적인 사랑으로, 계산하는 사랑에서 계산하지 않는 사랑으로, 자기중심의 사랑에서 그리스도 중심의 사랑으로, 감정적인 사랑에서 의지적인 사랑으로 돌아가기를 바랍니다. 그때 기적이 일어납니다. 지금까지 우리에게 기적이 일어나지 않은 이유는 우리의 사랑이 이런 종류의 사랑이 아니었기 때문입니다. 하나님은 포기하는 사랑, 다 버리는 사랑을 원하십니다.

그렇다면 과연 우리가 어떻게 이런 사랑을 할 수 있을까요? 로마서 5장 5절 말씀을 선물해 드리겠습니다.

소망이 우리를 부끄럽게 하지 아니함은 우리에게 주신 성령으로 말미암아 하나님의 사랑이 우리 마음에 부은 바 됨이니(롬 5:5).

성령이 우리 마음에 사랑을 부어 주십니다. 내 사랑은 바닥난 사랑입니다. 우리의 힘으로는 사랑할 수 없습니다. 성령이 그 사랑을 내게 부어 주셔야 조건 없는 사랑이 가능합니다. 성령이 우리에게 성령의 기름을 부으셔서 조건 없는 사랑을 할 수 있게 해 주시기를 기도하십시오. 성령의 열매 중 첫째는 사랑입니다. 사랑은 율법의 완성입니다. 우리가 다 아는 것처럼, 예수님의 최대 메시지는 "네 이웃을 네 몸처럼 사랑하라"입니다.

그런데 왜 우리는 조건 없는 사랑이 안 될까요? 내 힘으로 하는 사랑이기 때문입니다. 그래서 우리는 기도해야 합니다. "주님, 저 혼자서는 그런 사랑을 할 수 없습니다. 제게 하나님의 사랑을 부어 주옵소서. 성령 세례를 주옵소서. 사랑의 세례를 받게 하여 주옵소서. 제 사랑의 질이 변하게 하옵소서. 생각과 가치가 바뀌게 하옵소서." 하나님이 사랑을 부어 주셔야 계산하지 않는 사랑, 배신당해도 섭섭하지 않은 사랑을 할 수 있습니다.

참된 중보 기도는 생명을 걸어야 한다

이 장의 본문에서 배울 수 있는 또 하나는 형들의 사랑입니다. 요셉의 치밀한 계획으로 형들은 자신도 모르는 함정에 빠지게 되었습니다. 형들이 잘못해서 빠진 것이 아니라 요셉이 쳐 놓은 그물에 걸린 것입니다. 그러나 여기에 놀라운 비밀이 있습니다. 형들은 요셉이 친 그물에서 빠져나올 수가 없었습니다. 변명의 여지가 없었습니다. 자신들은 분명히 잘못한 것이 없었는데, 자루를 열어 보니까 은잔과 돈이 들어 있었습니다. 입이 열 개라도 할 말이 없었습니다. 하지만 마음속에서는 '이게 아닌데, 난 잘못한 것이 없는데' 했습니다.

이런 일이 세상에 얼마나 많습니까? 이런 일을 당하면 보통 "환장하겠다"라고 말합니다. 이렇게 억울한 일이 어디 있냐는 것입니다. 그러나 어차피 세상은 누명을 쓰고 살게 되어 있습니다. 정직이 통하지 않습니다. 음모가 가득한 세상 아닙니까? 요셉의 형들이 이러한 그물에 걸린 것입니다. 그리고 하필 그렇게 보호하려고 애쓴 베냐민의 짐에서 은잔이 나왔습니다.

여기서 우리가 느낄 수 있는 것은 가난한 마음입니다. 할 말이 있으면 가난한 마음이 생기지 않습니다. 그 상황에서 빠져나갈 능력이 조금만 있어도 가난한 마음이 되지 않습니다. 억울하게 당했는데 벗어날 힘도, 변명할 방법도 없을 때 마음이 가난해집니다. 이때 누구를 바라보게 될까요? 하나님을 바라보게 됩니다. 모세는 광야에서 40년을 지내면서 마음이 가난해졌습니다.

형들의 마음에는 이제 포기만 남았습니다. 더는 변명의 여지가 없었습니다. 도와줄 수 있는 사람도 없었습니다. 이것이 형들이 처한 상황이었습니다. 마음이 가난해지고 정직해졌습니다. 우리는 여기서 새로운 사실을 발견할 수 있습니다. 오래전 형들의 모습과는 완전히 다르다는 것입니다. 우리의 삶도 이전과 다르기를 원합니다. 어떤 사람은 '자존심이 있지. 내가 변하나 봐라' 하며 변하지 않으려고 합니다. 그러나 신앙은 성격을 변화시킵니다. 성격은 신앙의 틀입니다. 성격이 변하지 않으면 무엇을 집어넣어도 바뀌지 않습니다. 틀을 바꿔야 합니다. 아무리 새로운 것을 집어넣어도 내 틀이 바뀌지 않으면 옛날로 돌아갑니다.

요셉의 형들은 어찌할 수 없는 기막힌 상황에 처했습니다. 16절을 보면, 유다는 "우리와 이 잔이 발견된 자가 다 내 주의 노예가 되겠나이다" 하고 포기했습니다. 여기에 아주 중요한 단어가 하나 나옵니다. '우리'라는 단어입니다. "우리가 이 잔이 발견된 사람과 함께 고난을 당하겠습니다"라고 말한 것입니다. 여기서 야곱 가족의 변화를 볼 수 있습니다. 예전에는 형제라도 자기만 생각했습니다.

이 점은 오늘날 우리도 마찬가지입니다. 형제가 어려움을 당해도 자기 것을 다 내려놓고 도와주러 가는 사람은 별로 없습니다. 이것저것 따지고 웃으면서 상황을 피해 갑니다. 그런데 요셉의 형들은 변했습니다. 공동으로 책임을 지겠다고 나선 것입니다. 이것이 형들에게서 발견되는 변화입니다.

그 말을 들은 요셉이 무엇이라고 말했습니까?

요셉이 이르되 내가 결코 그리하지 아니하리라 잔이 그 손에서 발견된 자만 내 종이 되고 너희는 평안히 너희 아버지께로 도로 올라갈 것이니라(창 44:17).

요셉은 유다의 청을 거절했습니다. 이것은 유다에게 변명거리가 될 수 있었습니다. 아버지에게 가서 "아버지, 저는 최선을 다했지만 어쩔 수 없었습니다"라고 말하면 되었습니다. 그런데 유다는 그렇게 하지 않았습니다. 요셉을 끝까지 물고 늘어졌습니다.

> 유다가 그에게 가까이 가서 이르되 내 주여 원하건대 당신의 종에게 내 주의 귀에 한 말씀을 아뢰게 하소서 주의 종에게 노하지 마소서 주는 바로와 같으심이니이다(창 44:18).

유다의 말을 요약하면 이렇습니다. "우리 아버지가 가장 사랑하시는 아들을 데려오라고 한 사람은 당신 아닙니까? 그래서 우리는 아버지가 이 아들만은 절대로 주지 못하겠다고 하시는 것을 설득해서 데려왔습니다. 그런데 베냐민에게 이런 문제가 생겼으니 우리가 어떻게 돌아갈 수 있겠습니까?" 여기서 중요한 사실을 또 하나 발견할 수 있습니다. 유다가 누구를 생각하고 있습니까? 늙은 아버지를 생각했습니다. 자기들만 살 궁리를 먼저 하지 않았습니다. 여기서 죽으면 죽었지, 또다시 아버지 가슴에 못을 박을 수는 없다는 것입니다. 이것이 사랑입니다.

우리도 아버지에 대해 이런 마음이 생기기를 바랍니다. 늙고 힘없는 아버지를 생각하십시오. 우리는 아버지가 젊고 힘이 있었을 때는 잘 따랐습니다. 그러나 이제 늙어서 힘도 없고, 능력도 없는 아버지에게는 잘해도 그만, 못해도 그만이라고 생각할 수 있습니다. 그러면 안 됩니다. 저는 오늘날 붕괴된 가정이 아버지를 중심으로 회복되기를 바랍니다. 이것은 영적으로 중요합니다. 너무 무너져서 어디부터 손을 대야 할지 모르는 것이 우리의 현실인 것을 이해합니다. 그러나 아버지로부터 시작해야 합니다.

하나님은 아브라함과 이삭과 야곱을 믿음의 조상으로 세우셨습니다. 야곱에게서 12명의 아들들이 나게 하셔서 그들을 이스라엘 12지파의 조상이 되게 하셨습니다. 그런데 변하기 전 이들의 모습과 행동을 보면 참으로 답답하고 기가 막힙니다. 왜냐하면 제대로 된 아들이 없기 때문입니다. 아버지의 아내를 범하고 살인을 하는 등 형편없었습니다. 도대체 어떻게 이 사람들이 믿음의 조상이 될 수 있겠습니까? 그런데도 하나님이 그렇게 하셨습니다.

놀랍게도 그들이 변했습니다. 하나님이 그들을 포기하시지 않고 변화시키셔서 12지파의 조상이 될 만한 인격을 만들어 가셨습니다. 특별히 유다는 예수님의 족보와 직접적인 연관이 있는 인물입니다. 하나님은 이렇게 역사하십니다.

우리도 과거에 미숙할 때는 혈기왕성해 멋대로 살았습니다. 그런데 요셉의 형들이 변한 모습을 볼 때 우리 마음에 희망이 생깁니다. 우리도 과거와 상관없이 변할 수 있습니다. 과거와 무관하게 우리 역시 하나님의 도구가 될 것을 믿습니다. 과거에 실수가 있었고, 미숙했고, 여러 가지 불미스러운 일이 있었다 해도 하나님은 나를 조금씩 만지고 회복시키십니다. 결국에는 예수님의 마음을 닮게 하십니다. 이것이 요셉의 형들을 통해 우리가 배우는 메시지입니다.

유다는 계속해서 요청했습니다.

> 주의 종이 내 아버지에게 아이를 담보하기를 내가 이를 아버지께로 데리고 돌아오지 아니하면 영영히 아버지께 죄 짐을 지리이다 하였사오니 이제 주의 종으로 그 아이를 대신하여 머물러 있어 내 주의 종이 되게 하시고 그 아이는 그의 형제들과 함께 올려 보내소서(창 44:32-33).

이판사판입니다. 유다는 "내가 죽더라도 이것만은 안 됩니다. 아버지에게 두 번 다시 상처를 줄 수 없습니다"라고 말했습니다. 유다는 자기 생명을 내주는 아름다운 청원을 한 것입니다. 중보 기도의 비밀이 여기 있습니다.

우리의 중보 기도가 메마른 이유가 무엇인지 압니까? 또 우리의 사랑이 늘 목마른 이유가 무엇인지 알고 있습니까? 생명과 바꾸는 중보 기도가 아니기 때문입니다. 생명을 바꾸는 사랑이 아니기 때문에 그렇습니다. 생명과 바꾸는 중보 기도를 하십시오. 우리는 대가가 없고 손해 보지 않는 중보 기도를 하려고 합니다. 시간 내서 만나고 기도해 주는 것으로 만족하거나 자부심을 느낍니다. 그러나 거기에는 능력이 없습니다. 참된 중보 기도는 생명을 걸고 하는 것입니다.

우리는 변화된 유다의 모습에서 예수님의 중보 기도를 볼 수 있습니다. 십자가에 달리신 예수님은 "아버지 저들을 사하여 주옵소서 자기들이 하는 것을 알지 못함이니이다"(눅 23:34)라고 기도하셨습니다. 스데반의 중보 기도에도 나타납니다. 그는 자기를 돌로 쳐 죽이는 사람들을 위해 "주여 이 죄를 그들에게 돌리지 마옵소서"(행 7:60)라고 기도했습니다. 또한 아브라함은 소돔과 고모라를 멸하시려는 하나님께 이렇게 기도했습니다. "하나님, 그 성중에 의인 50명이 있을지라도 주께서 그곳을 멸하시고 그 오십 의인을 위하여 용서하지 아니하시리이까? 아니 45명, 아니 40명, 아니 30명, 아니 20명, 아니 10명이라도 있으면 어찌하려 하시나이까?"

또 우리는 모세가 한 중보 기도를 잘 알고 있습니다. 이스라엘 백성이 금송아지를 만들어 우상을 숭배할 때 하나님이 그들을 다 죽이려고 하셨습니다. 그때 모세가 하나님께 매달려서 "이제 그들의 죄를 사하시옵소서 그렇지 아니하시오면 원하건대 주께서 기록하신 책에서 내 이름을 지워 버려 주옵소서"(출 32:32)라고 기도했습니다. 사도 바울도 "나의 형제 곧 골육의 친척을 위하여 내 자신이 저주를 받아 그리스도에게서 끊어질지라도 원하는 바로라"(롬 9:3)라고 기도했습니다.

중보 기도는 명상이 아닙니다. 자기 정화를 위한 것이 아닙니다.

중보 기도에는 절규가 있습니다. 십자가를 붙들고 순교하는 것과 같은 심정으로 드리는 중보 기도가 민족을 살리고, 교회를 살리고, 내 가정을 살릴 수 있습니다. 대가를 치러야 합니다.

우리는 예수님의 족보에 오른 유다에게서 예수님의 마음을 읽을 수 있습니다. "제가 대신 죽겠습니다." 우리가 "제 생명을 거둬 주십시오" 하고 기도한다면 얼마나 떨리겠습니까! 이것은 보통 일이 아닙니다.

이런 기도를 시작하지 않겠습니까? 처음부터 그 정도까지는 가지 않아도 괜찮습니다. 조금씩 시작해 보십시오. 하나님의 복이 우리와 함께하기를 원합니다. 우리의 사랑에 기적이 일어나기를 바랍니다. 늘 목마른 사랑, 인간적인 사랑 대신 예수님의 사랑이 우리에게 임하기를 간절히 기도합니다. 자신을 포기하는 기도를 시작하기 바랍니다. 목숨을 거는 중보 기도를 할 수 있기를 기도합니다.

축복의 사람 요셉

창세기 45:1 - 50:26

요셉은 견딜 수 없는 사건, 지워 버리고 싶은 사건을
축복의 사건으로 바꾸었습니다.
이것이 꿈을 가진 사람, 믿음을 가진 사람의 모습입니다.
담대하십시오. 우리는 하나님의 자녀입니다.

16

내게 일어난 모든 일,
하나님의 섭리입니다

창세기 45:1-15

사람들은 진실과 사랑 앞에 무너진다

앞 장에서 나눈 메시지의 중요한 주제는 두 가지입니다. 첫째는 요셉의 사랑이고, 둘째는 유다의 간청, 즉 중보 기도입니다.

먼저, 요셉의 사랑이 왜 우리에게 감동을 줄까요? 그의 사랑은 형들을 용서하는 사랑, 조건 없는 사랑이기 때문입니다. 조건 있는 사랑은 감동이 없습니다. 조건 없이 사랑하고, 사랑할 수 없는 사람을 사랑하고, 사랑할 가치가 없는 사람을 사랑하는 모습을 보게 되거나 그렇게 사랑받을 때 우리는 눈물이 나고, 가슴이 따뜻해지고, 어쩔 줄 몰라 합니다. 이것이 하나님의 사랑입니다.

또 하나의 중요한 주제는 유다의 간청입니다. 사실 야곱의 넷째 아들 유다는 요셉을 애굽에 종으로 판 장본인이었습니다. 구덩이에 있는 요셉을 죽이지는 말고 팔아 버리자고 제안했던 사람입니다. 그 유다가 이제는 동생 베냐민을 위해 "내 생명을 바꿔서라도 이 아이를 살려 주십시오"라고 간청했습니다. 이런 유다의 간청을 듣는 우리의 마음이 녹습니다. 이보다 더 무조건적인 사랑, 헌신적인 사랑, 절대적인 사랑이 바로 하나님의 사랑입니다.

요셉은 형들과 있었던 과거 일에 상관하지 않았습니다. 어떻게 과거의 일을 쉽게 잊을 수 있겠습니까? 과거에 상처받은 일을 생각하면 나에게 상처를 준 사람을 만나기가 어렵습니다. 그 일을 잊어야, 그 일로 받은 상처가 녹아야 그 사람을 만날 수 있습니다. 요셉은 이 점에서 승리했습니다. 형들에게 받은 오래전 상처를 기억하지 않았기 때문에 어린아이같이 형들을 사랑하고 만날 수 있었습니다. 조건 없는 사랑, 절대적인 사랑은 기적과 치유를 만들어 냅니다.

우리가 사랑한다고 하면서 오히려 상처를 주고받는 이유는 그 사랑이 조건적이요, 상대적이요, 이기적이요, 감정적이기 때문입니다. 우리의 사랑에 상처가 없기를 원합니다. 우리의 사랑이 기적을 만들고, 치유하고, 죽은 사람을 살리고, 절망한 사람을 일으키고, 희망 없는 사람에게 희망을 불어넣는 사랑이 되기를 간절히 기도합니다.

자녀를 사랑하지 않는 부모는 없습니다. 그런데 어떤 자녀는 부모가 사랑하는데도 상처를 받습니다. 왜 그럴까요? 부모의 사랑이 이기적이기 때문입니다. 아이들은 이기적인 사랑을 받으면 병듭니다. 부모의 이기적인 사랑은 자녀를 사랑하면서 동시에 괴롭힙니다. 진정 예수님의 사랑으로 사랑해야만 아이들이 상처를 받지 않습니다. 우리 모두가 자녀들을 예수님의 사랑으로 사랑할 수 있기를 바랍니다.

또 한 가지 생각해 보고 싶은 것은 중보 기도입니다. 배다른 형인 유다는 동생 베냐민의 위기 앞에서 요셉을 찾아가 혼신의 힘을 다해 간청했습니다. 사실 진심이 아니라 체면으로 한 말이었다면 요셉이 "안 된다!"고 한 말을 핑계 삼아 물러설 수도 있었습니다. 대개 우리는 그렇게 하지 않습니까? 열심히 하다가도 힘든 일이 생기면 도망가고 맙니다. 교회에서 열심히 봉사하다가 어려운 일이 생기면 떠나 버립니다. "누가 뭐라 해도 나는 합니다" 하는 사람은 많지 않습니다.

부부 관계에서도 그렇습니다. 사건이 일어나면 헤어집니다. 어려움이 생기면 핑계 삼아 가 버립니다. 이것은 사랑의 거품이라고 할 수 있습니다. 진실이 아닙니다. 만약 진실이라면 때려도 붙들고, 욕해도 붙들고, 발로 차도 붙듭니다. 이것이 진정한 사랑입니다. 우리는 유다에게서 진실한 사랑을 봅니다. "베냐민은 절대로 안 됩니다. 이제 더는 아버지께 죄를 지을 수 없습니다" 하며 요셉에게 간청하는 모습을 보면서 우리 마음이 녹습니다. 조건 없는 사랑, 생명을 거는 중보 기도는 사람을 감동시킵니다.

우리가 새벽 기도에 철야 기도까지 기도를 많이 하는데도 능력이 없는 이유는 생명을 걸지 않았기 때문입니다. 습관적인 기도, 염불을 외는 것과 같은 기도를 계속하기 때문입니다. 내가 희생하고 손해 보는 일은 절대로 하지 않고, 좋은 일만 생각하기 때문에 이런 일이 일어납니다. 겟세마네 동산에서 예수님은 땀방울이 핏방울이 되도록 기도하셨습니다. 얼마나 힘써 기도하셨던지 천사가 와서 예수님을 도왔습니다.

생명을 거는 기도를 해 본 적이 있습니까? 조국을 위해, 민족을 위해 목숨 건 기도를 하십시오. 우리는 기도할 때조차 냉소적이고 비판적입니다. 우리는 손해 보지 않으려고 거리를 두고 기도를 합니다. 이는 책임을 지는 기도, 생명을 거는 기도가 아닙니다. 모세의 기도, 바울의 기도, 예수님의 기도는 책임을 지는 기도, 생명을 거는 기도였습니다.

기도가 진지하지 않은 사람은 인생이 심각하지 않습니다. 농담하듯 인생을 삽니다. 이 땅에 사는 동안 진지한 기도를 드릴 수 있기를 바랍니다. 생명을 거는 기도를 하기를 간절히 기도합니다. "주님, 이 땅에 부흥을 주옵소서. 제 생명을 거두어 가시고 대신 부흥을 주옵소서. 소망 없는 이 민족에게 희망을 주옵소서. 사랑의 질이 달라지게 하시고, 사랑의 내용이 달라지게 하시고, 예수님의 사랑으로 사람들을 사랑하게 하옵소서."

이제부터 일어나는 사건을 통해 하나님이 우리에게 주시는 주제는 "하나님의 섭리와 경륜"입니다. 요셉은 유다의 간청을 듣고 더는 버티지 못했습니다. 참 재미있습니다. 유다가 "베냐민은 절대로 안 됩니다. 저를 노예로 삼으십시오" 하고 끝까지 물고 늘어지자 결국 요셉이 연극을 포기했습니다.

요셉이 시종하는 자들 앞에서 그 정을 억제하지 못하여 소리 질러 모든 사람을 자기에게서 물러가라 하고 그 형제들에게 자기를 알리

니 그때에 그와 함께한 다른 사람이 없었더라 요셉이 큰 소리로 우
니 애굽 사람에게 들리며 바로의 궁중에 들리더라(창 45:1-2).

사랑 앞에 무너지는 요셉의 모습을 보게 됩니다. 진실과 사랑은
이처럼 무섭습니다. 희생하겠다는 다짐은 이렇게 무서운 것입니
다. 요셉은 자신의 정체를 더는 숨길 수 없었습니다. 진실이 클라
이맥스입니다. 우리의 진실이 우리 삶에서 클라이맥스가 되기를
바랍니다.

요셉은 북받치는 감정을 더는 억제할 수 없어서 시종들에게 나
가라 한 후 형들 앞에서 방성대곡했습니다. 부부가 서로의 진실 앞
에서 방성대곡하는 복이 있기를 바랍니다. 자녀가 부모의 사랑 앞
에서 대성통곡하는 날이 있기를 기도합니다.

하나님의 놀라운 은혜와 경륜을 바라보라

드디어 요셉은 자기의 이름을 밝혔습니다.

요셉이 그 형들에게 이르되 나는 요셉이라 내 아버지께서 아직 살
아 계시니이까 형들이 그 앞에서 놀라서 대답하지 못하더라(창 45:3).

형들은 얼마나 놀랐던지 입이 얼어붙어 말 한마디 못했습니다.

충격받은 형들 앞에서 요셉은 계속 자기에 관해 이야기했습니다.

> 요셉이 형들에게 이르되 내게로 가까이 오소서 그들이 가까이 가니 이르되 나는 당신들의 아우 요셉이니 당신들이 애굽에 판 자라 (창 45:4).

요셉은 형들에게 가까이 오라고 말했습니다. 그리고 형들이 애굽으로 가는 상인들에게 판 동생이 바로 자신이라고 말했습니다. 요셉이 말을 할수록 형들의 말문은 더 닫혔습니다. 그런데 이어지는 5절에서 요셉이 한 말에 매우 중요한 메시지가 담겨 있습니다. 요셉의 입에서 나온 말을 들어 보십시오. 기막힌 해석입니다.

> 당신들이 나를 이곳에 팔았다고 해서 근심하지 마소서 한탄하지 마소서 하나님이 생명을 구원하시려고 나를 당신들보다 먼저 보내셨나이다(창 45:5).

형들이 요셉을 애굽에 판 것은 사실이었습니다. 그런데 요셉은 그 일을 다르게 해석했습니다. "형들이 나를 애굽에 팔아넘긴 것은 사실이지만, 그 일은 하나님이 개입하셔서 일어난 일입니다. 그것은 하나님의 섭리였고, 계획이었고, 경륜이었습니다. 그러니 그 일로 근심하지 마십시오." 우리가 배워야 할 교훈이 바로 여기 있습니다. 조금 더 보겠습니다.

이 땅에 이 년 동안 흉년이 들었으나 아직 오 년은 밭갈이도 못하고 추수도 못할지라 하나님이 큰 구원으로 당신들의 생명을 보존하고 당신들의 후손을 세상에 두시려고 나를 당신들보다 먼저 보내셨나니 그런즉 나를 이리로 보낸 이는 당신들이 아니요 하나님이시라 하나님이 나를 바로에게 아버지로 삼으시고 그 온 집의 주로 삼으시며 애굽 온 땅의 통치자로 삼으셨나이다(창 45:6-8).

요셉은 가장 비참하고 불행한 사건을 하나님의 사건으로 바꾸었습니다. 견딜 수 없는 사건, 지워 버리고 싶은 사건을 축복의 사건으로 해석했습니다. 할렐루야! 이것이 믿음입니다. 이것이 꿈을 가진 사람, 믿음을 가진 사람의 모습입니다. 저는 이 장면을 보면서 남북한의 불행이 오히려 하나님이 복 주시는 기회가 될 수 있다고 믿습니다. 저주가 복이 되고, 불행한 사건이 행복한 사건이 될 수 있다는 사실을 배웁니다.

요셉의 해석은 좀 더 확실해졌습니다. "지금 흉년이 2년째인데, 앞으로 5년 더 이어질 것입니다. 하나님은 이 사실을 아시고 형들의 손을 통해 나를 애굽으로 보내셨고, 이곳의 최고 실력자가 되게 하셨습니다. 이는 아버지와 형들을 보호하게 하시려는 하나님의 섭리였습니다." 억지 아닙니까? 아무리 봐도 이것은 억지 해석 같습니다. 그 사건을 이렇게 자연스럽게 해석하기란 정말 어렵습니다. 믿음이 아니면, 보통 상식적인 수준에서는 이렇게 해석하기가 어려운 일입니다.

우리는 이성적이고, 상식적이고, 합리적인 세상에서는 그렇게 살 수밖에 없습니다. 하지만 하나님을 믿고 하나님의 음성을 듣고 살면 모든 불행한 사건이 복된 사건으로 바뀔 수 있습니다. 믿음은 사건을 해석할 수 있고, 사건을 바꿀 수 있습니다. 저주를 복으로 바꿀 수 있고, 불행을 행복으로 바꿀 수 있습니다. 우리 주변에 있는 모든 사건이 이처럼 복된 사건으로 변하기를 바랍니다. 이것이 하나님의 섭리입니다.

하나님의 섭리는 미리 알 수 없습니다. 하나님의 섭리, 하나님의 예정, 하나님의 경륜은 속성상 시간이 지나 봐야 알 수 있습니다. 그 대표적인 예가 노아의 방주입니다. 노아는 산에다 방주를 지으라고 하시는 하나님의 음성을 들었습니다. 이해할 수 없었습니다. 바다에다 만들라고 하셨으면 이해할 수 있을 텐데, 산에다 지으라고 하시니까 더 이해할 수 없었습니다. 게다가 배를 만들라고 하시면 쉬웠을 텐데, 방주는 여느 배가 아니었습니다. 생전 보지 못한 이상한 모양이었습니다. 방주는 그 길이가 축구장만 했고 돛이나 밖을 볼 수 있는 창문도 없었으니 이상하기 그지없었습니다. 왜 하나님은 이 같은 방주를 만들라고 하셨을까요? 노아는 아무리 생각해도 해석할 수가 없었습니다.

하나님의 경륜은 미리 알 수 없습니다. 하나님이 우리에게 주시는 비전도 그렇습니다. 노아가 언제 이 비밀을 알았습니까? 대홍수가 난 후에야 알 수 있었습니다.

방주의 크기는 해일이 나고 지진이 났을 때 뒤집히지 않는 크기였습니다. 왜 하나님이 창문을 내지 말라고 하셨을까요? 만약 창문이 있었다면 150일 동안 보이는 것이라고는 시체뿐이었을 것입니다. 만약 노아와 그 가족들이 그 많은 시체를 보았다면 질려서 살 수 없었을 것입니다. 그래서 하나님이 가리신 것입니다. 그리고 천장에다 창문을 만들어 놓으셨습니다. 방주에는 동력이 없었습니다. 돛도 없었습니다. 노아는 하나님이 바람으로 방주를 움직이신다는 사실을 나중에 알았습니다. 누가 이런 것을 미리 알 수 있겠습니까?

이것이 바로 하나님의 경륜과 섭리요, 하나님이 주신 비전입니다. 하나님이 왜 나를 병들게 하시고 이런 고통과 어려움 가운데 두시는지 지금은 모릅니다. 그래서 필요한 것이 두 가지입니다. 하나는 믿는 것이고, 또 하나는 순종하는 것입니다. 때가 되면 하나님의 비밀을 알게 됩니다. 이것이 하나님의 섭리요, 경륜입니다. 하나님의 경륜과 섭리는 우리의 이성과 상식을 뛰어넘습니다.

그러니 두려워하지 마십시오. 이해되지 않아도 괜찮습니다. 사람들이 동의하지 않을지도 모릅니다. 미친 사람이라는 말을 들을지도 모릅니다. 그렇습니다. 정말 기도하는 사람은 세상 사람들이 볼 때 미친 사람입니다. 우리가 사는 방법은 세상과 너무 달라서 세상 사람들이 이해할 수 없습니다.

그런데 여기서 깨닫게 되는 중요한 사실이 또 하나 있습니다. 미리 알 수도 없고, 이해도 잘 안 되는 하나님의 경륜과 섭리의 결론은 '하나님의 구원'이라는 것입니다.

본문인 창세기 45장 7절을 다시 보십시오. 하나님의 큰 구원 계획이 있었습니다. 요셉이 수십 년 동안 '내가 왜 애굽에 팔려 왔을까? 왜 감옥에 갇히게 되었을까? 왜 애굽의 총리가 되었을까?' 하며 묵상한 후에 얻은 결론입니다. 당시에는 이해할 수 없었지만, 때가 되어 모두 이해하게 되었습니다.

"아 하나님의 은혜로 이 쓸데없는 자 왜 구속하여 주는지 난 알수 없도다" 하고 고백해야지, "나는 다 안다"고 하면 이단입니다. 미리 알 수 없습니다. 살아가면서 하나님의 비밀을 하나씩 캐 나가는 것입니다. 젊을 때는 모릅니다. 혈기왕성하고, 똑똑한 척하고, 이성이 발달할 때는 보이지 않습니다. 나중에야 하나님의 은혜를 깨닫고 '하나님이 이래서 내게 병을 주셨고, 나를 낮추셨구나' 하고 고백하게 됩니다. 하나님의 뜻을 비로소 알게 되는 것입니다. 죽을 것 같은데 죽지 않고, 끝난 것 같은데 계속 갑니다. 할렐루야!

계속 가는 사람들을 잘 살펴보십시오. 그들은 이 비밀을 맛보며 사는 사람들입니다. 이 비밀을 맛보는 기쁨이 얼마나 큰지 모릅니다. 이것이 신앙의 기쁨입니다. 내가 무너지고 깨지면서 하나님의 영광이 나타나는 비밀이 보이는 것입니다. 이것이 요셉이 역사를 이해하는 관점이었습니다. 세상의 관점과 얼마나 다릅니까!

요셉은 형들 손에 팔려서 애굽으로 갔습니다. 보디발의 아내에게 곤혹을 치르고 감옥에 갔습니다. 긴 세월을 침묵으로 보내야 했습니다. 그러나 그것은 결코 요셉의 인생을 끝장내는 사건이 아니었습니다.

그러면 왜 하나님은 요셉을 애굽의 총리 대신으로 만드셨을까요? 간단합니다. 요셉은 "형들을 보호하시기 위해서"라고 말했지만, 사실은 더 깊은 비밀이 숨어 있습니다. 아브라함의 하나님, 이삭의 하나님, 야곱의 하나님이 약속을 이루시기 위해서 그렇게 하신 것입니다. 야곱의 12명의 아들들이 이스라엘 12지파가 되었습니다. 하나님은 이 과정을 통해 자격 없고, 부도덕하고, 혈기 많은 야곱의 아들들을 연단하고 믿음의 지파로 세워서 하나님의 약속을 이루기 위해 그렇게 하신 것입니다. 요셉이 단순히 형들을 도와준 사건이 아닙니다.

요셉은 형들에게 반복해서 "두려워하지 마십시오"라고 말했습니다. 하나님이 하신 일이기 때문입니다. 하나님의 은혜를 바라보십시오. 우리의 연약함을 통해서 의를 이루시고, 우리의 실수를 통해서 선을 이루시는 하나님의 놀라운 은혜와 경륜을 바라보십시오. 이것이 요셉의 말속에 들어 있는 메시지입니다.

우리의 고난에는 구원의 섭리가 숨어 있다

우리가 왜 병이 난 줄 압니까? 왜 사업이 실패한 줄 알고 있습니까? 현실을 보면 이해할 수 없습니다. 그러나 먼 훗날에 그 일이 복이었음을 알게 될 것입니다. 그 과정이 내게 꼭 필요했다는 사실을 느끼게 될 것입니다. 만약 그 일이 없었더라면 하나님의 은혜 가운데 들어갈 수 없었다는 점도 깨닫게 될 것입니다.

우리는 때로 하나님께 이런 질문들을 하곤 합니다. "하나님, 주무십니까? 하나님, 안 들리십니까? 왜 제 기도를 들어주시지 않습니까? 왜 저를 사망의 음침한 골짜기에 두십니까?" 고난이 한두 번 오면 괜찮은데, 파도처럼 올 때가 있습니다. 그럴 때 우리는 하나님의 경륜과 섭리와 구원을 바라보아야 합니다. 우리를 구원하시기 위해, 우리 가족을 구원하시기 위해, 그렇게 하시지 않으면 안 되니까 그렇게 하신 것입니다. 우리가 폼나게 하나님께 돌아오면 얼마나 좋겠습니까? 그런데 우리는 엉덩이를 걷어차이고 매를 맞아야 정신 차리고 돌아오는 사람들 아닙니까? 얻어맞고, 깨지고, 상처받고, 어려운 일을 겪고 나서야 겨우 자기 자신과 하나님에 대해 눈을 뜨는 존재가 우리 인간입니다.

하나님의 섭리, 하나님의 구원이라는 관점이 없으면 인생이 얼마나 허무하고 세상이 얼마나 부조리한지 모릅니다. 흔히 사람들은 "하나님이 살아 계시다면 악이 왜 존재하는가?"와 같은 질문을 합니다. 세상은 얼마든지 부조리합니다. 그래서 인생을 냉소적으로 볼 수밖에 없고, 절망적으로 해석할 수밖에 없습니다. 그러나 하나님을 바라보면 고난과 역경도 의미가 있습니다. 해석할 수 없는 많은 사건도 하나님의 구원의 관점에서 보면 의미를 찾을 수 있습니다. 이 메시지가 9-11절에 나옵니다.

> 당신들은 속히 아버지께로 올라가서 아뢰기를 아버지의 아들 요셉의 말에 하나님이 나를 애굽 전국의 주로 세우셨으니 지체 말고 내게로 내려오사 아버지의 아들들과 아버지의 손자들과 아버지의 양과 소와 모든 소유가 고센 땅에 머물며 나와 가깝게 하소서 흉년이 아직 다섯 해가 있으니 내가 거기서 아버지를 봉양하리이다 아버지와 아버지의 가족과 아버지께 속한 모든 사람에게 부족함이 없도록 하겠나이다 하더라고 전하소서(창 45:9-11).

하나님의 구원의 섭리는 요셉의 형들에게서 야곱으로 옮겨 갔습니다. 형들을 구원하는 것도 의미가 있지만, 사실은 야곱의 구원이 의미가 있습니다. 하나님이 야곱과 하신 약속을 이루시기 위해 이 같은 구원의 대드라마를 만드신 것입니다.

여기서 우리는 요셉의 영적 통찰력을 볼 수 있습니다. 하나님은 아브라함의 하나님이시요, 이삭의 하나님이시요, 야곱의 하나님이시요, 12지파의 하나님이십니다. 요셉은 하나님이 그 약속을 자신을 통해 이루고자 하신다는 것을 알았습니다. 아버지의 하나님의 약속은 계속되었습니다.

그다음에 또 재미있는 사실이 있습니다. 7년 흉년은 요한계시록에 나오는 7년 대환난을 생각나게 합니다. 이 환난의 때에 하나님은 우리를 지켜 주십니다. 성도를 지켜 주십니다. 약속을 지키십니다. 요셉의 영적 통찰력이 여기에 있습니다. 지금은 환난 때이지만 하나님은 요셉을 들어 애굽의 권력자로 삼으셔서 아버지 야곱과 형들을 보호하게 하셨습니다. 하나님이 먼 훗날 메시아를 보낼 것이라는 거룩한 약속을 지키시기 위해 요셉을 통해 이런 구원의 섭리를 행하셨다는 것입니다.

우리의 고난에는 구원의 섭리가 있습니다. 우리의 실패에도 구원의 섭리가 있음을 믿으십시오. 하나님의 구원의 대드라마가 있다는 사실을 믿으십시오. 7년 대환난 속에서도 하나님은 성도를 보호하시고 지켜 주십니다. 기근이 있겠지만 걱정하지 마십시오. 세상에서는 환난을 당하나 담대하십시오. 예수님이 세상을 이기셨습니다. 하나님이 교회와 성도를 지켜 주실 것입니다.

이해할 수 없는 일, 억울하고 분한 일을 많이 겪지만, 그것들은 하나님의 구원의 대드라마에 포함되어 있습니다. 그 사건을 통해 우리 가정이 하나님께 돌아올 것입니다. 배우자와 자녀와 부모가 하나님께 돌아올 것입니다. 민족이 변할 것을 믿습니다. 이것이 바로 요셉을 통해 하나님이 우리에게 주시는 메시지입니다.

요셉은 이해할 수 없는 사건을 두 가지 관점에서 해석했습니다.

구원론적인 관점과 종말론적인 관점입니다. 역사는 이 두 가지 관점으로 해석할 때 분명해집니다.

> 당신들의 눈과 내 아우 베냐민의 눈이 보는 바 당신들에게 이 말을 하는 것은 내 입이라 당신들은 내가 애굽에서 누리는 영화와 당신들이 본 모든 것을 다 내 아버지께 아뢰고 속히 모시고 내려오소서 하며 자기 아우 베냐민의 목을 안고 우니 베냐민도 요셉의 목을 안고 우니라 요셉이 또 형들과 입 맞추며 안고 우니 형들이 그제서야 요셉과 말하니라(창 45:12-15).

형들은 이제야 입을 열었습니다. 우리도 하나님의 비밀을 깨닫고 입을 열게 되기를 바랍니다. 그리고 우리에게 다가온 모든 고난에 감사하기를 바랍니다. 감격, 기쁨, 성령 충만이 우리에게 있을 줄 믿습니다. 하나님은 우리 한 사람, 한 사람이 요셉과 같은 삶을 살게 하실 것입니다.

17

하나님의 약속은
반드시 응답됩니다

창세기 45:16 - 28

오직 하나님의 말씀만이 반드시 이루어진다

앞 장에서 하나님의 섭리에 대해서 나누었습니다. 사실 고난에는 하나님의 섭리가 있는데, 우리는 그 하나님의 뜻을 모르기 때문에 괴롭습니다. 하나님의 경륜과 섭리의 관점에서 보면 모든 일에 의미가 있습니다. 실패에도 의미가 있고, 고통에도 의미가 있습니다. 요셉의 경우 억울하게 애굽의 종으로 팔려 가고, 억울하게 감옥에 들어가고, 억울하게 소망 없이 많은 세월을 살았다 할지라도 나중에 보니까 모든 것이 하나님의 각본이었습니다.

저는 가끔 이런 생각을 합니다. 요셉이 감옥에 있을 때 천사가 와서 "요셉아, 이 일은 다 네가 애굽의 총리 대신이 되기 위한 절차다"라고 한마디만 해 주었어도 그가 얼마나 힘을 얻었을까요? 그러나 그런 일은 없었습니다. 믿음을 키우기 위해서입니다. 눈에 보이지 않고, 귀에 들리지 않고, 손에 잡히지 않아도 하나님이 주신 꿈을 붙잡고 한 걸음, 한 걸음 걸어 나가는 것이 믿음 아닙니까? 그러면서 우리는 하나님의 비밀을 깨닫게 되고, 하나님의 능력을 경험하게 되고, 하나님의 변함없는 신실한 사랑을 몸으로 체험하게 됩니다. 사랑은 머리로 이해하는 것이 아니라 삶으로 체험하는 것입니다. 경험으로 이해하는 것입니다.

"믿습니다" 하고 말함으로 믿음이 생기면 얼마나 좋겠습니까? 하지만 믿음은 그렇게 생기지 않습니다. 믿음이라는 것은 내 삶의 경험을 통해 하나님의 비밀이 하나하나 확인되는 과정입니다.

우리가 살고 있는 이 세상의 모든 약속은 응답될 수도 있고, 응답되지 않을 수도 있습니다. 한 예로, 우리는 일기 예보를 자주 보거나 듣습니다. 그런데 일기 예보가 맞을 때도 많지만, 틀릴 때도 많습니다. 일기 예보에서는 비가 올 것이라고 했는데 비가 안 올 수도 있고, 비가 오지 않을 것이라고 했는데 비가 오기도 합니다. 세상 약속은 다 그런 것입니다. 지킬 수도 있고, 안 지킬 수도 있습니다. 성취되면 좋고, 성취되지 않으면 할 수 없습니다. 반드시 성취된다는 보장이 없습니다. 우리는 반드시 성취되는 약속을 할 수 없습니다. 불가능한 일입니다.

오직 하나, 하나님의 말씀만이 반드시 이루어집니다. 확실히 이루어집니다. 천지가 뒤집혀도 이루어집니다. 죽어도 이루어집니다. 이것이 하나님의 약속이요, 말씀입니다. 하나님의 말씀에는 실패가 없습니다. 하나님의 약속에는 실수가 없습니다.

하나님은 사람이 아니시니 거짓말을 하지 않으시고 인생이 아니시니 후회가 없으시도다 어찌 그 말씀하신 바를 행하지 않으시며 하신 말씀을 실행하지 않으시랴(민 23:19).

하나님이 말씀하신 것은 반드시 이루어집니다. 이 사실을 믿으십시오. 성경에 기록된 모든 약속은 세상 약속과 다르고, 우리가 하는 약속과도 다릅니다. 우리는 약속을 지키고 싶어도 능력이 없어서 지키지 못할 때가 많습니다. 인간은 죽을 수밖에 없고, 한계가 있는 존재이기 때문입니다. 이런 존재가 어떻게 약속을 다 지킬 수 있겠습니까? 약속은 능력이 있어야 지킬 수 있습니다.

하나님의 약속은 반드시 이루어집니다. 하나님은 능력이 있으시기 때문입니다. 하나님은 천지를 창조한 능력을 갖고 계시기 때문에 하신 말씀을 어떤 경우를 막론하고 반드시 이루십니다. 하나님은 갈대아 우르에서 잘 살고 있는 아브라함을 찾아가 말씀하셨습니다.

> 여호와께서 아브람에게 이르시되 너는 너의 고향과 친척과 아버지의 집을 떠나 내가 네게 보여 줄 땅으로 가라 내가 너로 큰 민족을 이루고 네게 복을 주어 네 이름을 창대하게 하리니 너는 복이 될지라(창 12:1-2).

하나님이 이 약속을 하실 당시 아브라함의 나이는 75세였습니다. 그 후로 25년이 흘렀지만 약속의 그림자도 비치지 않았습니다. 약속은 있는데 이루어질 가능성이 보이지 않았습니다. 아브라함은 처음에는 잘 기다렸습니다. 그런데 기다리다 지쳤고, 의심이 생겼습니다. 사라는 여자로서 아기를 낳을 수 있는 가능성을 잃었습니다. 그 나이에 임신하고 해산한다는 것은 불가능했습니다. 그래서 아브라함은 하나님이 원하시지 않는 아들을 낳았습니다.

하나님의 의도는 무엇이었습니까? 불가능한 데까지 끌고 가시려는 것이었습니다. 하나님은 아이가 자연히 태어나는 것이 아님을, 하나님이 주셔야 아이를 낳을 수 있다는 것을 보여 주기 원하셨습니다. 아브라함은 100세가 되었습니다. 인간적으로는 자녀 출산을 포기해야 할 나이이지만, 하나님은 신실하시기에 약속을 지키셨습니다. 이삭이 태어났습니다.

또 아브라함의 아들 이삭의 경우는 어떻습니까? 이삭은 40세에 결혼했습니다. 그 역시 20년 동안 아이가 없었습니다. 리브가가 아기를 낳은 때에 이삭의 나이는 60세였습니다. 이삭은 20년을 기다렸습니다.

여기에 무슨 메시지가 담겨 있을까요? 기다리면 하나님의 약속은 응답된다는 것입니다. 믿고 끝까지 기다리면 신실하신 하나님이 약속을 이루어 주십니다. 모든 일이 다 끝난 것 같아 보일 때도, 하나님의 역사는 보이지 않는 곳에서 계속됩니다.

야곱은 4명의 아내들에게서 12명의 아들들을 낳았습니다. 그는 과거에 형 에서의 미움을 받고 아버지 집에서 도망 나와 20년 동안 처가살이를 했습니다. 그는 험한 세월을 살았습니다. 하나님의 약속이 하나도 이루어지는 것 같지 않았습니다. 믿음의 조상이라면 좀 멋지게 살아야 하는 것 아닙니까? 처가살이하며 사는 것이 어떻게 하나님의 약속의 성취라고 할 수 있겠습니까? 야곱은 특별히 상처가 많은 사람이었습니다. 그런 사람이 어떻게 믿음의 조상이 될 수 있냐는 생각이 들 정도입니다.

그러나 놀라지 마십시오. 하나님의 약속은 계속 이어졌습니다. 우리 인간이 상처를 받고, 무능하고, 자격이 없다 할지라도 하나님이 우리를 택하셨기 때문에 그분은 우리를 끌고 가십니다. 걱정하지 마십시오. 우리가 예수님의 형상이 될 때까지 하나님이 우리를 이끌어 가실 것입니다. 하나님은 절대 포기하시지 않습니다.

부모는 자기 자식을 포기하지 않습니다. 가끔 포기하는 부모도 있습니다만, 일반적으로는 자식이 아무리 잘못되어도 절대 포기하지 않습니다. 하나님도 우리를 절대 포기하시지 않습니다. 그리고 약속을 반드시 이루십니다. 하나님은 신실하십니다. 사람들 대부분은 하나님을 믿지 않는다고는 말하지 않습니다. 그냥 체념합니다. 이것이 문제입니다. 믿는데, 체념합니다. "기도해 봤자야. 내가 교회 한두 번 다녀 봤어? 그렇게 믿어 봐도 거기서 거기더라."

우리 안에 있는 체념이나 냉소주의가 사라지기를 바랍니다. 하나님은 신실하십니다. 성령을 부인하는 사람은 없습니다. 성령을 제한하는 것이 문제입니다. 하나님을 제한하지 마십시오. 성령을 제한하지 마십시오. 하나님의 약속은 반드시 이루어집니다.

하나님은 결코 잊지 않으신다

늙고 힘없는 아버지 야곱에게 찾아온 것은 체념이었습니다. 그렇게 아끼고 사랑하는 아들 요셉은 짐승에게 찢겨서 죽었고, 그나마 소망을 두고 있던 베냐민도 어떻게 될지 모르는 운명에 처했습니다. 2년째 대기근을 맞았습니다. 기막힌 기근이 계속되었고, 먹을 것은 다 떨어졌고, 나이는 들었고, 몸은 늙었습니다. 새로운 일을 한다는 것은 더 이상 불가능했습니다. 자식들이 주는 대로 먹고 살아야 했습니다. 이런 처지에 놓인 야곱을 하나님은 어떻게 다루셨습니까?

죽은 줄 알았던 요셉이 죽지 않고 살아 있었습니다. 꿈에도 생각지 못한 일이었습니다. 야곱은 죽은 아들이 살아 있다는 사실을 믿을 수가 없었습니다. 요셉을 잃고 소식 한 번 듣지 못한 채 죽었다고 생각하며 그 침묵의 세월, 비참한 세월, 슬픔의 세월을 살아왔는데, 그 사실이 믿기겠습니까? 더 믿을 수 없는 사실은 요셉이 애굽의 총리가 되었다는 것이었습니다. 이것은 사람의 상식과 이성으로는 설명할 수 없는 하나님의 놀라운 경륜이요, 섭리요, 비밀이었습니다. 비밀을 가진 사람은 항상 입가에 미소가 있습니다. 하나님과 우리만 아는 비밀이 있기 때문입니다.

요셉의 형들이 왔다는 소문이 바로의 궁에 들리매 바로와 그의 신하들이 기뻐하고 바로는 요셉에게 이르되 네 형들에게 명령하기를 너

희는 이렇게 하여 너희 양식을 싣고 가서 가나안 땅에 이르거든 너
희 아버지와 너희 가족을 이끌고 내게로 오라 내가 너희에게 애굽의
좋은 땅을 주리니 너희가 나라의 기름진 것을 먹으리라(창 45:16-18).

요셉의 형들이 왔다는 소식을 듣고 바로왕이 기뻐했습니다. 그
리고 요셉에게 아버지가 있다는 사실을 듣고는 좋아했습니다. 그
는 애굽의 모든 예우를 갖춰서 요셉의 가족들을 초청해 애굽의 좋
은 땅을 주어 살게 하라고 했습니다.

이제 명령을 받았으니 이렇게 하라 너희는 애굽 땅에서 수레를 가
져다가 너희 자녀와 아내를 태우고 너희 아버지를 모셔 오라 또 너
희의 기구를 아끼지 말라 온 애굽 땅의 좋은 것이 너희 것임이니라
(창 45:19-20).

요셉의 형들 앞에 믿을 수 없는 일들이 일어났습니다. 하나님의
약속이 응답되고 있었습니다. 하나님은 잊지 않고 계셨습니다. 우
리에게도 이런 기적이 일어날 것입니다. 믿으십시오. 나이가 들고,
직업도 없고, 병들고, 죽음 앞에 섰다 할지라도 두려워하지 마십시
오. 하나님의 약속은 계속됩니다.

저는 성경의 약속대로 앞으로 기막힐 일이 일어날 것을 믿습니
다. 주님이 구름을 타고 오실 것입니다. 나팔 소리를 듣게 될 것입

니다. 내 이름이 불리는 소리를 듣게 될 것입니다. 하나님이 심판
자로 오실 것입니다. 저는 이 생각을 하면 얼마나 좋은지 모릅니
다. 이는 반드시 이루어질 일입니다. 주님은 반드시 오십니다. 우
리는 천국에 들어갑니다. 하나님은 신실하시기에 약속을 반드시
지키십니다. 이 생각만 하면 누가 제게 좋은 선물을 준 것도 아닌
데 기분이 좋습니다.

구원받았음을 믿으십시오. 하나님의 자녀가 되었음을 믿으십시
오. 성경에 기록된 모든 약속이 이루어질 것을 믿으십시오. 우리
가정이 변할 것이라는 믿음을 갖기 바랍니다. 태풍이 불고, 지진
이 나고, 한 치 앞이 보이지 않는 유라굴로 광풍(행 27:14) 같은 것
이 불어와도 두려워하지 마십시오. 우리가 계속 기도하고 있다면,
하나님을 신뢰하고 있다면 이 약속은 반드시 이루어질 것입니다.

이스라엘의 아들들이 그대로 할새 요셉이 바로의 명령대로 그들에
게 수레를 주고 길 양식을 주며 또 그들에게 다 각기 옷 한 벌씩을
주되 베냐민에게는 은 삼백과 옷 다섯 벌을 주고 그가 또 이와 같이
그 아버지에게 보내되 수나귀 열 필에 애굽의 아름다운 물품을 실
리고 암나귀 열 필에는 아버지에게 길에서 드릴 곡식과 떡과 양식
을 실리고 이에 형들을 돌려보내며 그들에게 이르되 당신들은 길에
서 다투지 말라 하였더라(창 45:21-24).

하나님의 응답은 확실했습니다. 옷도 주시고, 곡식도 주시고, 나귀도 주셨습니다. 이것은 환상이 아니라 실제입니다. 우리의 곡간에 쌀이 가득 차고, 월급도 오르고, 자동차와 집도 좋은 것으로 바뀌기를 바랍니다. 이처럼 하나님은 실제 보이는 것들로도 약속에 응답하십니다. 자녀들에게서 기쁜 소식이 들리고, 자녀들이 회개하며 돌아오는 일이 있기를 바랍니다. 남편의 가슴이 따뜻해지고, 아내의 말이 부드러워지기를 바랍니다. 그런 일들이 하나님의 응답으로 많이 일어납니다.

하나님은 우리에게 놀라운 기쁨을 안겨 주신다

그들이 애굽에서 올라와 가나안 땅으로 들어가서 아버지 야곱에게 이르러 알리어 이르되 요셉이 지금까지 살아 있어 애굽 땅 총리가 되었더이다 야곱이 그들의 말을 믿지 못하여 어리둥절하더니 그들이 또 요셉이 자기들에게 부탁한 모든 말로 그에게 말하매 그들의 아버지 야곱은 요셉이 자기를 태우려고 보낸 수레를 보고서야 기운이 소생한지라(창 45:25-27).

야곱은 '이놈들이 또 나에게 말도 안 되는 사기를 치는구나' 하며 아들들의 말을 믿지 않았습니다. 믿을 수가 없었습니다. 도저히 믿을 수 없는 사건이 우리에게도 생길 것입니다. 상상하지 못한 일들이 우리 인생에 전개될 것입니다. 오늘 그런 기대를 하며 직장에 가십시오. 집으로 가십시오. 하나님은 내 기도에 응답하시고 약속을 다 이루어 주시는 분입니다. 나의 이 기쁨과 기대는 아무도 막을 수 없습니다.

야곱은 수레를 보고서야 알았습니다. 이 일은 하나님의 약속이 이루어진 것이었습니다. 하나님은 신실하십니다. 야곱이 잘나고 믿음이 있어서 하나님이 복을 주신 것이 아니라, 하나님이 복을 주겠다고 약속하셨기 때문에 야곱이 복 받은 사람이 된 것입니다. 아브라함에게 믿음이 있어서 믿음의 조상이 된 것이 아닙니다. 하나님이 그를 믿음의 조상으로 세워 주셨기 때문에 믿음의 사람으로 변한 것입니다.

하나님은 우리를 하나님의 자녀로 삼아 주셨습니다. 이 사실을 믿으십시오. 그러니까 폼나게 사십시오. 말도 함부로 하지 마십시오. 우리는 하나님의 자녀가 아닙니까? 하나님의 자녀가 어떻게 천박한 말이나 천박한 생각을 하겠습니까? 피난민이나 패잔병처럼 걷지 말고 당당하게 걸으십시오. 하나님의 자녀는 하나님의 꿈을 꿉니다. 이 놀라운 믿음이 우리에게 있기를 바랍니다. 하나님은 야곱에게 신실하셨습니다. 응답하시고 보상하셨습니다. 말년에 기쁨을 주셨습니다.

이스라엘이 이르되 족하도다 내 아들 요셉이 지금까지 살아 있으니 내가 죽기 전에 가서 그를 보리라 하니라(창 45:28).

야곱에게 비전이 생겼습니다. 죽기 전에 요셉을 보겠다는 희망이 생긴 것입니다. 우리도 죽기 전에 할 일이 많습니다. 그냥 죽으면 안 됩니다. '죽기 전에 내 아들 봐야지', '죽기 전에 우리나라가 통일되는 것 봐야지' 하는 비전과 소망을 가지십시오. 우리 가정이 하나님이 주시는 복의 이슬을 먹는 모습, 모든 가정이 하나님의 비전을 보며 살아가는 모습에 대한 환상을 그리십시오. 배우자와 자녀에 대한 좋은 환상을 가지십시오. 우리 가정이 변하고 복을 받을 것이라는 믿음을 포기하지 마십시오.

저는 이 메시지를 정리하다가 마가복음 9장의 사건이 생각났습니다. 귀신이 들려서 어디서나 거꾸러지고, 거품을 흘리고, 이를 가는 자녀를 둔 부모가 너무 마음이 힘들고 화급해서 예수님의 제자들을 찾아갔습니다. 그러나 제자들은 귀신을 쫓아내지 못했습니다. 그래서 결국 예수님께 갔습니다. 예수님은 그들에게 "믿음이 없는 세대여 내가 얼마나 너희와 함께 있으며 얼마나 너희에게 참으리요 그를 내게로 데려오라"(막 9:19)고 말씀하셨습니다.

예수님 앞에 온 아이는 경련을 일으켰습니다. 아이의 아버지는 슬픈 마음으로 "귀신이 그를 죽이려고 불과 물에 자주 던졌나이다 그러나 무엇을 하실 수 있거든 우리를 불쌍히 여기사 도와주옵소서"(막 9:22)라고 예수님께 말씀드렸습니다. 예수님은 아이의 아버지의 말을 바꾸셨습니다.

> 할 수 있거든이 무슨 말이냐 믿는 자에게는 능히 하지 못할 일이 없느니라(막 9:23).

예수님은 아이를 고치시기 전에 아버지의 믿음을 고치셨습니다. 사고방식, 하나님에 대한 태도를 고치셨습니다. 생명을 거는 기도, 믿음의 기도를 하십시오. 예수님의 말씀을 들은 아버지는 용기가 생겨서 "내가 믿나이다"라고 말했습니다. 그런데 자신에게 믿음이 없었습니다. 그래서 예수님께 "나의 믿음 없는 것을 도와주소서"(막 9:24)라고 말했습니다. 이것이 겸손한 태도입니다. 그러자 예수님이 귀신을 쫓아내 주셨습니다.

나중에 제자들은 왜 자신들은 귀신을 쫓아내지 못했는지 예수님께 여쭈었습니다. 그러자 예수님은 "기도 외에 다른 것으로는 이런 종류가 나갈 수 없느니라"(막 9:29)라고 말씀하셨습니다. 할렐루야!

처녀가 어떻게 아기를 낳습니까? 천사가 마리아에게 아기를 낳을 것이라고 말했을 때 마리아는 믿을 수 없었습니다. 그러나 천사가 "대저 하나님의 모든 말씀은 능하지 못하심이 없느니라"(눅 1:37)라고 말하자, 마리아는 "주의 여종이오니 말씀대로 내게 이루어지이다"(눅 1:38)라고 고백했습니다.

우리 안에 성령이 임하셔서 믿음이 불처럼 일어나기를 원합니다. "주님, 저에게 믿음을 주옵소서"라고 기도하십시오. 하나님은 신실하십니다. 하나님의 약속은 반드시 이루어집니다. 우리가 포기할지라도 하나님은 포기하시지 않습니다. 우리는 세월이 흐르면서 소망을 잊었을지라도, 하나님은 잊지 않고 우리의 기도를 들어 응답해 주십니다.

우리 모두에게 이런 믿음이 있기를 바랍니다. 우리 가정이 잘되리라는 믿음, 우리 민족이 번성하리라는 믿음이 있기를 원합니다. 늙고, 병들고, 아무 소망 없는 나이가 되었을지라도 하나님이 우리에게 비전을 주시기를 간절히 기도합니다.

18

거친 세상,
인도하시는 하나님만 좇습니다

창세기 46:1-7, 28-34

걱정되고 불안하면 멈추어 서서 예배하라

이 장 본문은 야곱을 가리켜 '이스라엘'이라고도 기록하고 있습니다. 야곱이 변하여 이스라엘이 되었습니다. 바울도 과거에는 사울이었는데, 예수님을 만난 후에 바울이 되었습니다. 이는 옛 사람이 변하여 새사람이 된 것을 의미합니다.

이제 야곱은 요셉이 살아 있다는 소식을 듣고 약속의 땅 가나안을 떠나 애굽으로 옮겨 갔습니다. 본문은 그 과정을 이야기합니다. 우리는 여기서 의문이 하나 생깁니다. 야곱이 애굽 땅으로 갈 것이 아니라 요셉이 가나안 땅으로 와야 하는 것 아닙니까? 애굽은 이방 나라이며, 가나안은 약속의 땅입니다. 그런데도 야곱이 애굽으로 가는 모습을 볼 수 있습니다.

앞 장의 주제는 "하나님의 신실한 약속의 성취"였습니다. 이 장의 주제는 "하나님의 인도하심"입니다. 하나님은 선하심과 인자하심으로 우리의 삶을 끝까지 인도하십니다. 하나님은 불 기둥과 구름 기둥으로 40년 동안 이스라엘 백성을 광야에서 인도하셨습니다. 그 하나님이 파도가 넘실거리고, 비바람이 치고, 폭풍이 휩쓰는 것같이 거친 이 세상에서 우리를 빈틈없이, 완벽하고 신실하게 인도하십니다. 이것이 이 장에서 우리가 묵상해야 할 주제입니다.

이스라엘이 모든 소유를 이끌고 떠나 브엘세바에 이르러 그의 아버지 이삭의 하나님께 희생 제사를 드리니(창 46:1).

의심할 때가 있고, 믿을 때가 있습니다. 기다릴 때가 있고, 행동할 때가 있습니다. 지금은 행동할 때요, 믿을 때입니다. 요셉이 살아 있다는 말을 들었을 때 야곱은 한때 의심했습니다. 주저하고 두려워했습니다. 아들들이 거짓말을 하는 줄 알았습니다. 그러나 수레를 보고, 현실을 보고, 하나님의 인도하심을 보자 모든 것을 정리해서 짐을 싸 들고 이민을 갔습니다. 잠깐 방문하는 것이 아니고 아예 살려고 가는 것이었습니다.

그런데 야곱의 생각을 복잡하게 만드는 문제가 여럿 있었습니다. 그중에서도 그의 머릿속을 가장 복잡하게 한 생각은 아브라함의 하나님, 이삭의 하나님이 약속하신 축복의 땅을 놓고 떠나는 것이 하나님의 뜻이냐는 생각이었을 것입니다. 우리는 직장이나 배우자를 선택할 때, 거주지를 결정할 때 무엇이 하나님의 뜻인지 몰라서 걱정하고 갈등할 때가 많습니다. 하나님의 음성이 들리면 얼마나 좋겠습니까? 그런데 음성이 들리지 않습니다. 그래서 자꾸 더듬어 추측하다 보니 일을 결정하고도 불안하고 염려가 됩니다.

어쨌든 야곱이라고도 불리는 이스라엘은 아들 요셉이 있는 애굽에 가기로 결정했습니다. 가족을 데리고 짐을 싸서 갔습니다. 사실 결정하기가 쉽지는 않았을 것입니다. 가나안의 경계인 브엘세

바에 이르렀을 때 야곱은 하나님께 희생 제물을 드렸습니다. 우리가 배워야 할 것이 이것입니다. 야곱은 애굽에 가기로 결정했습니다. 그리고 그 결정을 하나님께 확인받고 싶어서 하나님께 예배를 드렸습니다. 무슨 일을 결정할 때, 결정하고도 불안할 때 해야 할 일이 있습니다. 예배입니다. 멈추어 서십시오. 제단을 쌓고 제물을 드리십시오. 마음과 뜻과 정성을 다해 하나님을 예배할 때 하나님의 음성이 들리고, 그분의 마음이 느껴지고, 그분의 인도하심을 받게 됩니다.

우리가 자주 저지르는 실수는 자기 열정으로 일하다 보니 정작 자기 자신은 보지 못한다는 것입니다. 일만 보고 하나님은 보지 못한다는 것입니다. 그러면서 하나님이 자기편이 되셔야 한다고 생각합니다. 내가 하나님 편이 되어야 하지, 왜 하나님이 내 편이 되셔야 합니까? 이처럼 우리는 자칫 잘못하면 하나님이 내 기도를 들어주셔야 하고, 내 비전을 이루어 주셔야 한다는 생각에 빠지게 됩니다.

하나님은 우리가 하나님을 보도록 멈추어 서게 하십니다. 어떤 때는 망하게도 하십니다. 어떤 때는 병들게도 하셔서 확인하게 하십니다. 최근 하나님은 제게도 이에 관해 질문하는 사건과 시간을 주셨습니다. 저는 제가 수술한 사건을 돌아보았습니다. 제 인생에 많은 기점이 있었지만, 하나님은 수술을 통해 또 하나의 기점을 주셨습니다. '앞으로 10년을 어떻게 살 것인가? 앞으로 목회를 어떻게 할 것인가?' 하는 부분을 만지고 간섭하시는 것을 느꼈습니다.

인공위성을 쏘고 나면 궤도 수정을 해야 합니다. 과학자들이 각도를 계산해서 지구에서 인공위성을 쏘아 올렸지만 그것으로 끝이 아닙니다. 거리가 너무 멀기 때문에 가까이 가면서 계속해서 궤도를 수정해야 합니다. 목표나 의도는 분명합니다. 그러나 길이 너무 멀고 불안하기 때문에 목표 지점에 도달할 때까지 궤도를 수정하며 가야 합니다. 우리는 하나님의 궤도 수정을 받습니다. 걱정하지 마십시오. 결국은 하나님이 원하시는 자리에 가 있을 것입니다.

야곱은 하나님께 예배를 드렸습니다. 기도하고 제사를 드렸습니다. 하나님을 섬기고 사랑한다면 예배를 놓치지 마십시오. 예배보다 중요한 것은 없습니다. 예배는 하나님과의 깊은 관계로 들어가는 자리입니다. 하나님을 묵상하는 시간입니다. 하나님의 임재 가운데 들어가는 자리입니다. 일 속으로, 사역 속으로 들어가는 것이 아닙니다. 모든 사역의 힘은 예배에서 흘러나옵니다.

예배가 있으면 사역이 피곤하지 않습니다. 사역을 할수록 힘이 납니다. 병든 사람은 일을 할수록 피곤하고, 건강한 사람은 일을 할수록 힘이 납니다. 우리가 하나님의 일을 하면서 피곤한 이유는 어딘가 병들었기 때문입니다. 지쳐 있기 때문입니다. 그러나 건강하다면 일을 할수록 몸에 힘이 붙고 상쾌합니다. 저는 하나님을 섬기는 우리의 사역에 힘이 넘치기를 바랍니다. 하면 할수록 독수리처럼 힘이 솟구치기를 바라고, 하나님께 드리는 헌신의 열매가 더 많이 맺히기를 기도합니다.

신실하신 하나님이 나를 부르시고 인도하신다

> 그 밤에 하나님이 이상 중에 이스라엘에게 나타나 이르시되 야곱아
> 야곱아 하시는지라 야곱이 이르되 내가 여기 있나이다 하매(창 46:2).

앞서 1절을 보면 "그의 아버지 이삭의 하나님께 희생 제사를 드
리니"라고 표현하고 있습니다. '야곱의 하나님'이 아니라 '아버지
이삭의 하나님'이라고 쓴 표현이 특이합니다. 이렇게 희생 제사를
드린 그 밤에, 하나님은 이상 중에 야곱에게 나타나셨습니다. 모든
일이 이렇게 공식처럼 잘 들어맞으면 얼마나 좋을까요?

사도 바울이 전도할 때 기적과 능력이 많이 일어났는데, 어느 날
성령이 아시아로 가려는 그의 길을 막으셨습니다. 그러고는 계속
해서 코너로 몰고 가셔서 결국 바울은 드로아로 내려갔습니다. 아
마도 바울은 그곳 바닷가를 거닐며 '왜 하나님이 나를 이곳에 오
게 하셨을까?' 하며 많은 생각을 했을 것입니다. 그런데 그날 밤
이상 중에 마게도냐 사람이 나타나 "마게도냐로 건너와서 우리
를 도우라"(행 16:9)라고 말했습니다. 그제야 바울은 하나님의 뜻
을 이해하고 바다를 건너 빌립보로 갔습니다.

아는 사람 하나 없는 그곳에서, 어디로 가야 하는지 누구를 만나야 하는지 모른 채 사도 바울은 기도처를 찾아갔습니다. 그 과정에 만난 여인이 루디아입니다. 그리고 빌립보 교회가 세워졌고, 그 일이 유럽 전도의 문을 여는 사건이 되었습니다. 하나님의 경륜, 섭리, 인도하심이 그 모든 과정에 들어 있습니다.

희생 제사를 드린 날 밤, 하나님이 야곱에게 나타나 그를 부르셨습니다. "야곱아, 야곱아." 야곱을 부르신 하나님은 야곱을 인도하시는 하나님이시고, 야곱을 이스라엘로 바꾸신 하나님이십니다. 약속을 지키시는 신실하신 하나님, 복 받을 자격이 없으면 자격을 만들어서라도 복 주시고 사랑하시는 하나님, 죄인을 의인으로 만들어서 복을 주시는 하나님이 야곱을 부르셨습니다. 그때 야곱이 대답했습니다. "내가 여기 있나이다." 이 말은 모세도 했습니다. 종교개혁자 마르틴 루터(Martin Luther)도 했습니다. 우리도 이렇게 말하기를 바랍니다. 하나님이 부르시면 도망하지 말고 "제가 여기 있습니다. 제가 순종하겠습니다" 하십시오.

야곱을 부르신 하나님이 무슨 말씀을 하셨습니까?

하나님이 이르시되 나는 하나님이라 네 아버지의 하나님이니 애굽으로 내려가기를 두려워하지 말라 내가 거기서 너로 큰 민족을 이루게 하리라 내가 너와 함께 애굽으로 내려가겠고 반드시 너를 인도하여 다시 올라올 것이며 요셉이 그의 손으로 네 눈을 감기리라 하셨더라(창 46:3-4).

　하나님이 "나는 하나님이라" 하셨는데, 단어가 참 재미있습니다. 히브리어로 '하 엘'이라고 말씀하셨는데, '하'는 영어의 정관사 'the'와 같습니다. '엘'은 '하나님'입니다. 하나님의 이름은 '엘로힘', '엘 샤다이' 등 여러 가지가 있는데, 여기서는 '하 엘', 즉 "내가 바로 그 하나님이다" 하신 것입니다. 그리고 "네 아버지의 하나님이다"라고 말씀하셨습니다. 아버지에게 주신 약속을 아들에게도 주셨습니다. 약속은 전승됩니다. 복은 전승됩니다. 우리가 우리의 믿음으로 말미암아 누리는 복이 자녀들에게도 전승되기를 바랍니다. 자녀들의 자녀들에게도 전승되기를 바랍니다. 그래서 그 자녀들이 "우리 아버지의 하나님"이라고 고백할 수 있게 되기를 바랍니다.

　제 아버지가 제게 주신 유산은 기도입니다. 아버지는 기도의 사람이셨습니다. 하루에 5시간씩 기도하셨고, 쓰러지셨을 때도 기도를 쉬지 않으셨습니다. 아버지가 제게 주신 물질적 유산은 없습니다. 그러나 저는 기도라는 유산을 받았습니다. 제 어머니가 제게 주신 유산도 있습니다. 전도입니다. 어머니는 전도를 잘하셨습니다. 라면 사들고 가난한 사람들을 찾아다니며 전도하셨습니다. 평생 동안 전도하셨습니다.

　우리 자녀들이 아버지, 어머니인 우리를 기억할 때 이런 믿음의 유산을 떠올리기를 바랍니다. 야곱에게는 아버지 이삭에 대한 기억이 있었고, 이삭에게는 아버지 아브라함에 대한 기억이 있었습니다. 그래서 하나님은 "네 아버지의 하나님"이라고 말씀하셨습니다. 그러면서 "애굽으로 내려가기를 두려워하지 말라 내가 거기서 너로 큰 민족을 이루게 하리라"라고 말씀하셨습니다.

하나님은 여기서 야곱에게 3가지를 말씀하셨습니다.

첫째, "나는 네 조상의 하나님"이라는 것입니다. 이 말은 필요해서 급조된 하나님이 아니라는 뜻입니다. 일시적인 하나님이 아니라는 것입니다. 불안을 가라앉히려고 세상 사람들이 만든 하나님이 아니라는 것입니다. 태초부터 있는 하나님이고, 천지를 창조하고 역사를 이끄는 하나님이고, 네 조상을 믿음의 조상으로 세운 하나님이고, 너를 지은 바로 그 하나님이라고 말씀하신 것입니다.

둘째, "애굽으로 가라"는 것입니다. 하나님은 약속의 땅 가나안을 주셨는데, 이제는 애굽으로 가라고 하셨습니다. 아무리 좋은 곳이라도 하나님이 가지 말라고 하시면 가지 말고, 아무리 험한 곳이라도 하나님이 가라고 하시면 가십시오. 그것이 전부입니다. 편하다고, 좋다고 다 하지 마십시오. 하나님의 뜻이라면 하십시오. 우리가 일생 동안 할 수 있는 일은 적습니다. 좋은 일은 많습니다. 그러나 하나님이 하라고 분명히 말씀하신 일을 해야 합니다. 다른 것에 기웃거리면 건강을 잃고, 시간을 잃고, 돈도 잃습니다.

셋째, "애굽에서 큰 민족을 이루게 하리라"는 것입니다. 애굽에서 하나님의 약속을 이루겠다고 하셨습니다. 그러나 이어지는 말씀을 보십시오. 하나님은 애굽에서 영원히 살게 하지는 않을 것이라고 말씀하셨습니다. 다시 돌아오게 하시겠다는 것입니다. 결론은 약속의 땅입니다.

그리고 두 예언이 나옵니다. 하나는 애굽에서 큰 민족을 이룬 다음에 그곳에 머물러 있지 않고 나오게 된다는 것입니다. 또 하나는 요셉이 야곱의 눈을 감겨 준다는 것입니다. 이 말씀을 들은 야곱은 어떠했을까요? 모든 불안이 사라지고 크게 안도했을 것입니다. 어떻게 행해야 할지, 어디서 죽을 것인지, 애굽으로 왜 가야 하는지 다 알게 되었습니다. 모든 것을 알게 되었습니다.

하나님이 우리를 애굽 같은 이 세상에 보내셨고, 여기서 하나님의 일을 하게 하셨습니다. 그러나 이 세상이 우리가 영원히 남아야 하는 장소는 아닙니다. 우리는 다시 하나님께 가게 될 것입니다. 무엇이든지 알면 쉽고, 모르면 어렵습니다. 신앙생활의 섭리를 깨달으면 무엇이든지 쉽습니다. 감사와 찬양이 넘칩니다. 그러나 모르면 불안하고, 초조하고, 쫓기는 것 같습니다. 한 치 앞이 보이지 않습니다.

야곱은 신실하신 하나님, 약속을 지키시는 하나님, 삶을 인도하시는 하나님, 죽음도 가르치시는 하나님을 만났습니다. 그렇기 때문에 야곱은 죽을 때 불안하지 않았을 것입니다.

하나님을 좇는 사람은 죽음 앞에서 한이 없다

> 야곱이 브엘세바에서 떠날새 이스라엘의 아들들이 바로가 그를 태
> 우려고 보낸 수레에 자기들의 아버지 야곱과 자기들의 처자들을 태
> 우고 그들의 가축과 가나안 땅에서 얻은 재물을 이끌었으며 야곱과
> 그의 자손들이 다 함께 애굽으로 갔더라(창 46:5-6).

여기서 우리는 하나님의 약속이 성취되는 것과 더불어 하나님
의 인도하심을 볼 수 있습니다. 하나님의 약속의 성취는 하나님의
인도하심으로 나타납니다. 시편 23편 6절은 "내 평생에 선하심과
인자하심이 반드시 나를 따르리니 내가 여호와의 집에 영원히 살
리로다"라고 말합니다. 나의 평생에 하나님의 선하심과 인자하심
이 한 번도 떠난 적이 없습니다. 내가 병들었을 때, 내가 가난했을
때, 내가 사망의 음침한 골짜기를 다닐 때도 하나님의 선하심과 인
자하심이 항상 나를 인도해 주었습니다. 하나님은 모세가 광야에
있을 때도 구름 기둥과 불 기둥으로 인도하셨습니다. 그 험악한 세
월을 이기게 하신 하나님의 인도하심을 신뢰하십시오.

오늘날 이 세상에서 안심하고 살기가 얼마나 어렵습니까? 그러
나 하나님이 우리를 사랑하사 독생자 예수님까지 십자가에 내어
주어 죽게 하신 것이 사실이라면 하나님이 우리를 인도하시는 것
도 사실입니다. 하나님이 우리를 구원하시고 "네 마음대로 살아

라” 하시겠습니까? 아닙니다. 하나님은 독생자를 주시는 대가를 치르고 사신 우리를 언제나 선하심과 인자하심으로 인도하실 것입니다. 믿으십시오. 하나님은 우리를 팽개치시지 않습니다. 간섭하십니다. 어떤 때는 기저귀를 채우시고, 어떤 때는 젖을 주십니다. 상처가 있으면 어루만져 주십니다. 찬양 가사처럼 우리의 작은 신음 소리까지도 헤아리시는 하나님을 찬양합니다.

이어지는 7절을 보면 야곱을 선하게 인도하시는 하나님을 볼 수 있습니다.

> 이와 같이 야곱이 그 아들들과 손자들과 딸들과 손녀들 곧 그의 모든 자손을 데리고 애굽으로 갔더라(창 46:7).

드디어 야곱과 요셉이 만났습니다.

> 야곱이 유다를 요셉에게 미리 보내어 자기를 고센으로 인도하게 하고 다 고센 땅에 이르니 요셉이 그의 수레를 갖추고 고센으로 올라가서 그의 아버지 이스라엘을 맞으며 그에게 보이고 그의 목을 어긋맞춰 안고 얼마 동안 울매 이스라엘이 요셉에게 이르되 네가 지금까지 살아 있고 내가 네 얼굴을 보았으니 지금 죽어도 족하도다(창 46:28-30).

야곱과 요셉은 껴안고 한바탕 울었습니다. 그러고는 아마도 야곱은 하나님을 생각했을 것입니다. '하나님, 이렇게 미천한 자를 어찌하여 선대하십니까? 제 평생 하나님께 별로 도움도 안 되고 속만 썩였는데, 이제 철이 들고 보니 늙고 힘없고 소망도 없는 저에게 이렇게 영광스러운 날을 주십니까?' 저는 야곱에게 감사와 감격이 있었을 것이라고 생각합니다. 젊었을 때는 이리저리 뛰어다녔지만 이제는 힘없는 노인인 야곱, 자식들을 따라다녀야 하는 처지인 야곱을 하나님은 버리시지 않았고 도리어 기쁨과 복을 안겨 주셨습니다. 그래서 야곱은 "지금 죽어도 족하도다"라고 고백했습니다.

사람들 중에는 억울한 표정을 지으며 죽는 사람이 있습니다. 안죽어야 되는데 죽는다는 듯한 표정으로 죽습니다. 이런 사람의 얼굴은 평안하지 않습니다. 한이 맺혀 있습니다. 얼굴에 억울하고 분한 표정이 있습니다. 우리의 얼굴에 한이 맺히지 않기를 바랍니다. 찡그리고 고통스러운 얼굴이 아니기를 바랍니다.

아마도 야곱은 죽음 앞에 이렇게 고백했을 것입니다. "죽어도 한이 없습니다. 모든 것을 내려놓고 자식들에게 주고 갑니다. 하나님, 제 영혼을 받아 주십시오." 한이나 억울함이나 분노 없이 영혼이 하나님께 가까이 가는 것입니다. 바울은 자신의 죽음을 앞두고 이렇게 말했습니다.

전제와 같이 내가 벌써 부어지고 나의 떠날 시각이 가까웠도다 나는 선한 싸움을 싸우고 나의 달려갈 길을 마치고 믿음을 지켰으니 이제 후로는 나를 위하여 의의 면류관이 예비되었으므로 주 곧 의로우신 재판장이 그날에 내게 주실 것이며 내게만 아니라 주의 나타나심을 사모하는 모든 자에게도니라(딤후 4:6-8).

우리도 야곱처럼, 바울처럼 죽음 앞에서 한이 없고, 우리의 평생에 베푸신 하나님의 은혜에 감사하게 되기를 바랍니다.

19

험악한 인생 끝에는
밝게 웃기를 원합니다

창세기 47:1-12, 27-31

하나님은 우리에게 제일 좋은 것을 주신다

요셉은 꿈의 사람, 믿음의 사람이었습니다. 하나님께 꿈을 받았고 하나님을 신뢰하는 믿음으로 그 꿈을 이루어 간 아름다운 사람이었습니다. 그는 17세 때 형들의 미움을 받아서 죽음의 길을 걷다가 하나님의 특별한 인도하심을 받아 30세에 애굽의 총리가 되었습니다. 요셉은 보면 볼수록 아름답고, 귀하고, 닮고 싶은 사람입니다. 요셉은 상처를 많이 받을 수 있는 상황이었는데도 상처가 없었습니다. 고통을 당했지만 상처가 없었습니다.

상처가 없는 사람은 참 좋습니다. 자신도 좋고, 그를 만나는 사람도 좋습니다. 고통은 받되 상처는 받지 맙시다. 사람들은 대부분 고통과 고난을 겪으면 몸과 마음에 상처의 굴곡이 생기기 마련입니다. 그런데 요셉은 그렇지 않았습니다.

요셉의 내면적인 모습은 어떠했습니까? 그는 사랑과 용서의 사람이었습니다. 사랑은 본질상 상대적이거나 조건적이지 않습니다. 상대방이 나를 사랑하는 만큼 나도 상대방을 사랑하는 것은 상대적인 사랑입니다. 예쁘기 때문에, 실력이 뛰어나기 때문에, 매력이 있기 때문에 사랑하는 것은 조건적인 사랑입니다. 하나님의 사랑은 '그럼에도 불구하고'의 사랑입니다. 하나님은 조건도 별로 좋지 않고 사랑받을 가치가 없는데도 우리를 사랑하십니다. 하나님은 사랑이시기 때문입니다. 그 사랑을 본받은 사람이 요셉입니다.

앞서 우리는 두 가지 중요한 사실을 살펴보았습니다.

첫째, 하나님은 약속을 반드시 지키신다는 것입니다. 하나님 자신이 신실하시기 때문입니다. 신실하시고, 완전하시고, 영원하신 하나님의 속성 때문에 하나님은 약속을 지키지 않으실 수가 없습니다. 내가 아무리 배신하고, 자격이 없고, 하나님이 원하시는 대로 따라가지 않을지라도 그런 나 때문에 하나님이 그분의 신실하심, 완전하심, 영원하심을 포기하시지는 않습니다. 하나님은 끝까지 기다리셔서 우리를 하나님이 원하시는 사람으로 만드십니다.

기다림의 특징은 속이 상한다는 것입니다. 부모라면 누구나 자식 때문에 속상한 적이 있을 것입니다. 하나님도 우리 때문에 속상하신 적이 많을 것입니다. 그렇지만 하나님은 기다리십니다. 약속을 반드시 지키십니다. 약속을 지키려면 마음만으로는 안 됩니다. 능력이 있어야 합니다. 하나님은 신실하시고 능력이 있으셔서 약속을 지키실 수 있습니다. 우리는 이 사실을 야곱에게서 보았습니다. 하나님은 늙어서 힘없고 초라한 야곱에게 신실하셨고, 야곱에게 하신 약속을 지키셔서 그의 인생 말년을 영광스러운 복으로 장식해 주셨습니다. 하나님이 우리 인생의 마지막 역시 복으로 장식해 주실 것을 믿습니다.

둘째, 하나님의 약속 성취에는 하나님의 인자하시고 선하신 인도하심이 있었다는 것입니다. '약속을 성취한다'는 말에는 '하나님이 우리를 인도하신다'는 뜻도 포함되어 있습니다. 하나님은 내가 산으로 갈 때도, 바다로 갈 때도, 절망의 끝에 서 있을 때도, 죽을 지경에 처해 있을 때도 한 번도 나를 잊으시지 않고 선한 길로 인도해 주십니다.

야곱은 요셉이 살아 있다는 소식을 듣자 회복되기 시작했습니다. 야곱은 자기가 살던 곳을 정리하고 가족들과 함께 짐을 싸서 이민을 갔습니다. 여기에 하나님의 인도하심이 있었습니다. 하나님은 밤중에 야곱에게 오셔서 "나는 하나님이라 네 아버지의 하나님이니 애굽으로 내려가기를 두려워하지 말라 내가 거기서 너로 큰 민족을 이루게 하리라"(창 46:3)라고 말씀하셨습니다.

요한복음에서 예수님은 "너희는 마음에 근심하지 말라 하나님을 믿으니 또 나를 믿으라 내 아버지 집에 거할 곳이 많도다 그렇지 않으면 너희에게 일렀으리라 내가 너희를 위하여 거처를 예비하러 가노니"(요 14:1-2)라고 말씀하셨습니다. 하나님의 인도하심은 지상에만 있는 것이 아닙니다. 하나님은 우리를 천국까지 인도하십니다. 하나님은 선하심과 인자하심으로 우리를 지키고 인도하십니다. 약속을 반드시 지키십니다.

이 장 본문에서 발견하는 것은 '하나님이 우리를 인도하신다'는 사실입니다. 하나님의 인도하심은 하나님이 우리의 모든 것을 채우고 공급하신다는 뜻입니다.

요셉이 바로에게 가서 고하여 이르되 내 아버지와 내 형들과 그들의 양과 소와 모든 소유가 가나안 땅에서 와서 고센 땅에 있나이다 하고(창 47:1).

드디어 이스라엘이라 불리는 야곱이 가족을 데리고 가나안에서 고센 땅으로 이주했습니다. 요셉은 이 사실을 왕에게 보고했습니다. 그리고 형제 중 5명을 택해 왕을 알현하게 하고 그들이 거할 땅을 요청하게 했습니다.

그의 형들 중 다섯 명을 택하여 바로에게 보이니 바로가 요셉의 형들에게 묻되 너희 생업이 무엇이냐 그들이 바로에게 대답하되 종들은 목자이온데 우리와 선조가 다 그러하니이다 하고 그들이 또 바로에게 고하되 가나안 땅에 기근이 심하여 종들의 양 떼를 칠 곳이 없기로 종들이 이곳에 거류하고자 왔사오니 원하건대 종들로 고센 땅에 살게 하소서(창 47:2-4).

요셉의 형들은 요셉의 코치를 받아 왕에게 말했습니다. 요셉은 애굽의 총리 대신이기에 애굽에서 제일 좋은 땅이 어디인지 잘 알았습니다. 그래서 형들에게 알려 주었습니다. 하나님이 우리에게도 제일 좋은 땅을 주실 줄 믿습니다. 하나님은 우리에게 제일 좋은 것을 주실 것입니다.

왕이 형들에게 생업이 무엇이냐고 물었을 때 그들은 요셉이 알려 준 대로 목자이며, 고센 땅에 거하게 해 달라고 말했습니다. 왜 고센 땅을 달라고 했을까요? 3가지 이유가 있습니다.

첫째, 창세기 46장에 나오는 대로 고센 땅이 목축을 하기에 가장 비옥한 땅이었기 때문입니다. 요셉의 가족은 선조 때부터 목축을 했습니다. 그래서 요셉이 목축을 하기에 좋은 땅을 골라 준 것입니다.

둘째, 고센 땅은 애굽 사람들이 사는 땅이 아니었기 때문입니다. 고센 땅에서는 요셉의 아버지와 가족들이 애굽 사람들과 섞이지 않고 독립해서 살 수 있었습니다. 야곱 가족은 애굽 사람들이 믿는 신을 믿지 않고 하나님을 믿었습니다. 그래서 하나님께만 예배해야 했습니다. 그들의 풍습과 언어, 문화가 있었는데, 그것을 잘 지킬 수 있는 땅이 고센 땅이었습니다. 애굽 땅에 살면서도 하나님을 섬기고, 하나님의 방법대로 살고, 모국어와 전통과 동질성을 유지할 수 있는 땅이 고센 땅이었습니다. 우리는 국내에서 살 수도 있고, 국외에서 살 수도 있습니다. 어디에서 살든지 그리스도인의 정체성, 하나님을 믿는 모습이 흔들리지 말아야 합니다. 어디를 가든지 지켜야 합니다.

셋째, 고센 땅은 애굽의 동북쪽에 위치해 있는데 가나안과 아주 가까웠기 때문입니다. 언제든지 마음만 먹으면 가나안으로 돌아갈 수 있었습니다. 요셉은 이 점을 염두에 두었습니다. 자신의 가족이 기근을 피해 애굽으로 오긴 했지만 가나안을 잊은 것은 아니었습니다.

우리는 이 땅에서 삽니다. 그러나 이곳은 영원한 땅이 아니며, 애굽과 같은 곳입니다. 우리가 가야 할 땅은 젖과 꿀이 흐르는 땅, 영원한 땅, 하나님의 나라입니다.

하나님만 생각하면 희망이 있다

요셉의 형들의 요청을 받은 바로는 즉각 응답했습니다.

> 바로가 요셉에게 말하여 이르되 네 아버지와 형들이 네게 왔은즉 애굽 땅이 네 앞에 있으니 땅의 좋은 곳에 네 아버지와 네 형들이 거주하게 하되 그들이 고센 땅에 거주하고 그들 중에 능력 있는 자가 있거든 그들로 내 가축을 관리하게 하라(창 47:5-6).

바로가 허락했습니다. 그런데 좀 더 살펴봅시다. 고센 땅은 왕의 가축을 키우는 곳이었습니다. 그래서 바로는 요셉의 형제들 중에서 가축을 잘 돌보는 사람에게 자신의 가축을 관리해 달라고 했습니다. 왕의 가축을 키우는 곳이니 얼마나 풍성하고 좋은 땅이었겠습니까? 그런데 그들은 그 땅에 살게 되었을 뿐 아니라 왕의 가축을 관리하는 일도 맡게 되었습니다.

여기서 우리는 중요한 교훈을 얻을 수 있습니다. 하나님은 우리에게 필요한 것을 풍성히 채워 주신다는 것입니다. 하나님은 우리에게 언제나 제일 좋은 것, 가장 필요한 것을 주십니다. 마태복음 6장 31-32절 말씀을 기억하십시오.

> 그러므로 염려하여 이르기를 무엇을 먹을까 무엇을 마실까 무엇을 입을까 하지 말라 이는 다 이방인들이 구하는 것이라 너희 하늘 아버지께서 이 모든 것이 너희에게 있어야 할 줄을 아시느니라 (마 6:31-32).

먹고 마실 것을 구하는 것은 이방인들, 즉 하나님이 없다고 하는 사람들이 하는 일입니다. 하나님을 믿고 신뢰한다면 그분의 나라와 의를 구하십시오. 그러면 하나님이 모든 것을 더하실 것입니다. 이 사실을 믿기 바랍니다. 세상이 아무리 험해도 하나님은 우리에게 먹을 것과 마실 것을 주십니다. 모세와 이스라엘 백성이 광야에서 유랑할 때 하나님은 만나를 주셨습니다.

음식은 내가 노력한 대가로 먹는 것이 아닙니다. 직장에서 땀 흘려 일한다고 먹을 것이 생기는 것이 아닙니다. 양식은 하나님이 주십니다. 그렇기 때문에 우리가 음식을 먹기 전에 감사 기도를 드리는 것입니다.

하늘에서 만나가 내립니다. 매일매일 내립니다. 이것이 양식입니다. 그렇기 때문에 양식을 독점하거나 음식으로 사람을 조종하면 안 됩니다. 안타깝게도, 북한은 식량을 가지고 사람들을 조종합니다. 사재기는 하나님의 뜻이 아닙니다. 이 지상에 있는 음식을 골고루 나눠 먹으면 절대 굶는 사람이 없습니다. 그러나 죄인인 인간은 식량을 독점하려고 합니다. 식량을 가지고 장사를 합니다. 그래서 어떤 사람은 음식이 너무 많아서 버리고, 어떤 사람은 음식이 없어서 굶습니다.

우리는 '만나의 법칙'을 기억해야 합니다. 음식은 하나님이 주십니다. 하나님은 우리에게 한 달분, 일주일분 양식이 아니라 '일용할' 양식을 주십니다. 양식의 본질은 하늘에서 매일 내려온다는 것입니다. 안식일에 하나님은 양식을 주시지 않고 그 전날 이틀분을 주십니다. 이것이 양식의 원칙입니다. 이 원칙을 지키면 절대로 굶는 법이 없습니다. 그러나 이 원칙을 잊은 사람은 항상 '무엇을 먹을까, 무엇을 마실까?' 걱정합니다. 더 나아가 양식을 독점하고 싶어 합니다. 남의 음식까지 빼앗으려고 합니다. 자기에게 필요한 양식만으로 살면 되는데, 인간의 욕심은 남의 음식과 남의 옷과 남의 땅을 착취해야 행복하리라고 생각합니다. 소유하는 것이 곧 행복이라고 생각합니다.

우리가 만나의 법칙을 알게 되면 삶의 법칙을 깨닫게 됩니다. 하나님이 오늘 먹을 양식을 주신다고 믿고 하나님의 나라와 하나님의 의를 구하면 하나님은 우리에게 필요한 것을 풍성하게 채워 주십니다. 그러므로 돈 문제나 직장 문제 때문에 걱정하지 않기를 바랍니다. 사실 우리가 열심히 기도하는 문제들이 다 그런 것들인지 모릅니다. 가장 현실적이고 빨리 해결해야 하는 문제들이기에 그렇습니다. 그러나 이제는 기도의 순서를 바꾸고, 기도의 방법을 바꿔 보십시오. 먼저 하나님의 나라와 하나님의 의를 구해 보십시오. 그리하면 하나님이 그 모든 것을 우리에게 더하여 주실 것입니다.

우리는 야곱을 통해서 필요한 만큼 주시고, 원하는 만큼 주시는 놀라운 하나님을 발견하게 됩니다. 빌립보서 4장 19절은 "나의 하나님이 그리스도 예수 안에서 영광 가운데 그 풍성한 대로 너희 모든 쓸 것을 채우시리라"라고 말합니다. 할렐루야! 시편 28편 7절도 이렇게 말합니다.

여호와는 나의 힘과 나의 방패이시니 내 마음이 그를 의지하여 도움을 얻었도다 그러므로 내 마음이 크게 기뻐하며 내 노래로 그를 찬송하리로다(시 28:7).

하나님의 살아 계심을 믿는다면 두려워하지 마십시오. 우리에게 필요한 것, 먹을 것, 마실 것을 하나님이 풍성하게 채워 주실 것을 믿으십시오. 하나님이 인도하시기에 하나님이 채우십니다. 하나님은 우리를 목마르게 하시지 않습니다. 배에서 생수가 흘러넘치게 하십니다. 하나님은 채우시되, 풍성하게 채우십니다. 잔이 넘치게 주십니다. 주변 사람들에게 이 말로 격려하십시오. "하나님이 풍성하게 채우실 것입니다. 넉넉히 승리할 것입니다."

약속을 지키시고, 선하심과 인자하심으로 우리의 삶을 인도하시며, 우리의 모든 필요를 채우시는 하나님을 찬양하고 신뢰하십시오. "그래도 안 되는 건 안 됩니다" 하지 마십시오. 자기 말로 자기 미래를 만들게 됩니다. 하나님은 된다고 하시는데 쫓아다니면서 자꾸 안 된다고 말하지 마십시오. 하나님을 제한하지 마십시오. 막지 마십시오. 하나님은 우리에게 복 주기를 원하십니다.

온누리교회를 보십시오. 단 열두 가정으로 시작한 교회가 지금과 같은 교회가 될 줄 누가 알았겠습니까? 하나님이 은혜를 부어 주셨습니다. 제 특기가 하나 있습니다. 순종하고 따라다니는 것입니다. 저는 그것밖에 없습니다. 저야말로 이렇게 교회가 커질 줄 몰랐던 사람입니다. 저는 앞으로도 하나님이 온누리교회를 어떻게 인도하실지 모릅니다. 그러나 제가 잘하든 못하든, 어렵든 쉽든 상관없이 하나님이 원하시면 순종할 것입니다.

현실적으로, 인간적인 눈으로 보면 힘든 일 같지만 믿음의 눈으로 보면 쉽습니다. 믿고 따라가며 순종하면 하나님이 복을 주십니다. 순종함으로 축복의 통로가 되십시오. 하나님이 주시는 복의 물줄기가 우리 인생을 통해 흘러넘쳐서 이 민족이 변하고 세계가 변하는 꿈을 꾸십시오.

저는 우리가 섬기는 교회가 이 땅에 꼭 필요한 교회라고 믿습니다. 저는 제가 이 교회에 꼭 필요한 사람이라고 믿습니다. 우리 한 사람, 한 사람도 이 땅에 필요한 사람이요, 교회에 필요한 사람이요, 하나님께 필요한 사람입니다. 하나님은 우리를 복의 통로로 삼기를 원하십니다. 우리는 하나님의 풍성하심, 놀라우심을 세상 사람들에게 보여 주어야 합니다. 위대하시고, 은혜가 한이 없으시고, 풍성하신 하나님을 우리의 삶을 통해 나타내야 합니다.

이 순간부터 우리의 생활이 피기를 바랍니다. 얼굴이 피기를 바랍니다. 수입이 달라지기를 바랍니다. 직장에서 위치가 달라지기를 바랍니다. 우리가 하나님을 어떻게 믿느냐에 따라서 하나님의 역사가 다르게 나타납니다. 절대로 부정적인 생각은 하지 마십시오. 비판적인 생각도 꺾으십시오. 필요를 채우시는 하나님, 약속을 지키시는 하나님, 우리를 인도하시는 위대한 하나님을 마음으로 믿으십시오. 그때 우리 삶에 봄바람이 불기 시작하고 꽃이 핍니다.

99%의 불가능을 보지 말고 1%의 가능성을 보십시오. 그리고 미치도록 일하십시오. 하나님이 계시기 때문입니다. 하나님이 우리의 기도에 응답해 주시기 때문입니다. 우리 자녀가 잘될 것이라고 믿고 기도하십시오. 저는 우리 민족 때문에 속상합니다. 그래도 우리 민족이 잘될 것이라고 믿습니다. 희망을 품습니다.

하나님만 생각하면 희망이 있습니다. 하나님이 우리의 희망이시요, 미래이십니다. 우리의 미래는 하나님이십니다. 홍해를 가르시고, 광야에서 40년 동안이나 살게 하시고, 젖과 꿀이 흐르는 땅으로 들어가게 하시고, 가나안 일곱 족속을 멸하게 하신 분이 하나님이십니다. 독생자 예수 그리스도를 십자가에 못 박혀 죽게 하셔서 사망 권세를 깨뜨리시고, 천국 문을 여시고, 우리를 하나님의 자녀로 만들어 주신 하나님의 놀라운 구원과 섭리를 선포하십시오. 찬양하십시오. 우리는 그 일을 위해 부르심을 받은 사람들입니다.

어디서나 "이곳에 복이 있을지어다!" 선포하라

> 요셉이 자기 아버지 야곱을 인도하여 바로 앞에 서게 하니 야곱이 바로에게 축복하매 바로가 야곱에게 묻되 네 나이가 얼마냐 야곱이 바로에게 아뢰되 내 나그네 길의 세월이 백삼십 년이니이다 내 나이가 얼마 못 되니 우리 조상의 나그네 길의 연조에 미치지 못하나 험악한 세월을 보내었나이다 하고 야곱이 바로에게 축복하고 그 앞에서 나오니라 (창 47:7-10).

며칠 전에 어떤 분을 만나 함께 이야기를 나누었습니다. 그분이 최근에 성경을 2독 했는데, 이 대목을 보면서 감동을 받았다고 했습니다. "험악한 세월을 보내었나이다"라는, 야곱이 자신의 지나온 과거에 대해 말한 이 한마디를 읽으면서 "하나님, 어찌하여 저

같은 사람을 이 나이에 불러 주시고 구원해 주십니까?" 하며 눈물을 흘렸다고 했습니다.

여기서 우리는 감동적인 모습 두 가지를 볼 수 있습니다.

첫째, 야곱이 바로를 축복하는 장면입니다. 요셉이 아버지 야곱을 인도하여 바로 앞에 서게 하자 야곱이 바로를 축복했습니다. 초라한 노인과 막강한 권력을 가진 왕이 만난 자리입니다. 그런데 별볼 일 없는 노인이 최고 권력자를 축복하는 역설이 일어났습니다. 그리고 야곱은 들어갈 때도, 나올 때도 그를 축복했습니다.

우리 역시 세상에서 별 볼 일 없고 아무것도 아닌 사람이지만, 세상을 축복할 축복권이 있는 사람들입니다. 예수님의 이름으로 축복하고 격려할 수 있습니다. 야곱은 바로를 만나자마자 축복했습니다. 야곱은 바로에게 자기가 믿는 하나님을 소개했습니다. 하나님을 자랑했습니다. 이것이 전도입니다.

어떤 집을 심방할 때 먼저 축복하십시오. 아브라함은 복의 근원이었습니다. 우리도 예수 그리스도로 말미암아 복의 근원이 되었습니다. 우리가 조직에 들어가면 그 조직이 살고, 직장에 들어가면 그 직장이 살아나야 합니다. 가는 데마다 복을 나누어 주고, 위로해 주고, 죽은 것을 살리고, 화해시키는 사람이 되십시오. 야곱의 모습을 보십시오. 가진 것은 없지만 얼마나 자신만만하고 멋있습니까? 축복을 베푸는 사람은 마음에 여유가 있는 사람입니다.

우리는 다른 민족에게 가서 그 민족을 축복해야 합니다. 인도,

방글라데시, 중국 등 세계 곳곳을 가 보면 저주가 사무친 땅들이 많습니다. 우리나라도 얼마나 한이 맺힌 땅이요, 저주가 가득한 땅입니까? 이 땅이 복 있는 땅으로 변할 줄로 믿습니다. 이 땅을 축복하십시오.

저는 예전에 안산에 있는 홍원동에서 살았습니다. 제가 살던 집 뒤에는 30-40분이면 오를 수 있는 산이 있었습니다. 그 산을 한참 올라가면 팔각정이 있었는데, 사람들이 별로 찾지 않는 곳이었습니다. 저는 그곳에 자주 갔습니다. 제가 에스겔 37장으로 "생기야, 있을지어다"라는 제목으로 설교하던 때였습니다. 그때 저는 그 산에 올라 동서남북을 향해 명령했습니다. "서울 시민들아, 생기를 받을지어다!" 하고 네 번 외쳤습니다. 그러면 기분이 무척 좋았습니다. 그렇게 축복하니 서울이 다 제 것 같았습니다.

자녀를 축복하십시오. 잠자는 자녀의 머리에 손을 얹고 "복이 있을지어다!" 하고 기도하십시오. 직장에 들어가면서 그냥 들어가지 말고 "이곳에 복이 있을지어다!" 하고 축복하면서 들어가십시오. 집에 들어갈 때도 "이 집에 복이 있을지어다!" 하고 축복하십시오. "우리 민족에게 복이 있을지어다!" 하십시오. 그리스도인은 축복을 선언하고, 베풀고, 나누어 주는 사람입니다.

둘째, 야곱이 자신의 삶을 두 가지로 정리한 내용입니다. 그는 자기 인생이 "나그네 길 인생이었다", "험한 삶이었다"라고 고백했습니다. 하나님을 만나는 것이 평안이요, 행복입니다.

야곱의 생애를 보면 참 안쓰럽습니다. 형과의 갈등 때문에 아버지 집에서 쫓겨나다시피 나왔고, 아내를 얻기 위해 외삼촌 집에서 오랜 세월 힘들게 일했고, 가장 사랑하는 아내를 일찍 잃었고, 가장 사랑하는 아들을 잃는 고난을 겪었습니다. 이제는 머리가 희어졌고 늙었습니다.

할아버지인 아브라함은 185세까지 살았고, 아버지 이삭은 175세까지 살았지만, 야곱은 147세까지밖에 살지 못했습니다. 그런데도 그는 자신이 조상들에 비해 많이 살지는 않았지만 험한 인생을 살았다고 고백했습니다. 그러나 이제는 비옥한 땅을 허락받아 가족들과 함께, 꿈에도 잊지 못했던 아들 요셉과 함께 행복하게 살게 된 것입니다. 우리 가정이 다 돌아오기를 바랍니다. 배우자가 돌아오고, 자녀가 돌아오고, 부모가 돌아오기를 바랍니다. 깨어진 가정이 하나 되는 회복의 역사가 있기를 바랍니다. 험악한 세월을 다 보내고 하나님 안에서 안식과 복을 누리기 바랍니다.

이어지는 11-26절에는 좋은 결말이 나옵니다. 요셉이 자기 가족을 돌보고 애굽을 잘 다스려서 7년 기근을 보내는 모습이 기록되어 있습니다.

> 이스라엘 족속이 애굽 고센 땅에 거주하며 거기서 생업을 얻어 생육하고 번성하였더라 야곱이 애굽 땅에 십칠 년을 거주하였으니 그의 나이가 백사십칠 세라(창 47:27-28).

야곱은 생애 마지막 17년을 행복하고 풍성하게 살았습니다. 기근 속에서도 보호받고 살았습니다. 우리 역시 아무리 험한 세월을 살더라도 인생의 말년은 야곱처럼 되기를 바랍니다. 자녀 때문에 눈물 흘리지 않게 되기를 바랍니다. 안심하고, 평안하고, 기쁨이 넘치는 삶을 살기 바랍니다.

이스라엘이 죽을 날이 가까우매 그의 아들 요셉을 불러 그에게 이르되 이제 내가 네게 은혜를 입었거든 청하노니 네 손을 내 허벅지 아래에 넣고 인애와 성실함으로 내게 행하여 애굽에 나를 장사하지 아니하도록 하라 내가 조상들과 함께 눕거든 너는 나를 애굽에서 메어다가 조상의 묘지에 장사하라 요셉이 이르되 내가 아버지의 말씀대로 행하리이다 야곱이 또 이르되 내게 맹세하라 하매 그가 맹세하니 이스라엘이 침상 머리에서 하나님께 경배하니라(창 47:29-31).

이제 야곱의 마지막 말에 귀를 기울이십시오. 그는 지금 애굽에서 편하게 지내지만, 결코 자기를 애굽에 묻지 말라고 말했습니다. 자기가 죽으면 아버지의 하나님, 할아버지의 하나님이 약속하신 땅에 묻어 달라면서 맹세까지 하게 했습니다.

야곱의 마음속에는 하나님이 계셨습니다. 하나님의 약속이 있었습니다. 약속의 땅이 있었습니다. 이것이 비전입니다. 죽더라도 비전은 계속됩니다. 이 비전은 누구에게까지 계속됩니까? 예수 그리스도에게까지 이릅니다.

우리에게는 가족에 대한 비전이 있습니다. 나라에 대한 비전이 있습니다. 그 비전은 나에게서 끝나는 것이 아닙니다. 그 결과는 예수 그리스도이십니다. 하나님의 나라와 하나님의 의가 이루어지는 영광스러운 비전이 곧 우리의 비전임을 믿습니다.

20

지상의 복을 넘어
하늘의 복까지 사모합니다

창세기 48:1 - 22

인생의 최후를 하나님의 말씀에 걸라

야곱의 생애는 두 가지 말로 설명할 수 있습니다. 첫째는 "나의 삶은 나그네 삶이었다"는 것입니다. 인생은 나그네입니다. 떠돌이요, 순례자입니다. 우리는 이 세상에 잠깐 여행하러 왔습니다. 이 땅은 영원한 우리의 고향이 아닙니다. 왜 사람들이 허무해할까요? 이 세상을 영원한 것으로 착각하기 때문입니다. 둘째, "나의 삶은 험악한 인생이었다"는 것입니다. 야곱은 산전수전을 다 겪었습니다. 몹쓸 경험을 너무 많이 한 것입니다. 죽음에서 살아난 것입니다.

그러면 나그네였고, 험악한 인생을 살았던 야곱에게 남은 것이 무엇입니까? 죽음 앞에서 인생을 정리하면서 야곱에게 남은 것은 하나님의 약속이었습니다. 즉 하나님의 신실하심이었습니다. 야곱은 자격이 없지만 하나님은 그를 버리시지 않았습니다. 야곱은 실수와 허물이 많지만 하나님은 그를 포기하시지 않았습니다. 하나님은 야곱이 무능한 노인이 되었어도 그가 믿음의 조상이 되도록 복을 주셨습니다. 야곱이 나그네와 같은 험악한 인생을 정리하고 얻은 것은 하나님의 약속이었습니다.

우리가 붙들 것은 하나님의 약속임을 믿기 바랍니다. 하나님의 신실하심, 영원하심, 완전하심을 믿으십시오. 하나님은 변하시지 않습니다. 하나님은 약속하셨고, 약속은 성취되었습니다. 하나님은 야곱을 신비로운 섭리 가운데 인도하셨습니다. 고난에는 섭리가 있습니다. 고통에는 하나님의 비밀이 있습니다.

야곱이 또 하나 깨달은 것은 하나님의 인도하심입니다. 야곱의 생애를 보면 하나님의 인도하심이 있습니다. 우리의 생애에도 하나님의 인도하심이 있습니다. 잘 살펴보십시오. 모든 것이 하나님의 인도하심이었고 간섭이었습니다. 인도하심은 채우심으로 나타납니다. 하나님은 우리의 모든 필요를 채워 주십니다. 우리의 쓸 것과 먹고 마실 것을 풍성하게 채워 주십니다. 할렐루야!

야곱에게서 인생의 최후를 어디에 걸어야 하는지 배우십시오. 하나님의 말씀에 거십시오. 약속의 말씀, 축복의 말씀에 거십시오. 주변 환경에 인생을 걸지 마십시오. 환경이 좋으면 복 받았다고 생각하고, 환경이 나쁘면 복을 받지 못했다고 생각하는 것은 성경적인 생각이 아닙니다. 그것은 세상 사람이 하는 생각입니다. 결과가 좋든 나쁘든 우리는 하나님의 말씀을 붙잡고 내 인생의 결론을 내려야 합니다.

그러면 야곱이 하나님의 말씀을 붙잡은 줄을 어떻게 알 수 있습니까? 그의 유언을 들어 보십시오. 야곱은 자기가 죽으면 약속의 땅에 묻어 달라고 했습니다. 이것은 야곱이 하나님의 약속을 신뢰하고 있다는 것을 보여 줍니다. 야곱의 유언에서 그가 하나님을 얼마나 신뢰했는지, 하나님의 말씀을 얼마나 가슴에 두고 있었는지를 알 수 있습니다. 야곱에게 남은 것은 아브라함의 하나님, 이삭의 하나님, 그리고 자신의 삶을 인도하신 하나님의 약속이었습니다.

야곱은 병들어 결국 최후의 날을 맞이했습니다. 가까스로 침상에서 일어나 앉았습니다. 그러고는 요셉을 불러들였습니다.

요셉에게 이르되 이전에 가나안 땅 루스에서 전능하신 하나님이 내게 나타나사 복을 주시며 내게 이르시되 내가 너로 생육하고 번성하게 하여 네게서 많은 백성이 나게 하고 내가 이 땅을 네 후손에게 주어 영원한 소유가 되게 하리라 하셨느니라(창 48:3-4).

야곱은 몸을 일으키기 힘들 정도로 쇠약해졌습니다. 겨우 침상에서 일어나 요셉에게 하나님 이야기를 들려주었습니다. 야곱은 루스에서 하나님을 만났고, 하나님이 복을 주시고 약속을 주셨다고 말했습니다. 하나님이 그에게 "내가 너로 생육하고 번성하게 하여 네게서 많은 백성이 나게 하고 내가 이 땅을 네 후손에게 주어 영원한 소유가 되게 하리라"고 하셨다는 것입니다. 이것이 야곱 인생의 마지막 결론입니다.

여기서 우리가 눈여겨볼 표현이 두 가지 있습니다. '전능하신 하나님'과 '복을 주시며'라는 말입니다. 저는 하나님이 예수 그리스도 안에서 우리에게 영원한 복을 허락해 주셨음을 믿습니다. 하나님은 생육하고 번성하게 하시고, 자녀에게 복을 주시며, 땅을 영원한 기업이 되게 하십니다. 그런데 영원한 땅, 영원한 기업이 어디 있습니까? 이 말을 물리적으로 보면 안 됩니다. 지상에 영원한 땅은 없습니다. 여기서 말하는 것은 새 하늘과 새 땅입니다.

또한 하나님은 수많은 자손 중에 메시아를 주셨습니다. 지상의 복뿐 아니라 하늘의 복도 주십니다. 그래서 우리는 건강의 복, 물질의 복, 자녀의 복과 같은 지상의 복을 받으면서도 거기에 머무르지 않습니다. 세상 사람들은 거기에 머무르지만 그리스도인들은 하늘의 복까지 바라봅니다. 따라서 우리는 허무하지 않습니다. 우리는 세상 속에 살지만 영원과 연결되어 있습니다.

매일 자녀의 머리에 손을 얹고 축복하라

> 내가 애굽으로 와서 네게 이르기 전에 애굽에서 네가 낳은 두 아들 에브라임과 므낫세는 내 것이라 르우벤과 시므온처럼 내 것이 될 것이요 이들 후의 네 소생은 네 것이 될 것이며 그들의 유산은 그들의 형의 이름으로 함께 받으리라 (창 48:5-6).

야곱은 기력이 없었습니다. 그런데도 매우 놀랍고도 충격적인 말을 요셉에게 했습니다. 첫째는 "네 아들을 내 아들 삼겠다"는 것입니다. 이상하지 않습니까? 요셉이 낳은 두 아들, 에브라임과 므낫세를 르우벤과 시므온처럼 여길 것이라고 말했습니다. 손자를 아들로 삼겠다니 참 이상합니다. 이것은 사실 정상적인 발언이 아닙니다. 요셉이 아들을 빼앗긴 것입니다. 왜 그랬을까요? 우리는 모릅니다. 야곱은 지금 엄청나면서도 엉뚱한 말을 하고 있습니다.

그러나 여기에 설명할 수 없는 하나님의 은혜가 있습니다. 야곱은 요셉을 축복하는데, 요셉 대신 에브라임과 므낫세를 축복했습니다. 이로써 요셉에게 다른 자녀들보다 복을 두 배로 준 셈입니다. 땅도 두 배나 주었습니다. 야곱은 이 일을 요셉과 의논하지 않고 그냥 선언했습니다. 이렇게 해서 야곱의 12지파 중에서 요셉 대신 에브라임과 므낫세가 야곱의 아들로 여김을 받아 요셉은 두 지파를 이루게 되었습니다. 신비하지 않습니까? 하나님이 하시는 일은 놀랍습니다.

여기서 은혜를 받지 않은 사람은 이 말씀을 다른 사람에게 적용합니다. '왜 하나님은 저 사람에게는 복을 두 배나 주시면서 내게는 안 주시는가?' 하며 불평합니다. 그러나 은혜를 받은 사람은 자신에게 적용합니다. '하나님이 왜 나 같은 사람에게 은혜를 두 배로 주시는가?' 하며 감격합니다. 적용을 자신에게 하기 바랍니다. 하나님은 우리에게 복을 넘치도록 주기를 원하십니다.

이스라엘이 요셉의 아들들을 보고 이르되 이들은 누구냐 요셉이 그의 아버지에게 아뢰되 이는 하나님이 여기서 내게 주신 아들들이니

이다 아버지가 이르되 그들을 데리고 내 앞으로 나아오라 내가 그
들에게 축복하리라(창 48:8-9).

야곱은 요셉에게 두 아들을 데려오게 한 후 그들을 축복했습니
다. 야곱은 험악한 세월을 살았고 나그네 인생을 살았지만 하나님
을 신뢰하기 때문에 자녀를 축복할 수 있었습니다. 축복은 전수됩
니다. 아버지의 축복이 아들에게 갑니다. 할아버지의 축복이 아버
지에게 가고, 아버지의 축복이 아들에게 갑니다. 저주는 3-4대에
이르지만 복은 수천 대에 이릅니다. 하나님의 복은 전수됩니다. 그
래서 "하루에 한 번씩 자녀를 축복하라"라는 말이 있습니다. 우리
자녀에게 아버지의 축복이 있기를 바랍니다. 매일 자녀의 머리에
손을 얹고 축복하십시오. 축복을 받고 자란 자녀와 저주와 욕을 먹
고 자란 자녀는 다릅니다.

자녀가 잘못해서 야단치고 매를 때려도 자녀가 '우리 부모님은
나를 사랑하신다'라고 느낄 수 있어야 합니다. '우리 엄마는 계모
가 아닐까?' 하는 느낌을 받게 하면 안 됩니다. '우리 부모님이 믿
는 하나님은 진짜야' 하고 느끼게 해 주어야 합니다. 또 아이들이
이런 말을 자기 입으로 하게 해야 합니다.

온누리교회의 어느 목사님을 만나면 항상 기분이 좋습니다. 그
분에게는 '행복하십시오'라는 별명이 붙어 있습니다. 그분 입에서
부정적인 말이 나오는 경우를 본 적이 별로 없습니다. 언제나 긍정

적인 말, 축복하는 말을 해서 만나는 사람들을 행복하게 해 줍니다. 우리의 혀는 축복하기 위해 존재한다고 믿으십시오. 그리고 매일 자녀를 축복하십시오.

하나님 나라에서는 높고 낮음이 없다

또 깜짝 놀랄 만한 일이 일어났습니다.

> 이스라엘의 눈이 나이로 말미암아 어두워서 보지 못하더라 요셉이 두 아들을 이끌어 아버지 앞으로 나아가니 이스라엘이 그들에게 입맞추고 그들을 안고 요셉에게 이르되 내가 네 얼굴을 보리라고는 생각하지 못하였더니 하나님이 내게 네 자손까지도 보게 하셨도다 (창 48:10-11).

야곱은 요셉에게 "나는 네 얼굴을 보리라고는 꿈에도 생각을 못했는데 하나님이 네 아들까지 보여 주시는구나"라고 말했습니다. 축복하려면 은혜와 감동이 있어야 합니다. 그래야 진정한 축복이 됩니다. 불만스럽고 억울한 사람이 어떻게 남을 축복할 수 있겠습니까? 축복은 내게서 흘러넘쳐야 할 수 있는 것입니다. 내가 목마르면 다른 사람을 축복할 수 없습니다. 우리의 삶에 날마다 감격과 감동과 풍성함과 은혜가 있기를 바랍니다.

요셉이 아버지의 무릎 사이에서 두 아들을 물러나게 하고 땅에 엎드려 절하고 오른손으로는 에브라임을 이스라엘의 왼손을 향하게 하고 왼손으로는 므낫세를 이스라엘의 오른손을 향하게 하여 이끌어 그에게 가까이 나아가매 이스라엘이 오른손을 펴서 차남 에브라임의 머리에 얹고 왼손을 펴서 므낫세의 머리에 얹었으니 므낫세는 장자라도 팔을 엇바꾸어 얹었더라(창 48:12-14).

얼마나 아름다운 그림입니까? 요셉의 아들들이 야곱의 무릎 사이에 있었습니다. 요셉은 장자인 므낫세를 야곱의 오른편으로 보내고, 차자인 에브라임은 왼편으로 보냈습니다. 구약에서 오른손은 더 큰 축복을 의미합니다. 그런데 앞을 못 보고 기운도 없는 노인 야곱이 갑자기 손을 바꾸었습니다. 차자인 에브라임에게 오른손을 얹고, 장자인 므낫세에게 왼손을 얹었습니다. 그렇게 한 채 축복을 했습니다. 요셉이 얼마나 놀랐겠습니까? 하나님은 야곱을 통해 요셉을 두 번 놀라게 하셨습니다. 야곱이 "네 아들은 내 아들이다" 해서 놀라게 하셨고, 축복을 어긋나게 해서 놀라게 하셨습니다. 여기에 비밀이 있습니다.

야곱은 손이 뒤바뀐 줄을 모르는 척하고 축복을 시작했습니다.

그가 요셉을 위하여 축복하여 이르되 내 조부 아브라함과 아버지 이삭이 섬기던 하나님, 나의 출생으로부터 지금까지 나를 기르신 하나님, 나를 모든 환난에서 건지신 여호와의 사자께서 이 아이들에게 복을 주시오며 이들로 내 이름과 내 조상 아브라함과 이삭의 이름으로 칭하게 하시오며 이들이 세상에서 번식되게 하시기를 원하나이다(창 48:15-16).

요셉은 당황했습니다. 급히 아버지의 손을 붙잡고 "아버지, 잘못되었습니다. 손을 바꾸십시오" 하고 말했습니다.

요셉이 그 아버지가 오른손을 에브라임의 머리에 얹은 것을 보고 기뻐하지 아니하여 아버지의 손을 들어 에브라임의 머리에서 므낫세의 머리로 옮기고자 하여 그의 아버지에게 이르되 아버지여 그리 마옵소서 이는 장자이니 오른손을 그의 머리에 얹으소서 하였으나 (창 48:17-18).

요셉은 아버지의 뜻을 알지 못했습니다. 야곱이 실수하고 있다고 생각했습니다. 그래서 야곱의 손을 바꾸려고 했습니다. 그런데 야곱은 의외의 말을 했습니다.

그의 아버지가 허락하지 아니하며 이르되 나도 안다 내 아들아 나도 안다 그도 한 족속이 되며 그도 크게 되려니와 그의 아우가 그보다 큰 자가 되고 그의 자손이 여러 민족을 이루리라 하고(창 48:19).

의외로 야곱의 머리는 아직 말짱했습니다. 실수한 것이 아니었습니다. 그러면 야곱은 왜 그랬을까요? 간단합니다. 야곱 마음이었습니다. 하나님 나라에서는 장자도, 차자도 없다는 것입니다. 세상에서는 서열을 따집니다. 그러나 하나님 나라에서는 차자가 장자가 될 수 있고, 장자가 차자가 될 수 있습니다. 사람은 자꾸 편을 가르려고 합니다. 싸움을 붙입니다. 세상의 질서는 상하 질서입니다. 그러나 하나님의 나라는 네트워킹입니다. 높고 낮음이 없습니다.

에서와 야곱을 보십시오. 쌍둥이인데도 먼저 나왔다는 이유로 에서는 장자가 되었고 야곱은 차자가 되었습니다. 먼저 나왔기 때문에 상속을 더 받아야 한다는 것은 이해는 되지만 감정적으로는 받아들이기 힘듭니다.

야곱은 손을 바꾸었습니다. 여기서 우리는 비밀을 하나 발견할 수 있습니다. 하나님 나라의 질서는 우리가 사는 세상 질서와는 다르다는 것입니다. 조금 더 발전시키면, 장자냐 차자냐가 중요하지 않듯이 유대인이냐 이방인이냐도 중요하지 않다는 것을 생각할 수 있습니다. 초대교회 시절, 자기들만 중요하다고 여긴 유대인들은 이방인들이 예수님을 믿는 것은 있을 수 없는 일이라고 여겼습니다. 이방인들이 구원받는 것은 생각도 하지 않았습니다. 그들은 오만했습니다.

사도행전을 보십시오. 고넬료가 예수님을 믿고 이방인들에게 성령 세례의 역사가 나타나니까 제일 못마땅해하고 불편해한 사람들은 유대인 그리스도인들이었습니다. 인정할 수 없다는 것입니다. 그래서 뭐라고 말했습니까? 만약에 이방인들이 예수님을 믿으려면 자기들과 똑같이 할례를 받고 모세 율법을 지켜야 한다고 했습니다. 바울은 갈라디아서와 로마서에서 그러한 주장에 반박했습니다.

사람들은 패를 가르고 상하 관계를 만듭니다. 그것으로 가치를 만들려고 합니다. 그래서 사도행전 15장 10절에서 베드로와 야고보는 "지금 너희가 어찌하여 하나님을 시험하여 우리 조상과 우리도 능히 메지 못하던 멍에를 제자들의 목에 두려느냐"라고 결론을 내렸습니다. 목사가 맨 위에 있고, 장로가 그 아래에 있고, 평신도가 그 밑에 있는 것이 아닙니다. 우리는 다 같은 형제요, 자매입니다. 우리는 모두 하나님 나라에서 하나입니다. 제가 제일 좋아하는 말씀이 있습니다.

누구든지 주의 이름을 부르는 자는 구원을 받으리라(롬 10:13).

할렐루야! 하나님은 먼 데 있는 백성까지 자기 자녀로 삼으십니다. 교회 안에서 상하 관계를 만들지 마십시오. 교회에는 높고 낮음이 없습니다. 우리는 모두 그리스도 안에서 한 형제요, 자매요, 동역자일 뿐입니다. 이 사실을 인정할 때 교회가 편안해집니다. 서로 협력하고, 서로 사랑하는 공동체가 만들어집니다.

그러나 세상에 계급이 있으니까 교회도 계급을 만듭니다. 세상에서 유명한 사람을 교회에서도 잘 대접합니다. 그것은 잘못된 것입니다. 세상에서 유명한 사람들은 자기가 다니는 교회에서 소홀히 대접받으면 아주 기분 나빠합니다. 그들은 걸음걸이부터 다르지 않습니까? 자기는 대접을 받아야 한다는 것입니다. 이것이 사람들에게 얼마나 많은 상처를 주는지 모릅니다. 상하 관계는 사람을 비굴하고 오만하게 만듭니다.

예수님은 그러하시지 않았습니다. 예수님은 하나님의 아들이시지만, 인간의 몸을 입고 사람으로 오셨고 죽기까지 순종하셨습니다. 우리는 가난한 사람들, 병든 사람들, 세상에서 힘없는 사람들과 함께 있어야 합니다. 그곳이 교회입니다. 오늘 하루 멋지게 삽시다. 기쁘게 삽시다. 사람을 섬기며 사랑하며 삽시다. 하나님의 나라는 이런 것입니다.

21

내게 복을
넘치도록 주옵소서

창세기 49:1-33

우리의 유언은 하나님의 말씀이어야 한다

야곱의 생애는 그가 고백한 것처럼 나그네의 삶이었고 험악한 인생이었습니다. 나그네는 뜨내기입니다. 이 집, 저 집 돌아다니는 사람, 정처 없이 유랑하는 사람입니다. 이것이 야곱의 일생이었습니다. 외삼촌 집에서 살아야 했고, 형 에서와 갈등을 겪어야 했습니다. 한순간도 평안하게 안심하며 산 적이 없었습니다. 12명의 아들들을 낳고 그 아이들을 키워야 했습니다. 그는 자기 생애를 이렇게 정리했습니다. "나의 삶은 험악한 인생이었다." 야곱은 산전수전을 다 겪었습니다. 못 견딜 일을 많이 겪었고, 못 볼 일을 많이 보았습니다. 그런 인생이었습니다.

그러나 하나님은 이런 야곱이 헛되이 세월만 보낸 것 같은, 늙고 병들고 초라한 노인으로 일생을 마치게 하시지 않았습니다. 간섭하시고 조건 없는 사랑과 은혜를 베풀어 주셔서 꿈에도 그리던 아들 요셉을 만나게 하셨습니다. 그리고 하나님은 야곱을 위로하시고 회복시키셨습니다. 슬픈 인생, 허무한 인생이 기쁜 인생, 축복하는 인생으로 바뀌었습니다. 이것이 야곱이 130세 때의 이야기입니다. 야곱은 147세까지 살았는데, 말년인 17년 동안은 하나님이 주시는 복을 누렸습니다.

우리 역시 젊어서 고생하더라도, 험악하고 뜨내기 같은 삶을 살더라도 인생의 말년은 행복하기를 바랍니다. 자녀들이 돌아오고, 건강이 회복되고, 평안하게 안식하는 감격을 맛보기 바랍니다. 야곱은 그렇게 그의 말년을 살았습니다. 하나님의 은혜였고, 섭리였고, 인도하심이었고, 채우심이었습니다. 야곱은 드디어 깨달았습니다. '나의 하나님은 나의 조부 아브라함의 하나님이시요, 나의 아버지 이삭의 하나님이시로구나. 그들의 복이 내게 임했구나. 내가 그럴 만한 자격이나 가치가 있어서 임한 것이 아니구나. 하나님은 나를 부족하게 생각하시지 않고 복을 주셨구나. 은혜를 주시는구나!'

하나님이 야곱에게 주신 복은 "내가 너로 생육하고 번성하게 하여 네게서 많은 백성이 나게 하고 내가 이 땅을 네 후손에게 주어 영원한 소유가 되게 하리라"(창 48:4)라는 것이었습니다. 여기서 하나님은 약속하시는 분이요, 약속을 지키시는 분임을 알 수 있습니다.

드디어 야곱은 죽은 줄로만 알았던 요셉이 살아 있는 애굽으로 이민을 갔습니다. 당시는 세상에서 가장 심각한 기근이 있던 때였습니다. 7년 기근 중 2년이 지났고 5년이 남아 있었습니다. 그런 때에 하나님은 야곱의 가족에게 고센 땅을 주셨습니다. 고센 땅은 풍요로운 땅이었습니다. 하나님은 그들이 먹고살게 해 주실 뿐 아니라 넉넉하게 살 수 있도록 해 주셨습니다. 야곱은 하나님의 인도하심과 채우심의 은혜를 경험했습니다. 참으로 큰 하나님의 은혜를 누렸습니다.

이제 야곱은 죽게 되었습니다. 죽음이 다가오자 야곱은 두 가지 일을 했습니다. 죽음을 앞둔 야곱이 행한 두 가지 일을 우리가 배울 수 있기를 바랍니다.

첫째, 자녀들을 불러 놓고 유언을 한 것입니다. 자기 시신을 애굽 땅에 묻지 말고 하나님이 약속하신 땅에 묻어 달라고 했습니다. 이 것은 아무것도 아닌 것 같지만, 굉장히 중요한 이야기입니다. 야곱의 마음에 있는 인생의 결론은 하나님이시라는 것입니다. 우리 인생의 결론은 무엇입니까? 이 세상에 많은 일이 있지만 우리 인생의 결론이 하나님이시기를 바랍니다. 하나님이 원하시는 것, 하나님이 약속하신 것을 살아서뿐 아니라 죽어서도 이루어 드리기를 바랍니다. 야곱은 바로 이런 고백을 한 것입니다.

둘째, 자녀들을 모아 놓고 축복하고 예언한 것입니다. 야곱은 먼저 요셉의 두 아들 므낫세와 에브라임을 축복했습니다. 이 과정에서 엉뚱한 일이 있었습니다. 야곱이 요셉의 두 아들을 자기 아들이라고 한 것입니다. 그 후 야곱은 두 아들을 축복했습니다. 이로써 요셉은 12지파에서 빠지고 대신 요셉의 두 아들이 이스라엘의 지파로 들어갔습니다. 다른 형제들은 한 몫을 받았지만, 요셉은 두 몫을 받은 셈입니다. 땅도 두 배로 받고 축복도 두 배로 받았습니다. 우리도 두 배로 복을 받기 바랍니다.

또 하나 놀라운 일이 있었는데, 야곱이 요셉의 두 아들에게 안수할 때 오른손으로는 작은아들을 안수하고, 왼손으로는 큰아들을 안수한 것입니다. 원래는 큰아들은 오른손으로 안수하고 작은아들은 왼손으로 안수해야 했습니다. 그 모습을 본 요셉이 너무 당황해서 "아버지, 손이 바뀌었습니다" 하고 말하자 야곱은 "나도 안다. 나도 안다"라고 두 번이나 반복해서 말했습니다. 제정신으로 하는 행동이라는 의미입니다.

여기서 놀라운 진리를 발견하게 됩니다. 세상 법칙은 큰아들, 작은아들을 구분하지만 하나님 나라에서는 하나라는 것입니다. 더 나아가 유대인이나 이방인이나 그리스도 안에서는 동일하다는 것입니다. 하나님은 이 사건을 통해 우리에게 하나님 나라의 놀라운 질서를 가르쳐 주십니다.

그런 후 야곱은 다른 아들들을 불러들였습니다.

야곱이 그 아들들을 불러 이르되 너희는 모이라 너희가 후일에 당할 일을 내가 너희에게 이르리라 너희는 모여 들으라 야곱의 아들들아 너희 아버지 이스라엘에게 들을지어다(창 49:1-2).

여기서 복은 전승된다는 사실을 알 수 있습니다. 믿음은 전승됩니다. 자기 혼자 믿는 것이 아닙니다. 저주는 3-4대까지 이르지만 복은 수천 대까지 이른다고 성경은 이야기합니다. 할아버지의 민음이 아버지에게, 아버지의 믿음이 아들에게 전승됩니다. 우리는 아브라함의 믿음이 이삭에게, 이삭의 믿음이 야곱에게, 야곱의 믿음이 12명의 아들들에게 전승되는 모습을 보게 됩니다.

오늘날 자녀들과의 대화가 단절된 것은 큰 문제입니다. 자녀들의 경우 부모님과 자기들 사이에 있는 문제 두 가지를 이야기합니다. 하나는 세대 차이입니다. 아버지가 요즘 시대를 잘 모르고 자신들을 이해하지 못한다는 것입니다. 세대 차이가 너무 커서 대화를 하지 않으려고 합니다. 그래서 자꾸만 집 밖으로 나가려고 합니다. 또 하나는 문화적으로 서로 다르다는 것입니다. 특히 하나님 없는 가정에서 세대 간 간격은 더 넓어 보입니다.

그런데 세대와 문화 간 거리가 없는 민족이 지구상에 있는데, 바로 유대인입니다. 나라를 잃고 전 세계에 흩어져 사는 유대인들은 자녀를 낳으면 율법으로 키웁니다. 어린아이 때부터 교육을 합니다. 그러면 그 아이는 율법의 사람이 됩니다. 하나님의 백성으로 자라기 때문에 할아버지가 믿는 하나님, 아버지가 믿는 하나님, 자신이 믿는 하나님이 공통분모가 됩니다. 그래서 세상이 변하고, 문화가 달라지고, 세대 간에 격차가 있어도 별다른 문제 없이 가족이 한 줄기를 만듭니다.

우리의 문제는 아버지 세대가 다르고, 아들 세대가 다르고, 손자 세대가 다르다는 것입니다. 공통점이 없습니다. 가정의 공통분모가 하나님이셔야 합니다. 말씀이어야 합니다. 아버지가 경외하는 하나님이 곧 자녀의 하나님이셔야 합니다. 하나님 안에서 세대 간 격차, 문화 간 격차는 존재하지 않습니다. 그런 것이 중요하지 않습니다.

자녀들에게 믿음을 전해 주기 바랍니다. 대개 부모는 자녀가 부모 말을 잘 들을 때는 부지런히 간섭하다가 부모 말을 안 듣고 자기 뜻대로 살기 시작하면 더는 간섭하지 않습니다. 그러나 60세가 된 자녀라도 믿음으로, 말씀으로 간섭해야 합니다. 그래서 공통분모를 만들어야 합니다.

우리는 유교적인 사회의 가부장적인 제도 가운데서 살아왔습니다. 이 문화가 무너지니까 정신적 지주가 사라진 셈이 되었습니다. 가정을 지킬 수 있는 뿌리가 없어졌습니다. 그러나 정신적 지주는 유교가 아니라 하나님이셔야 합니다. 가정의 뿌리는 하나님이십니다. 하나님을 신뢰하는 가정, 믿음을 전승하는 가정, 믿음을 강조하는 유언을 하는 가정이 되어야 합니다.

소유는 사람을 늘 갈등하게 합니다. 소유가 많을수록 갈등이 많습니다. 유산을 많이 물려받고 행복한 사람을 별로 본 적이 없습니다. 유산을 주면 자식들끼리 싸우고, 경쟁하고, 비교합니다. 이것이 세상 사람들의 모습입니다. 하나님을 믿는 우리가 자녀에게 줄 유산은 하나입니다. 믿음을 주십시오. 자녀들에게 "너는 어떤 일이 있어도 주일 예배에 빠지지 말아라" 하고 가르치기 바랍니다. "매일 가정 예배를 드려라" 하고 말해 주기를 바랍니다.

기분 나쁠지 모르지만 확실한 이야기를 하나 하겠습니다. 우리는 반드시 죽습니다. 언젠가 죽어야 합니다. 그렇다면 어떻게 죽어야 합니까? 무엇을 남기고 죽겠습니까? 사업입니까, 명예입니까? 기억하십시오. 정말 자녀들을 위한다면 그들이 하나님으로 인해 살게 해 주어야 합니다. 믿음을 주어야 합니다. 말씀을 주어야 합니다. 우리의 유언은 하나님의 말씀이어야 합니다.

축복의 법칙은 '믿음의 분량대로'

야곱은 12명의 아들들을 어떻게 축복했을까요? 몇 사람만 골라서 살펴보겠습니다. 먼저 큰아들 르우벤입니다.

> 르우벤아 너는 내 장자요 내 능력이요 내 기력의 시작이라 위풍이 월등하고 권능이 탁월하다마는 물의 끓음 같았은즉 너는 탁월하지 못하리니 네가 아버지의 침상에 올라 더럽혔음이로다 그가 내 침상에 올랐었도다(창 49:3-4).

불행한 큰아들 르우벤을 보십시오. 그는 장자의 자격을 박탈당했습니다. 아버지 야곱의 침상을 더럽혔기 때문입니다. 아버지의 아내를 범했기 때문입니다. 르우벤은 큰아들의 위상을 잃어버렸습니다.

다음으로 둘째 아들 시므온과 셋째 아들 레위입니다.

시므온과 레위는 형제요 그들의 칼은 폭력의 도구로다 내 혼아 그들의 모의에 상관하지 말지어다 내 영광아 그들의 집회에 참여하지 말지어다 그들이 그들의 분노대로 사람을 죽이고 그들의 혈기대로 소의 발목 힘줄을 끊었음이로다 그 노여움이 혹독하니 저주를 받을 것이요 분기가 맹렬하니 저주를 받을 것이라 내가 그들을 야곱 중에서 나누며 이스라엘 중에서 흩으리로다(창 49:5-7).

시므온과 레위는 야곱의 딸 디나가 세겜에게 강간당했을 때 분노와 복수심으로 가득 차 세겜 사람과 짐승을 다 죽였습니다. 그래서 저주를 받았습니다. 여기서 우리는 "심는 대로 거둔다"는 법칙을 배울 수 있습니다. 자기 자식의 이런 운명을 이야기할 때 야곱의 마음이 얼마나 아팠겠습니까?

야곱의 아들들 중에 또 기억해야 할 사람이 있습니다. 바로 유다입니다. 메시아가 탄생하신 유다 지파입니다.

유다야 너는 네 형제의 찬송이 될지라 네 손이 네 원수의 목을 잡을 것이요 네 아버지의 아들들이 네 앞에 절하리로다 유다는 사자 새끼로다 내 아들아 너는 움킨 것을 찢고 올라갔도다 그가 엎드리고 웅크림이 수사자 같고 암사자 같으니 누가 그를 범할 수 있으랴 규가 유다를 떠나지 아니하며 통치자의 지팡이가 그 발 사이에서 떠나지 아니하기를 실로가 오시기까지 이르리니 그에게 모든 백성이 복종하리로다 그의 나귀를 포도나무에 매며 그의 암나귀 새끼를 아름다운 포도나무에 맬 것이며 또 그 옷을 포도주에 빨며 그의 복장을 포도즙에 빨리로다 그의 눈은 포도주로 인하여 붉겠고 그의 이는 우유로 말미암아 희리로다(창 49:8-12).

장자가 받을 복이 두 동생들에게 갔습니다. 한 사람은 유다이고, 나머지 한 사람은 요셉입니다. 비록 유다는 부족해서 실수도 많이 했지만 지도력이 있었고, 강한 지파로 자라게 된다는 예언을 받았습니다. 그리고 통치자의 지팡이가 유다를 떠나지 아니하리라는 예언과 함께 메시아를 잉태하는 지파로 기름 부으심을 받았습니다. 참으로 감격스럽고 아름다운 이야기입니다.

이어지는 13절 이하를 보면 여러 지파들이 나옵니다. 그중에 우리가 관심 있게 보아야 할 사람은 22-26절에 나오는 요셉입니다. 요셉에게 어떤 복이 있는지 살펴보겠습니다.

요셉은 무성한 가지 곧 샘 곁의 무성한 가지라 그 가지가 담을 넘었도다 활 쏘는 자가 그를 학대하며 적개심을 가지고 그를 쏘았으나 요셉의 활은 도리어 굳세며 그의 팔은 힘이 있으니 이는 야곱의 전능자 이스라엘의 반석인 목자의 손을 힘입음이라 네 아버지의 하나님께로 말미암나니 그가 너를 도우실 것이요 전능자로 말미암나니 그가 네게 복을 주실 것이라 위로 하늘의 복과 아래로 깊은 샘의 복과 젖 먹이는 복과 태의 복이리로다 네 아버지의 축복이 내 선조의 축복보다 나아서 영원한 산이 한없음같이 이 축복이 요셉의 머리로 돌아오며 그 형제 중 뛰어난 자의 정수리로 돌아오리로다(창 49:22-26).

유다의 복과 더불어 요셉의 복 역시 얼마나 귀하고 아름다운지, 이루 말할 수 없습니다. 가지가 담을 넘을 정도로 무성할 것이라고 했습니다. 젖 먹이는 복과 태의 복이 있다고 예언했습니다. 그리고 요셉은 형제들 중에 가장 뛰어난 자로 인정받는 복을 받았습니다. 이런 복을 그리스도 안에서 우리도 받았다고 믿습니다.

야곱이 아들들을 축복할 때 하나의 원칙이 있었습니다.

이들은 이스라엘의 열두 지파라 이와 같이 그들의 아버지가 그들에게 말하고 그들에게 축복하였으니 곧 그들 각 사람의 분량대로 축복하였더라(창 49:28).

하나님이 복을 편파적으로 주신다고 말하는 사람이 있습니다. 그러나 하나님은 복을 편파적으로 주시는 것이 아닙니다. 복을 받을 그릇의 크기대로 주십니다. 사람마다 복을 받을 그릇의 크기가 다를 뿐입니다. 각자 믿음의 분량대로 복을 받게 됩니다. 큰 믿음의 그릇을 가지기를 바랍니다. 축복의 그릇이 되기를 바랍니다. 하나님이 주시는 은총을 하나도 잃어버리지 않고 누리는 복이 있기를 바랍니다. 심은 대로 거둡니다.

드디어 야곱은 운명했습니다.

> 야곱이 아들에게 명하기를 마치고 그 발을 침상에 모으고 숨을 거두니 그의 백성에게로 돌아갔더라(창 49:33).

그러나 야곱은 죽은 것이 아닙니다. 그리스도인에게 삶과 죽음은 동일합니다. 삶이 따로 있고, 죽음이 따로 있지 않습니다. 그리스도인에게는 이 땅과 저 땅이 따로 있는 것이 아닙니다. 우리는 이 땅에 살면서도 새 하늘과 새 땅을 가슴에 품고 사는 사람들입니다. 죽음을 두려워하지 마십시오. 죽음은 영원을 여는 문입니다. 죽음과 삶은 하나입니다. 그래서 우리는 이 세상에서 죽은 사람처럼 살아야 합니다. "이제는 내가 사는 것이 아니요 오직 내 안에 그리스도께서 사시는 것이라"(갈 2:20), "우리가 살아도 주를 위하여 살고 죽어도 주를 위하여 죽나니 그러므로 사나 죽으나 우리가 주의 것이로다"(롬 14:8)라는 고백이 있어야 합니다.

죽지 않으려고 아등바등하는 사람이 되지 마십시오. 이미 우리 안에는 죽음이 있습니다. 그리고 이 죽음 안에는 영원한 생명이 있습니다. 야곱은 눈을 감았습니다. 언젠가 우리도 눈을 감을 것입니다. 육신의 몸을 벗게 될 것입니다. 남는 것은 영원한 말씀입니다.

야곱은 죽기 전에 막벨라굴에 대한 이야기를 했습니다. 자신을 그곳에 묻어 달라고 다시 한 번 이야기했습니다. 인생을 어느 정도 정리하고 사십시오. 가끔 사람은 죽음 앞에 서 봐야 합니다. 죽음의 문턱까지 가 봐야 합니다. 그래야 삶의 진수를 알게 됩니다. 우리는 어쩌면 거품 속에 살고 있는지 모릅니다. 자기가 만든 환상 속에 살고 있는지 모릅니다. 오직 예수 그리스도만 영원하십니다.

22

예수님 때문에
다 용서받았습니다

창세기 50:1-26

상처 없이 사랑하라, 요셉처럼

창세기 강해의 마지막 부분입니다. 요셉의 외형적인 모습은 한마디로 '꿈의 사람, 믿음의 사람'으로 표현할 수 있습니다. 요셉은 어릴 때부터 하나님의 꿈을 갖고 자랐습니다. 꿈을 이룰 수 있는 원동력은 믿음입니다. 요셉은 하나님을 신뢰했고, 그 꿈은 이루어졌습니다. 요셉은 30세에 애굽의 총리 대신이 되었고, 위기에서 자기 민족을 구원하는 사람으로 성장했습니다. 우리 모두 꿈의 사람, 믿음의 사람이 되기를 원합니다.

요셉의 내면적인 모습은 '사랑의 사람, 용서의 사람'이라고 표현할 수 있습니다. 한 인간이 무슨 일을 했느냐보다 더 중요한 것은 얼마나 사랑하고 용서할 수 있느냐는 것입니다. 그것으로 그 사람의 인격과 성숙을 가늠할 수 있습니다. 직업이나 업적이 우리 자신을 나타내 주지 않습니다. 주변 사람을 얼마나 사랑할 수 있느냐, 용서할 수 있느냐가 바로 우리 자신을 나타냅니다.

요셉은 성공, 권력, 영향력 등 모든 것을 갖고 있었습니다. 무엇이든 할 수 있는 사람이었습니다. 자기 마음대로 꿈을 펼칠 수 있었습니다. 그러나 그 모든 것을 갖게 되었을 때 요셉은 형들을 사랑하고 용서했습니다. 그는 인생의 마지막을 사랑하고 용서하면서 보냈습니다.

요셉의 사랑과 우리의 사랑은 좀 다릅니다. 우리의 사랑은 상대방의 반응에 좌지우지되는 사랑입니다. 상대방이 나에게 잘하면 나도 잘하고, 나를 선하게 대해 주면 나도 선하게 대합니다. 우리의 사랑에는 조건이 많습니다. '그럼에도 불구하고' 사랑하는 것이 없습니다. 한계가 있습니다. 그래서 우리의 사랑에는 목마름이 있고 갈등이 있습니다.

그런데 요셉은 놀라운 사람이었습니다. 그는 조건이나 반응에 따라 형들을 사랑하지 않았습니다. 형들은 요셉을 죽이려 했고 파멸시키려 했지만, 요셉은 형들을 본질부터 사랑했습니다. 그러한 사랑이 하나님의 사랑입니다. 하나님은 우리의 태도를 보고 우리를 사랑하신 것이 아닙니다. 우리의 태도나 반응과 상관없이 사랑하기로 결정하셨습니다. 내가 하나님을 찾은 것이 아니고, 하나님이 나를 찾으셨습니다. 내가 죄인일 때도 나를 사랑하셨고, 내가 불순종할 때도 이미 먼저 나를 사랑하셨습니다. 하나님의 사랑의 특징은 변함이 없다는 것입니다. 하나님은 변덕을 부리시지 않습니다. 거짓말하시지 않습니다. 하신 말씀을 반드시 이루십니다.

사랑의 특징은 기다림입니다. 사랑은 오래 참습니다. 내가 베푸는 사랑에 반응을 보이지 않으면 기다립니다. 사랑은 포기하지 않습니다. 포기할 수 없다는 것은 그 사람이 깨닫고 돌아올 때까지 기다린다는 의미입니다. 그 사람이 내 사랑을 이해할 때까지 눈물 흘리며 십자가를 지며 기다리는 것이 하나님의 사랑입니다.

참으로 사랑할 줄 아는 사람은 기다릴 줄 아는 사람입니다. 그는 비판하지 않습니다. 포기하지 않습니다. 요셉은 하나님의 사랑을 아는 사람이었습니다. 그는 형들을 사랑했습니다. 자기 인생을 거의 죽음으로 몰고 간 형들이었지만, 그것과 무관하게 사랑했습니다.

사도행전 말씀을 묵상하면서 많은 은혜를 받았습니다. 사도 바울은 로마 시민권을 가진 사람이고, 유대인이고, 바리새인 중에 바리새인이며, 헬라어와 히브리어에 능통한 사람이었습니다. 그런 바울은 예수님 때문에 매를 맞고, 감옥에 갇히고, 쫓겨나기도 하고, 숨어 다니기도 했습니다. 하지만 그는 상처받지 않았습니다. 누구를 원망하지도 않았습니다. 비록 자기를 대우해 주지 않아도 상관하지 않았습니다. 오직 그에게는 예수님뿐이었습니다.

여기서 제가 배운 것이 있습니다. 예수님이 마음에 있는 사람은 상처가 없다는 것입니다. 어떤 일을 겪어도 섭섭함이 없습니다. 우리 마음속에서도 섭섭함이 사라지기를 바라고, 상처와 원망이 없어지기를 바랍니다.

어떤 사람들은 상처를 받으면서 예수님을 믿고, 섭섭해하면서 예수님을 믿고, 원망하면서 예수님을 믿습니다. 원망과 상처와 섭섭함이 왜 있습니까? 예수님을 믿는 동기가 예수님이 아니라 자기 자신이기 때문입니다. 어떤 어려움과 모함을 당해도 상처가 없기를 바라고, 과거를 쉽게 잊기를 바랍니다. 그렇게 한 사람이 사도 바울이고, 요셉입니다.

요셉의 생애를 통해 감동을 받는 부분은 그에게는 형들에게 받은 상처가 없다는 것입니다. 원망이 없습니다. "형님들, 어떻게 그럴 수 있습니까?"라는 한마디조차 없었습니다. 요셉은 조건 없이 사랑하고 용서했습니다.

우리에게 이런 복이 있기를 바랍니다. 우리 마음속에 조건 없는 사랑이 흘러넘치기를 바랍니다. 우리 인생을 구덩이에 집어넣고, 우리 인생을 죽음으로 몰아넣은 사람을 용서하십시오. 우리가 가진 재산과 명예를 파괴한 사람을 용서하는 마음이 있기를 바랍니다. 그리고 그를 받아들이십시오.

우리는 창세기 50장에서 성대한 장례식을 보게 됩니다. 바로 야곱의 장례식입니다. 앞서 49장 33절에 야곱의 임종이 기록되어 있습니다.

> 야곱이 아들에게 명하기를 마치고 그 발을 침상에 모으고 숨을 거두니 그의 백성에게로 돌아갔더라(창 49:33).

인생의 시작이 출생이라면 인생의 마지막은 죽음입니다. 아브라함도 죽었고, 이삭도 죽었고, 야곱도 죽었습니다. 야곱이 죽은 것을 구경만 하지 마십시오. 우리도 언젠가 죽습니다. 문제는 어떻게 죽느냐는 것입니다. 죽음을 준비하는 사람에게는 영생이 있습니다. 그러나 죽음을 준비하지 않는 사람에게는 지옥이 있습니다. 동물에게는 지옥과 천국이 따로 없습니다. 동물에게는 하나님의 형상이 없습니다. 그러나 인간은 하나님의 형상대로 지으심을 받았기에 죽음으로 끝나지 않습니다. 한 번 죽는 것은 사람에게 정해진 것이요, 그 후에는 심판이 있습니다(히 9:27).

어떤 사람은 죽으면 끝난다고 합니다. 그러면 얼마나 좋겠습니까? 그러나 죽은 후에 우리가 살아온 열매에 따른 영원한 심판이 있습니다. 죽음으로 모든 것이 끝나는 것이 아닙니다. 그런 의미에서 죽음은 예수 그리스도를 믿는 하나님의 자녀에게는 영원의 시작입니다.

요셉은 아버지의 시신에 입 맞추었습니다. 그리고 40일이나 걸려서 아버지의 시신이 썩지 않도록 향을 넣게 했습니다. 애굽에는 죽음에 대해 남다른 생각이 있었습니다. 피라미드와 스핑크스와 미라를 보면 알 수 있습니다. 애굽은 향 재료를 넣어서 시체가 몇백 년이 지나도 썩지 않게 하는 기술이 발달되어 있었습니다. 요셉은 야곱의 시신을 40일 동안 처리했고 아버지를 위해 70일 동안 통곡을 했습니다. 그리고 야곱의 유언대로 애굽에 장사하지 않고 약속의 땅 가나안으로 옮겨 갔습니다.

여기에 영적 의미가 있습니다. 하나님의 말씀 위에 죽음을 두어야 한다는 것입니다. 야곱은 자기 몸을 하나님의 약속 위에 두었습니다. 자신은 죽었지만 자기 몸은 하나님이 주신 약속의 땅, 자기 조상들이 묻힌 땅에 묻히기를 원했습니다. 하나님의 약속 위에 자기 인생의 결론을 놓았습니다. 우리의 죽음이 예수님 위에 있기를 바랍니다. 하나님의 말씀 위에 있는 죽음이 되기를 간절히 기도합니다.

이어지는 7-9절에서 거대한 장례 행렬을 볼 수 있습니다.

> 요셉이 자기 아버지를 장사하러 올라가니 바로의 모든 신하와 바로 궁의 원로들과 애굽 땅의 모든 원로와 요셉의 온 집과 그의 형제들과 그의 아버지의 집이 그와 함께 올라가고 그들의 어린 아이들과 양 떼와 소 떼만 고센 땅에 남겼으며 병거와 기병이 요셉을 따라 올라가니 그 떼가 심히 컸더라(창 50:7-9).

남녀노소, 빈부귀천을 막론하고 모든 인간은 장례를 치릅니다. 그러나 하나님을 기억하고 죽는 사람이 있는가 하면, 하나님을 기억하지 못하고 죽는 사람도 있습니다. 야곱처럼 어마어마한 장례식을 치른다고 해서 꼭 천국이 보장되는 것은 아닙니다. 예수님을 믿어야 천국이 보장됩니다. 아무리 초라하고 아무도 오지 않는 장례식이라 하더라도 그 사람이 예수님을 믿었다면 그 장례식은 천국 환송식이 됩니다. 우리의 장례식이 천국 환송식이 되기를, 천국으로 들어가는 문이 되기를 간절히 바랍니다.

예수님의 이름으로 과거는 다 용서받았다

야곱의 화려한 장례식이 끝났습니다. 이제 요셉과 형들은 장례식을 마치고 애굽으로 돌아왔습니다. 대개 장례식을 치르고 나면 허탈합니다. 죽은 사람의 유물과 흔적만 남아 있고, 남은 사람들은 외로움을 느낍니다. 그래서 장례식을 치를 때보다 치른 후에 그 가정에 자주 가서 위로해 주어야 합니다.

장례식을 치른 후에 어떤 일이 일어났을까요? 요셉의 형들은 불안해지기 시작했습니다. 두려움에 사로잡혔습니다. 아버지 야곱이 살아 있을 때는 괜찮았습니다. 그런데 야곱이 죽고 장례식이 끝나자 형들의 마음속에는 보호막이 사라졌다는 생각이 들었던 것입니다. 지금까지는 아버지 야곱이 자신들의 보호막이 되어 주었기 때문에 자신들이 느끼는 요셉과 자신들 사이의 미묘한 갈등에 대해 안심할 수 있었습니다. 그런데 아버지가 세상을 떠나고 나니까 불안해진 것입니다.

> 요셉의 형제들이 그들의 아버지가 죽었음을 보고 말하되 요셉이 혹시 우리를 미워하여 우리가 그에게 행한 모든 악을 다 갚지나 아니할까 하고(창 50:15).

요셉의 형들은 '모든 악을 다 갚지나 아니할까' 하며 고민하기 시작했습니다. 불안은 불확실한 것에 대해 공포를 느끼는 것입니다. 그런 일이 생기지도 않았는데, 그런 일이 생길 것을 미리 염려하는 것입니다. '내가 암에 걸리지 않을까?', '이러다가 우리 자식이 망하지 않을까?'라고 생각합니다. 믿음이 없으면 불안해지기 시작합니다.

미래는 아무도 가 보지 않은 세계입니다. 누구든지 미래를 생각하면 불안해질 수밖에 없습니다. 그러나 믿음을 가진 사람은 하나님을 자신의 미래로 삼습니다. 그래서 그리스도인들에게 미래는 정말 찬란하고 황홀한 세계입니다. 미래가 불안하지 않습니다. 죽음도 불안하지 않습니다. 미래의 주인이 하나님이시기 때문입니다. 미래로 가면 갈수록 우리는 하나님의 가슴을 느끼고, 하나님의 뜻을 깨닫게 됩니다.

요셉의 형제들이 불안해한 까닭은 용서받지 못한 과거 때문입니다. 그들은 과거를 돌아보면서 요셉이 자신들을 용서하지 않았을 것이라고 생각했습니다. 용서받지 못한 사람들은 항상 이렇게 생각합니다. 용서하십시오. 용서받으십시오. 그것이 평안, 안심의 기초입니다. 문제를 그냥 두고 가지 마십시오. 세월이 약이 아닙니다. 세월이 가도 문제는 남아 있습니다. 세월이 간다고 죄가 없어지는 것이 아닙니다. 오히려 더 살아납니다.

요셉의 형들은 이렇게 생각했습니다. '지울 수 없는 과거, 용서받을 수 없는 과거가 있었지만 그런대로 버텨 온 이유는 아버지가 있었기 때문이다. 그러나 이제 아버지가 돌아가셨기 때문에 요셉이 우리에게 어떤 태도로 나올지 모르겠다.' 형제들은 요셉의 눈치를 살폈습니다. 미래가 불안한 사람들은 항상 긴장하고 초조해합니다. 안심하지 못합니다. 요셉이 어느 날 갑자기 자신과 자기 자식들을 죽일 수도 있다고 생각하니 늘 불안했습니다. 용서받지 못한 과거가 있으면 현재가 불안할 수밖에 없습니다.

예수님의 이름으로 우리의 과거가 다 용서받았음을 믿기 바랍니다. 우리의 과거와 인연을 끊기 바랍니다. 과거가 자신을 괴롭히지 못하게 하십시오. 기억하기 싫은 과거, 수치스러운 과거, 나를 꼼짝할 수 없게 만드는 과거를 잊으십시오. 세상에서 가장 비겁한 사람은 과거를 캐고 돌아다니는 사람입니다. 자기가 미워하는 사람을 달리 괴롭힐 방법이 없으니 과거를 뒤져 그 사람의 약점을 잡아서 그를 망하게 하는 사람이 있습니다. 다른 이의 약점을 가지고 괴롭히는 사람이 없기를 바랍니다. 다른 사람의 과거를 캐내는 일을 중지하십시오. 과거와 결별하십시오. 과거가 우리의 미래를 만들지 않습니다. 하나님이 우리의 미래를 만드십니다.

두려움에 사로잡힌 요셉의 형들이 요셉에게 말했습니다.

요셉에게 말을 전하여 이르되 당신의 아버지가 돌아가시기 전에 명령하여 이르시기를 너희는 이같이 요셉에게 이르라 네 형들이 네게 악을 행하였을지라도 이제 바라건대 그들의 허물과 죄를 용서하라 하셨나니 당신 아버지의 하나님의 종들인 우리 죄를 이제 용서

하소서 하매 요셉이 그들이 그에게 하는 말을 들을 때에 울었더라

(창 50:16-17).

형들은 요셉이 그들을 그토록 환대하고 사랑해도 믿지 못했습니다. 그들이 얼마나 불안해했는지는 말씀을 조금만 자세히 보면 금방 알 수 있습니다.

먼저, 16절에서 '당신의 아버지'라는 말을 보십시오. 아직도 형제들은 아버지 야곱을 근거로 해서 보호받아 보려고 했습니다. 야곱을 통해서 요셉의 용서를 얻으려고 했습니다. 그들에게서 연약한 인간의 모습을 발견하게 됩니다.

또 하나, 그들은 요셉이 모르는 사실을 하나 이야기했습니다. "네 형들이 네게 악을 행하였을지라도 이제 바라건대 그들의 허물과 죄를 용서하라"라는 유언을 아버지가 했다는 것입니다. 이 유언을 했는지 안 했는지는 성경에 기록이 없기 때문에 알 수 없습니다. 그런데 만약 야곱이 이 유언을 정말 했다면 왜 야곱이 요셉에게는 말하지 않고 형들에게만 말했을까요? 형들이 얼마나 괴로웠으면 이렇게까지 말했을까요? 자신들의 죄가 용서받지 못할 죄라는 것을 본인들이 더 잘 알고 있었기 때문입니다.

용서받지 못한 죄가 있으면 머리가 아프고 밤에 잠이 안 옵니다. 우울증에 걸립니다. 성격이 비뚤어집니다. 남을 믿지 못하고 항상 불안합니다. 혹시 우리가 과거에 지은 죄가 용서받지 못할 것 같습

니까? 두려워하지 말고 하나님을 믿기 바랍니다.

17절을 보면, 형제들이 여러 가지 말을 하고 있습니다. 표현이 복잡합니다. "용서하라 하셨나니 … 용서하소서 하매." 비비 꼬였습니다. 용서받지 못한 사람은 말이 이처럼 복잡합니다. 우리의 말이 복잡하지 않기를 바랍니다. 우리의 죄가 용서받았음을 단순하게 믿으십시오. 비비 꼬지 마십시오. 하나님은 우리를 사랑하십니다. 예수님이 십자가에 못 박혀 죽으심으로 우리 죄는 모두 용서받았습니다. 아무 조건이 없습니다. 내 반응, 내 믿음과 상관없이 하나님이 우리를 사랑하시고 용서하셨음을 믿으십시오.

하나님 사랑 앞에 두려움은 없다

우리는 요셉의 형들이 두려움과 불안에 떠는 모습을 볼 수 있습니다. 이것은 교회에 나오면서도 불안해하고, 새벽 기도회에 참석하면서도 염려하는 우리의 모습과 같지 않습니까? 우리의 문제는 교회에 나오지 않는 것이 아니라, 교회에 나오면서도 불안해하는 것입니다. 믿으십시오. 두려워하지 마십시오. 확실하게 하나님의 말씀을 의지하십시오.

능력은 평안에서 나옵니다. 자유는 안심에서 나옵니다. 사람은 인정받지 못하면 자유롭지 못합니다. 반면, 인정을 받으면 자유로워집니다. 하나님께 인정받은 사람은 세상을 사는 것이 자유롭습니다. 가난해도, 부유해도 자유롭습니다. 높은 자리에 있다가 아래로 떨어졌어도 그다지 중요하지 않습니다. 하나님이 나를 사랑하시고 용서하셨다는 사실 앞에서 두려움이 없는 것입니다. 예수님은 이렇게 말씀하십니다.

> 너희는 마음에 근심하지 말라 하나님을 믿으니 또 나를 믿으라(요 14:1).

> 평안을 너희에게 끼치노니 곧 나의 평안을 너희에게 주노라 내가 너희에게 주는 것은 세상이 주는 것과 같지 아니하니라 너희는 마음에 근심하지도 말고 두려워하지도 말라(요 14:27).

우리는 본질상 진노의 자녀였습니다. 그러나 긍휼이 풍성하신 하나님이 우리를 사랑하신 그 큰 사랑으로 인하여 허물과 죄로 죽었던 우리를 살리셨습니다.

> 그는 허물과 죄로 죽었던 너희를 살리셨도다 그때에 너희는 그 가운데서 행하여 이 세상 풍조를 따르고 공중의 권세 잡은 자를 따랐으니 곧 지금 불순종의 아들들 가운데서 역사하는 영이라 전에는 우리도 다 그 가운데서 우리 육체의 욕심을 따라 지내며 육체와 마음의 원하는 것을 하여 다른 이들과 같이 본질상 진노의 자녀이었

더니 … 허물로 죽은 우리를 그리스도와 함께 살리셨고 (너희는 은 혜로 구원을 받은 것이라) 또 함께 일으키사 그리스도 예수 안에서 함께 하늘에 앉히시니 (엡 2:1-3, 5-6).

이 사실을 믿기 바랍니다. 담대하십시오. 두려워하지 마십시오. 우리는 하나님의 자녀입니다. 하나님께 용서받은 자녀요, 축복받 은 자녀입니다. 하늘의 시민권을 가진 사람들입니다. 안심하십시 오. 죽어도 괜찮습니다. 우리는 죽음을 넘어선 사람들입니다. 이 말씀을 선포합시다.

사망아 너의 승리가 어디 있느냐 사망아 네가 쏘는 것이 어디 있느 냐 (고전 15:55).

귀신들에 대해서도 선언하십시오. 귀신은 종이호랑이입니다. 과 거의 상처와 죄에서 떠나십시오. 우리는 이제 하나님의 자녀로 거 듭났기 때문입니다.

형들의 말에 요셉이 어떻게 반응합니까?

요셉이 그들이 그에게 하는 말을 들을 때에 울었더라 (창 50:17).

불안해하는 형들을 보며 요셉은 울었습니다. 요셉만 우는 것이 아닙니다. 불안해하는 우리를 보며 하나님도 우십니다. 우리를 위해 십자가를 지심으로 대가를 다 치르신 예수님도 우십니다.

용서를 바라는 형들의 노력은 계속되었습니다.

그의 형들이 또 친히 와서 요셉의 앞에 엎드려 이르되 우리는 당신의 종들이니이다(창 50:18).

형들이 이렇게까지 할 필요는 없었습니다. 그러나 이 일은 요셉의 형들의 영적 상태를 잘 보여 줍니다. 요셉은 두려워하는 형들을 안심시켰습니다.

요셉이 그들에게 이르되 두려워하지 마소서 내가 하나님을 대신하리이까 당신들은 나를 해하려 하였으나 하나님은 그것을 선으로 바꾸사 오늘과 같이 많은 백성의 생명을 구원하게 하시려 하셨나니 당신들은 두려워하지 마소서 내가 당신들과 당신들의 자녀를 기르리이다 하고 그들을 간곡한 말로 위로하였더라(창 50:19-21).

이 위로의 메시지가 예수님을 통해 우리 귀에 들리기를 바랍니다. "내가 하나님을 대신하겠느냐. 하나님이 당신을 사랑하고 용서하시는데, 내가 무엇이기에 용서하지 않겠느냐." 이사야 40장 27-31절을 보십시오. 우리는 메마른 땅을 종일 걸어가도 피곤하지 않을 것입니다. 파도가 치고 폭풍이 분다 할지라도 두려워하지 않을 것입니다. 예수 그리스도와 함께 승리할 것을 믿으십시오. 우리의 죄는 용서받았습니다. 우리의 과거는 끝났습니다. 미래만 있을 뿐입니다. 하나님이 우리의 미래이십니다. 우리는 천국의 주인이신 하나님의 자녀들입니다.

> 내가 땅 끝에서부터 너를 붙들며 땅 모퉁이에서부터 너를 부르고 네게 이르기를 너는 나의 종이라 내가 너를 택하고 싫어하여 버리지 아니하였다 하였노라 두려워하지 말라 내가 너와 함께함이라 놀라지 말라 나는 네 하나님이 됨이라 내가 너를 굳세게 하리라 참으로 너를 도와주리라 참으로 나의 의로운 오른손으로 너를 붙들리라 (사 41:9-10).

이 말씀을 믿으십시오. 두려워하지 말고 확신하십시오. 우리는 용서받았습니다. 음부의 권세가 우리를 이기지 못합니다. 우리는 하나님이 죽기까지 사랑하시는 하나님의 자녀입니다.

하용조 강해서 전집 5

창세기 5

꿈의 사람 믿음의 사람 요셉

(37:1-50:26)

두란노

예수님을 닮은 사람
요셉

구약에 나오는 사람 중에 예수님을 닮은 사람이 있다면

요셉일 것입니다.

그는 꿈의 사람이요, 믿음의 사람이요, 하나님의 사람입니다.

그는 우리에게 어떻게 사는 것이 최선의 삶인지를 보여 주었습니다.

하나님과의 친밀함을 추구하는 삶이 무엇인지 보여 주었습니다.

하나님의 꿈을 좇는 삶이 무엇인지 보여 주었습니다.

순수한 마음을 지키며 사는 삶을 보여 주었습니다.

순결과 충성의 삶을 보여 주었습니다.

지혜와 용기의 삶을 보여 주었습니다.

원망과 불평 대신 감사와 찬양의 삶을 보여 주었습니다.

사랑과 용서로 가득한 삶을 보여 주었습니다.

그는 믿음의 사람으로서 최선의 삶을 보여 주었습니다.

요셉은 창세기에 나오는 마지막 사람입니다.

우리는 그를 통하여 예수 그리스도를 만나게 됩니다.

요셉은 우리에게 희망과 용기를 준 사람입니다.

꿈과 믿음의 삶은 이상이 아니라 실제임을 보여 준 사람입니다.

요셉과 같은 믿음을 경험하게 되기를 바랍니다.

차례

3부

축복의 사람 요셉

창세기 45:1-50:26